Vivekananda:
Professor Mundial

Seus ensinamentos sobre a unidade espiritual
da humanidade

Coletânea de
Swami Adiswarananda

Vivekananda:
Professor Mundial

Seus ensinamentos sobre a unidade espiritual
da humanidade

Tradução:
Soraya Borges

MADRAS

Publicado originalmente em inglês sob o título *Vivekananda World Teacher – His Teachings on the Spiritual Unity of Humankind* por Skylight Paths Publishing. Woodstock, Vermont 05091, USA, www.skylightpaths.com
© 2006, Swami Adiswarananda.
Direitos de edição e tradução para o Brasil.
Tradução autorizada do inglês.
© 2007, Madras Editora Ltda.

Editor:
Wagner Veneziani Costa

Produção e Capa:
Equipe Técnica Madras

Tradução:
Soraya Borges

Revisão:
Renata Assumpção
Mariana Poslednik
Daniela Piantola

CIP-BRASIL. CATALOGAÇÃO-NA-FONTE
SINDICATO NACIONAL DOS EDITORES DE LIVROS, RJ

V842v
Vivekananda, Swami, 1863-1902
Vivekananda, professor mundial: seus ensinamentos sobre a unidade espiritual da humanidade/[editor e com uma introdução por] Swami Adiswarananda; tradução de Soraya Borges. - São Paulo: Madras, 2007.
Tradução de: Vivekananda world teacher: his teachings on the spiritual unity of humankind
Inclui bibliografia
ISBN 978-85-370-0210-0
1. Vivekananda, Swami, 1863-1902 - Ensinamentos. 2. Vedanta. 3. Vida espiritual - Hinduísmo. I. Adiswarananda, Swami, 1925-. II. Título.

07-1054.   CDD: 294.5921
                                                                                  CDU: 294.11

30.03.07   04.04.07   001003

Proibida a reprodução total ou parcial desta obra, de qualquer forma ou por qualquer meio eletrônico, mecânico, inclusive por meio de processos xerográficos, incluindo ainda o uso da internet, sem a permissão expressa da Madras Editora, na pessoa de seu editor (Lei nº 9.610, de 19.2.98).

Todos os direitos desta edição, em língua portuguesa, reservados pela

MADRAS EDITORA LTDA.
Rua Paulo Gonçalves, 88 — Santana
CEP: 02403-020 — São Paulo/SP
Caixa Postal: 12299 — CEP: 02013-970 — SP
Tel.: (11) 6281-5555/6959-1127 — Fax: (11) 6959-3090
www.madras.com.br

"Que eu possa nascer de novo e de novo e sofrer milhares de penúrias, para que possa cultuar o único Deus existente, o único Deus em que acredito, a soma total de todas as almas. E, acima de tudo, meu Deus, o perverso, meu Deus, o miserável, meu Deus, o desprovido de todas as raças, de todas as espécies, é o objeto especial do meu culto."

"Pode ser que eu ache bom sair de meu corpo – jogá-lo fora como uma vestimenta velha. Mas não pararei de trabalhar. Eu inspirarei os homens em todos os lugares, até o mundo saber que é uno com Deus."

Swami Vivekananda

Índice

Introdução à Edição Brasileira 9
Introdução 13
Swami Vivekananda: Índia e América 21
   No Seio do Mar 34
O Ideal de uma Religião Universal 43
   O Caminho para a Realização de uma Religião Universal
(Proferido na Universalist Church – Igreja Universalista, Pasadena,
Califórnia, dia 28 de janeiro de 1900) 43
   O Ideal de uma Religião Universal (Proferido no Hardman Hall, Nova
York, em 12 de janeiro de 1896) 53
   De Alma, Deus e Religião (Proferido no Unity Hall, Hartford,
Connecticut, 8 de março de 1895) 67
   Discursos Proferidos no Parlamento das Religiões de Chicago
Resposta às Boas-vindas (Proferido em 11 de setembro de 1893) 68
   Do Hinduísmo (Trabalho lido em 19 de setembro de 1893) 69
Culto do Deus Vivo 71
   O que é Religião? 71
   De A Natureza Real do Homem (Proferido no Royal Institute of
Painters in Watercolors, Londres, 21 de junho de 1896) 78
   De Vedanta Prático – Parte II (Proferido em Londres, 12 de novembro de 1896) 84
   De Vedanta e Privilégio (Proferido em Londres, 1896) 89
Grandes Professores Espirituais do Mundo 97
   Os Grandes Professores do Mundo (Proferido no Shakespeare Club,
Pasadena, Califórnia, 3 de fevereiro de 1900) 97
   Cristo, o Mensageiro (Proferido em Los Angeles, Califórnia, 1900) 106
   A Mensagem de Buda ao Mundo (Proferido em São Francisco, 18 de
março de 1900) 115
   Meu Mestre (Sri Ramakrishna) (Proferido em Nova York e na
Inglaterra) 124
Vislumbres Íntimos de Vivekananda 145

Reportagens em Jornais (Boston Evening Transcript, "Hindus na Feira",
30 de setembro, 1893) 145
    Apreciações por Grandes Pensadores 151
    Romain Rolland, Ganhador do Nobel 151
    Reminiscências de Swami Vivekananda 156
    Cartas de Swami Vivekananda Breezy Meadows, Metcalf,
Massachusetts, 20 de agosto de 1893 179
    541 Dearborn Avenue, Chicago, 1894 179
    Washington, D.C., 27 de outubro de 1894 180
    1894 182
    17 de fevereiro, 1896 182
    63 St. George's Road, Londres, 7 de junho, 1896 184
    Almora, 9 de julho de 1897 185
    O Canto do Liberto 187
    Paz 189
    A um amigo 193
    A Canção do Sannyasin 199
Cronologia da Vida de Swami Vivekananda 203
Créditos 207

Introdução à Edição Brasileira

Palavras fortes, como sempre! "Amar o perverso", "cultuar o miserável". Explosões da alma de um leão! Daquele que se tornou conhecido como O LEÃO DO VEDANTA. Dessa alma gigantesca, que pode enlouquecer os corações mais preparados. Dessa alma colossal que a rede de Maya não consegue confinar.

Vivekananda, nesta obra, está sendo apresentado de um modo muito feliz. Suas várias facetas, como se fossem as de um cristal, transformam-se em luzeiros indicadores para todas as direções. Primeiro, o homem verdadeiramente religioso que Ele foi. Depois, a capacidade completa chegada à exaustão. Como alguém já disse: "Este homem sabe mais do que todos os nossos sábios juntos". Ou como exclamou o grande Romain Rolland: "Ele sabia demasiado!".

Para mim, Ele é o próprio estandarte do conhecimento que, de braços cruzados, carrega o saber dos milênios, é a voz da própria verdade aos ouvidos dos homens. Até me sugere que o Absoluto, "resolvendo descer", se trajou com o hábito de um monge errante, colocou um turbante muito bem arrumado – e nasceu Vivekananda.

Foi Ele quem me permitiu o estágio no caminho conhecido por *siddhānta* (convicção intelectual absoluta sobre a verdade mesma), levou-me à Ordem de Seu Mestre para obter a iniciação, deu-me o aval, não merecido, para poder escrever algumas linhas neste lindo livro e me agraciou com a confiança de amigos e, agora, me honrou.

Swamis de idoneidade irrestrita trouxeram-nos um toque peculiar, ensinando-nos maravilhosos detalhes sobre a vida tão curta, e eterna ao mesmo tempo, desse Rei dos Reis. E, como é dito na outra introdução, é justamente agora que essa voz tão trovejante se faz mais necessária. É exatamente agora, na época da globalização, quando até crianças conseguem navegar pela Internet adentro, que Sua voz precisa ressoar, sem jamais emudecer, a ponto de poder transformar a nossa caixa torácica (onde mora o coração) em uma sonora caixa acústica, permitindo que, nos confins de todos os horizontes, sopre o mantra de Seus pulmões.

No primeiro capítulo, o swami Nikhilananda coloca frente a frente a índole da terra indiana e a do novo mundo. E deixa-nos convencidos o suficiente da ponte arquitetada por Swamiji entre esses dois extremos. A beleza do Vedanta de Vivekananda é justamente esta: nunca abdica de nada, a não ser da ignorância. As conquistas tecnológicas, sociais, científicas e o que mais nos atribuem mereceram Sua valiosa apreciação. Ele veio buscá-las. Por sua vez, importou o mais alto conhecimento, com a intenção de poder evitar que nos acidentássemos em nossas próprias engrenagens.

Quanto ao segundo capítulo, por sua vez, o swami Adiswarananda, autor deste livro, entregou-nos um dos mais significativos ensinamentos dessa linhagem. Trata-se de uma lição providencial, até para vedantinos. Na interpretação apressada de alguns dos estudiosos, é comum, sem querer, procederem sem a devida consideração para com os diversos *adikaris* (competências espirituais).

O ensino do *advaita* (o monismo rigoroso) enfatiza, por excelência, a Realidade Absoluta, em detrimento, cem por cento, do aspecto relativo. Mas essa é somente, e tão-somente, uma declaração definitiva em uma primeira instância, pois aqui só nos serve de estratégia para que a ilusão que engana nossos olhos não vença mais uma vez. Essa posição é conhecida, no Vedanta de Vivekananda, como sendo somente uma primeira tese (a TESE TEMPORAL). Mas esse mesmo Vedanta pode ser levado ainda muito mais além; quando não se esquece que o sonho de Maya também é a realidade. Não existe a mentira! Não existe a escuridão!

Essa última proposta recoloca nos seus devidos lugares o Deus Criador e as suas criaturas. E tudo se unifica: Deus, como soma de todo o Cosmos (inclui o Panteísmo), Deus Pessoal (negado por Blavatsky e pelo não menos conhecido Bagwan Shree Rajneesh, o Osho – e inclui o Avatar), Deus Impessoal e a Sua *energia em estado de pureza* (Avyakta Ishwara) e Deus Transcendental (Brahman – O Absoluto).

É como se fôssemos desistir de fechar nossos olhos para poder dormir. É como se tivéssemos as "pálpebras da mente" rompidas, como no caso dos peixes, que dormem de olhos abertos, de frente para o mundo, sem perturbar o sono! Assim, de algum modo, Maya não estaria mais ausente; Brahman e o supremo deslumbramento se tornariam coexistentes – na mesma CONSCIÊNCIA. De todos os alertas, esse é o "ALERTA SUPREMO"!...

Em uma outra alegoria, ao considerarmos simplesmente um quadro, teremos a tela branca, virgem, sem uso, que serve para representar a Verdade Absoluta. A pintura, em si mesma, não debruçada na tela, neste caso, é Maya. Atenção: não estando, na tela despencaria a pintura – como fazem os nossos sonhos! E a obra de arte, que é o que nos interessa, ou seja, a pintura na tela, por sua vez, é que é a "VERDADE COMPLETA". O branco da Lua sugere o Absoluto; as manchas lunares, o sonho de Maya. Mas os dois separados ainda não são a Lua!

Esse Vedanta nega este mundo para depois afirmá-lo. E é com a mesmíssima argumentação que o maior dos swamis enfrenta o Buddha-Dharma (que chamamos de Budismo). Essa doutrina se apresenta como uma postura de negação. E isso também foi necessário. Mas o Vedanta reformado é uma enorme afirmação!

Essa foi a inédita contribuição de Sri Ramakrishna. Essa foi a magnífica mensagem, ao mundo, de Swami Vivekananda. Tudo foi resgatado – e o que é mais significativo – resgatado com o fôlego da vida e sem nenhum ressentimento.

Este livro nos conta como o swami Vivekananda salvou até o demônio e como ele concebia o que chamamos de pecado: como um outro caminho para a tão querida Liberdade. De Seu ângulo de visão, ensinou-nos a insuspeitada verdade que o enforcamento de um assassino é uma corda na GARGANTA DE DEUS. Seu Vedanta é o CULTO DO DEUS VIVO.

O Culto do Deus Vivo é um maravilhoso convite a todos os nossos sentidos, a todas as nossas intenções, ao fato de que Deus pode ser posto no mundo por cada um de nós. E que o mundo merecedor de nossa renúncia é apenas, e tão-somente, o mundo de nossa incompreensão.

Lá para o fim, o livro que temos em mãos nos presenteia com a palavra plenamente autorizada sobre os verdadeiros professores do mundo. Cristo (nada mais nada menos que o próprio Deus), Buddha (o mesmo Deus fazendo revolução), Maomé (profeta da fraternidade entre os mulçumanos) e demais Mensageiros, respeitando cada um. Encerrando, tece alguns comentários sobre aquele que foi Seu próprio guru. Estou falando de Sri Ramakrishna, o renovador do Vedanta. Vedanta este que ficou conhecido como Neovedanta, Vedanta Ramakrishnista ou, ainda, Vedanta Ramakrishna-Vivekananda.

Seu Mestre foi a alma que praticou todos os caminhos. Foi quem trouxe o verdadeiro ecumenismo e que, por ter sido um avatar, vivenciou, como homem, as glórias de Deus.

Os *Naqshbandis* (uma vertente do Sufismo) alertam-nos sobre a existência, no caminho espiritual, de 70 mil véus entre nós e O SENHOR DOS MUNDOS. Contudo, também nos alertam sobre a inexistência de véu algum, entre o Deus-Clemente-Misericordioso e nossa pequenez. Eles dizem que, no caminhar ascendente, podemos incorrer no erro de ficarmos enfeitiçados por algum incidente mais provocativo nos planos inferiores. Então, eles preferem rasgar esses véus, partindo da maior altitude.

No caminho desse Sufismo, portanto, os véus deverão ser rompidos de cima para baixo, se assim podemos nos expressar. O véu da Face do Senhor é o primeiro a cair!

Já no Neovedanta, tema deste livro, temos o avatar, que é considerado pelos devotos como sendo O PRÓPRIO DEUS descendo até nós e vestindo carne humana. Assim, o perigo das digressões, se as práticas recomendadas forem devidamente exercitadas, fica totalmente afastado. A prática de uma MEDITAÇÃO especial é feita direcionada ao próprio avatar (acompanhada do Mantra, o Dhikr dos mulçumanos). Deus, para esse Vedanta, desceu para buscar-nos no lugar que nos encontramos!

Só há duas religiões neste mundo que não consideram heresia a descida de Deus: o Sanathana-Dharma (chamado por nós de Hinduísmo) e o Cristianismo.

Também, nessa estirpe, aprendemos, e o livro também sugere, que O IDEAL mais completo na prática da religiosidade é a habilidade equilibrada adquirida na soma de quatro yogas. Vivekananda intitula essa inusitada proeza de Yoga de Síntese (diferentemente da conotação de Sri Aurobindo). Nosso swami também não deixava de avisar que poucos entre nós são capazes dessa apoteótica harmonia.

Final

Uma vez, um irmão espiritual disse-me que ele achava muito provável eu ter conhecido, nesta Terra, Swami Vivekananda.

Vamos imaginar?

Teria sido eu a lata de detritos, atrás de alguma porta por onde Ele passou? Ou o vidro de pimenta usado por Ele, com fartura, na casa da sra. John B. Lyon? Além de Ele ter me olhado, teria tocado em mim! Ou a plataforma da Convenção de Chicago? Aí, eu estaria sob os Seus pés! Ou seria o tigre que uma vez Ele encarou e, então, se ofereceu como manjar, para sacear o animal faminto? Já não fui um corpo inanimado! Será que fui o malvado que Lhe deu um empurrão, aquela vez, só porque o swami se vestia de forma diferente? Aí, fui eu que O toquei! Ó Deus – Ó... DEUS MEU!!!

Só sei que, de qualquer maneira, Ele deve ter me amado muito naqueles tempos, mesmo que eu não estivesse aqui; pois me agraciou no presente por eu tê-lo encontrado e abriu Seus amorosos e poderosos braços para o meu futuro.

Que nesta introdução as iniciais de Seu abençoado e tão querido nome sejam pronunciadas e escritas com maiúsculas!

Glória – infinitas vezes!

José Luiz da Fonseca Galleti (Irmão Galleti)

Introdução

A Ciência e a tecnologia aumentaram nosso conhecimento do Universo. Avanços na ciência da computação e nas telecomunicações possibilitaram-nos acesso imediato uns aos outros, à informação e ao conhecimento acumulados por muitos séculos. Os satélites que orbitam no espaço nos fornecem uma visão contínua de cada canto da Terra. O estudo da genética alcançou o ponto em que os mais básicos blocos construtores de vida foram revelados a nós, apresentando a possibilidade de curar muitas doenças e aumentar a longevidade e a qualidade da vida.

Ainda assim, os novos desenvolvimentos na Ciência e na tecnologia não foram uma bênção pura. A cultura secular prenunciada pela Ciência quebrou a unidade da existência. Trocou a cooperação e interdependência pela competição e luta pela sobrevivência. Ignorou o ensinamento socrático que diz que conhecimento é virtude e trocou-a por sua própria – conhecimento é poder. A tendência à globalização, que teve o prospecto de levar à paz global e à prosperidade compartilhada, em vez disso, aumentou muito a desigualdade, a injustiça, a disparidade econômica e a exploração. A divindade da alma humana foi ignorada por completo e isso iniciou uma reação em cadeia de alienação da realidade, da natureza e do nosso verdadeiro *Self*. Perdemos nossa maior aspiração a uma humanidade por meio do amor, da compaixão e da igualdade democrática. A Ciência e a tecnologia uniram o mundo, mas não nossas mentes. Alegamos ser mais inteligentes do que foram nossos ancestrais, mas não podemos dizer que sejamos menos egoístas ou mais gentis.

Nós tivemos crises em diferentes formas – políticas, econômicas, culturais e religiosas – mas nós nunca tivemos a crise total que estamos enfrentando hoje em dia. Nós enfrentamos um conflito entre valores seculares e fé, entre as sociedades desenvolvidas economicamente e as não desenvolvidas, entre gerações, religiões, entre razão e dogma e entre os seres humanos e a natureza. A política tornou-se a religião do nosso tempo, e as guerras, agitações sociais e desordens baseadas em preconceitos religiosos tornaram-se ocorrências corriqueiras.

Contra o contexto desses temerosos e desanimadores desenvolvimentos, as palavras de Swami Vivekananda são ainda mais relevantes hoje do que eram antes. Vivekananda apresentou ao mundo os ensinamentos do Vedanta, a mensagem essencial da unidade da existência, a unidade das fés, a não-dualidade do Deus e a divindade da alma. A unidade da existência é a base de todo amor, compaixão e sentimentos caridosos. Somos como as folhas de uma enorme árvore universal. Conduzidos pela intolerância e por ganância, negamos os direitos dos outros. Esquecemos que as folhas não podem sobreviver fora da árvore. Ninguém pode ficar em paz enquanto outros estão infelizes. Ninguém pode desfrutar da prosperidade enquanto estiver cercado por um mundo de pobreza.

O movimento da nossa vida é uma busca por nosso verdadeiro *Self*. Com a aquisição de riqueza, educação e a satisfação de desejos, nós nos movemos em direção a um objetivo final. A vida evoluiu do estágio sub-humano ao estágio humano, em que a evolução física cessou, mas a evolução continua nos planos mental, moral e espiritual. A sobrevivência do mais apto pode ser verdade, mas só até certo estágio da evolução. Além desse estágio, o auto-sacrifício para o bem dos outros é o princípio guia da vida. Embora haja regozijo em adquirir e possuir, há um regozijo maior em doar e servir. Ao controlar nossos impulsos e anseios, desenvolvemos a faculdade do bom senso. Mas a razão separada do amor e da compaixão deixa uma pessoa endurecida e insensível. O conhecimento verdadeiro ensina à pessoa o espírito do compartilhar. Faz a pessoa ver que a vida é interdependente e não independente. Quando a razão é purificada e disciplinada, dela emerge a intuição. Por ela nós percebemos nosso verdadeiro *Self* – o centro do nosso ser. O conhecimento do *Self* é o nosso direito inato.

Vivekananda apresenta-nos uma visão positiva do indivíduo humano e diz que a educação é a manifestação da perfeição já presente na pessoa. A paz e satisfação verdadeiras dependem desse conhecimento do nosso verdadeiro *Self*. Nós não nos movemos da falsidade em direção à verdade, mas sim da verdade inferior para a verdade superior. A ignorância é menos conhecimento. A impureza é menos pureza. A escuridão da alma é menos esclarecimento. O anseio pelo autoconhecimento é irresistível. O anseio principal de um indivíduo humano não é a gratificação sexual ou aquisição de poder ou riqueza, mas sim o desejo por regozijo ilimitado, atenção irrestrita e vida eterna. Esse desejo é a força condutora de toda evolução, luta e esforços para a paz e felicidade.

De acordo com Vivekananda, a paz mundial depende da paz social, a paz social depende da paz individual e a paz individual do despertar espiritual do indivíduo. Nenhuma reforma política, regeneração econômica ou aumento nas amenidades da vida pode assegurar a paz e o bem-estar do mundo. As *Upanishads** contam-nos que nós podemos enrolar o céu como um pedaço

---

* N.E.: Sugerimos a leitura de *As Upanishads do Yoga*, de Carlos Alberto Tinoco, Madras Editora.

de couro e ainda assim a paz não será alcançada se nós não conhecermos nosso verdadeiro *Self.* Cada um de nós é chamado para promover esses valores não apenas para o bem-estar social e da comunidade, mas também para nossa paz individual, felicidade e prosperidade. Nós transformamos o mundo ao nos transformarmos e a chave para a transformação é a transformação da consciência. Esses são os ensinamentos dos grandes profetas e professores da humanidade. Vivekananda mais uma vez afirmou para a nossa época a sabedoria atemporal dos profetas e santos.

A não-violência e a tolerância são as virtudes básicas ensinadas pelos grandes professores de todas as tradições. Enquanto os profetas ensinam amor e tolerância, negociantes da religião pregam divisão e dissensão. "Que vantagem temos se reconhecemos em nossas preces que Deus é Pai de todos nós", pergunta Vivekananda, "e no nosso dia-a-dia não tratamos todo homem como um irmão?".

O mundo tem a necessidade de um novo renascimento espiritual. A unidade na diversidade é a lei natural e a essência dessa unidade não é social, cultural ou humanitária, mas uma unidade espiritual que diz "a mesma alma vive em cada um de nós". Medo, ódio, intolerância e guerra são sintomas de uma unidade espiritual esquecida. A unidade humana nunca se tornará uma realidade social a menos que percebamos o fato de que um mesmo Deus vive em todos nós. Prevendo a necessidade da nossa era, no primeiro Parlamento Mundial das Religiões reunido em Chicago em 1893, Swami Vivekananda fez suas famosas observações:

> Sectarismo, intolerância e seu horrível descendente, o fanatismo, possuíram por muito tempo esta linda Terra. Eles encheram a Terra de violência, banharam-na muitas e muitas vezes com sangue humano, destruíram civilizações e levaram ao desespero nações inteiras. Não fosse por esses demônios horríveis, a sociedade humana seria muito mais avançada do que é hoje. Mas a hora deles chegará e eu espero com fervor que o sino que dobrou esta manhã em honra dessa convenção seja o dobrar da morte de todo tipo de fanatismo, de todas as perseguições com a espada ou com a pena e de todos os sentimentos não caridosos entre as pessoas dirigindo-se a um mesmo objetivo.

Swami Vivekananda alertou-nos sobre as horrendas conseqüências que nós enfrentamos ao esquecer a unidade espiritual de todos os seres e coisas e exigiu uma recuperação do nosso verdadeiro *Self* – o elo de toda unidade. Se falharmos em atender esse chamado, nossa civilização enfrentará a imperdoável lei da História. Vivekananda nos lembra: "Você pode não acreditar na vingança de Deus, mas deve acreditar na vingança da História".

Vivekananda é considerado por muitos o professor mundial que nos mostra o caminho para recuperar nossa dignidade humana. Pessoas atentas em todo o mundo se inspiram em sua vida e em seus ensinamentos. Sua mensagem encontrou seu caminho na corrente espiritual da nossa época. Sua mensagem universal e abrangente abriu o caminho para uma nova geração de buscadores espirituais que estão interessados não só em religião, mas em conseguir paz genuína e auto-realização.

Vivekananda é considerado um grande profeta por milhões de pessoas. Seu aniversário é celebrado por toda a Índia como um feriado nacional. O governo atual do país, por um ato do Parlamento, fundou uma universidade em seu nome – a primeira vez em que o governo secular da Índia criou uma universidade em nome de uma personalidade religiosa. Não há líder na Índia no qual sua sombra não tenha recaído. Sua mensagem é o modelo de educação e treinamento apresentados à nova geração para descobrir onde nós falhamos e como evidenciar as necessidades da nossa época.

A mensagem de Vivekananda nos dá esperança para o futuro. Seu amor pela humanidade deu-lhe o mandato para sua mensagem e sua pureza inata deu-lhe um poder irresistível que ninguém poderia superar. O mesmo amor que nasceu como Buda,* o Compassivo, assumiu mais uma vez a forma humana como Vivekananda. Embora tenha vivido apenas trinta e nove anos, ele progride como um colosso por toda a história e cultura modernas. Um gênio versátil, a contribuição de Vivekananda ao pensamento mundial é imensa. Suas maiores contribuições ao pensamento religioso mundial foram: *a democracia espiritual, o humanismo espiritual e um laço duradouro da unidade mundial.*

Os ensinamentos de Vivekananda fomentam a *democracia espiritual*. Vivekananda oferece uma infinita variedade de ideais e caminhos a escolher para alcançar um mesmo objetivo final – Autoconhecimento ou Consciência Divina. Na falta dessa liberdade da democracia espiritual, a religião torna-se autoritária e opressora, insistindo na obediência cega aos dogmas e doutrinas rígidas e crença inquestionável em cerimônias e credos. A liberdade espiritual assegura individualidade, questionamento crítico, dúvida honesta, escolha livre de caminho e a verificação da verdade por meio da experiência pessoal. As idéias de salvação exclusiva, de um Deus invejoso e de um povo escolhido são todas estranhas ao pensamento de Vivekananda.

Vivekananda promovia o *humanismo espiritual* em oposição ao humanismo secular. O humanismo espiritual não é simplesmente fazer o bem aos outros, mas prestar um serviço de amor ao Divino, vendo sua presença em todos os seres. O humanismo espiritual abrange toda a humanidade, não importando a raça, a cultura, o país, a religião ou afiliação social.

A *unidade mundial* baseada em considerações políticas, interesse econômico, laços culturais ou até em princípios humanitários nunca é duradoura. Os laços desse tipo são muito frágeis para suportar as pressões e tensões

---

* N.E.: Sugerimos a leitura de *Buda – Mito e Realidade*, de Heródoto Barbeiro, Madras Editora.

das diversidades sociais. A unidade do corpo mundial, para ser real, deve ser orgânica – e isso requer uma alma mundial que abranja incontáveis diversidades de experiências e aspirações humanas. Essa alma mundial deve ser a alma de todos os seres. "O Deus em você é o Deus em todos", diz Vivekananda. "Se não sabia disso, não sabia de nada". A unidade da alma mundial inclui não só os seres humanos, mas também animais, plantas e toda forma de vida.

Os ensinamentos essenciais de Swami Vivekananda como um professor mundial podem ser assim resumidos:

A queda de um país ou de uma cultura é causada por sua falência espiritual. Da mesma forma, sua ascensão depende do despertar espiritual. A queda espiritual traz em seu rastro a queda moral, que por sua vez leva à cegueira intelectual e a cegueira intelectual, por sua vez, leva à ruína material.

O significado da espiritualidade é a manifestação da divindade já presente em uma pessoa. "A religião é realização – não é conversa ou doutrinas ou teorias, por mais lindas que sejam. É ser e tornar-se – não ouvir e reconhecer. É a transformação de toda a alma modificada no que acredita". A percepção direta dessa divindade inata é o âmago da espiritualidade. Doutrinas, dogmas, teologias e filosofias são detalhes secundários.

A realidade elementar do Universo é não-dual, designada por várias tradições por meio de vários nomes. Os que acreditam no tempo chamam-na de tempo, os que crêem em Deus chama-na de Deus, os que acreditam na consciência chamam-na de consciência. Nós atribuímos nomes e epítetos a essa realidade para nossa conveniência e eles são simbólicos.

"Cada alma é uma estrela", escreve Swami Vivekananda, "e todas as estrelas estão no azul infinito, no céu eterno – o Senhor. Há a raiz, a realidade, a individualidade real, de cada uma delas. A religião começou com uma busca por algumas das estrelas que passaram além do nosso horizonte e terminou por encontrá-las todas em Deus, junto conosco no mesmo lugar". Deus não é apenas a realidade absoluta, mas também a soma total de todas as almas. Quando essa realidade elementar é ignorada ou esquecida por nós, nós a confrontamos no nosso cotidiano na forma de tristeza e sofrimento. Quando ela é reconhecida, percebida e adorada por nós, superamos todas as leis da existência material.

A unidade das religiões baseia-se na percepção direta da realidade elementar.* Os caminhos são diferentes, mas o objetivo permanece o mesmo. Mesmo que o mundo inteiro se converta a uma religião ou outra, não aumentará a causa da unidade. A unidade na diversidade é o plano do Universo. A unidade das religiões pede-nos que prestemos atenção aos ensinamentos básicos de todas as crenças, que nos fornece o solo comum onde

---

* N.E.: Sugerimos a leitura de *O Guia Completo das Religiões do Mundo*, de Brandon Toropov e Padre Luke Buckles, Madras Editora.

estamos todos enraizados. Nossa era científica força-nos a encontrar essa unidade comum. Ou nós permanecemos isolados em nossos guetos religiosos ou aceitamos o fato da unidade espiritual inata de todas as crenças.

A realização da unidade espiritual da humanidade começa com nós mesmos. Nós podemos não ser capazes de mudar o mundo inteiro, mas nós podemos mudar nós mesmos. "Pois o mundo só pode ser bom e puro se nossas vidas forem boas e puras. É um efeito e nós somos os meios. Portanto, vamos nos purificar. Vamos nos tornar perfeitos". A menos que vejamos Deus dentro de nós, nunca veremos Deus fora de nós. De novo, a menos que vejamos Deus nos corações de todos os seres, nunca veremos Deus dentro de nós. Servir aos menos fortunados e pensar em seu bem-estar é uma tarefa sagrada de todos os seres humanos. Essa é a base de toda ética e moralidade.

Quando descobrimos o *Self* e olhamos para todo ser como uma personificação desse *Self*, nós alcançamos a meta de vida e nos tornamos abençoados. Swami Vivekananda nos diz que não estamos vivendo os dias finais de nosso destino. Nós podemos mudar nosso destino com nosso conhecimento e percepção de nosso verdadeiro *Self* e por nosso trabalho altruísta e humanismo espiritual. Vivekananda diz: "a educação que não ajuda a massa de pessoas comuns a equiparem-se para a luta da vida, que não exibe força de caráter, um espírito de filantropia e a coragem de um leão – merece o nome?" Recuperar nosso balanço espiritual pode parecer difícil ou impossível, mas Vivekananda nos assegura que ele é alcançável por nosso esforço determinado.

Seus ensinamentos baseiam-se em quatro princípios fundamentais: *não-dualidade da realidade elementar, divindade da alma, unidade da existência* e *harmonia das religiões*. A realidade elementar é sempre *não-dual* e a busca por superar a separação e a finitude humanas é inata em todos os seres. A *divindade da alma* é o aspecto mais vital das nossas vidas. Nós não nos tornamos divinos fazendo peregrinações, banhando-nos em águas sagradas ou desempenhando com cuidado cerimônias e rituais. A fundação da religião é uma crença implícita na nossa própria divindade. A diferença entre um santo e um pecador é que o santo tem fé em sua santidade e o pecador tem fé em seus pecados. A *unidade da existência* é a lei do Universo. O egoísmo individual e a ganância rompem essa unidade e até colocam em perigo a existência. A *harmonia das religiões* é o resultado dos três primeiros princípios. Quando a religião perde seu conteúdo espiritual começam todas as dissensões – não antes disso. A unidade das religiões não pode ser promovida apenas com palestras e discursos, conferências e oficinas. Até aprendermos a essência dos ensinamentos de todas as religiões, encontrarmos uma crença comum e viver de acordo com esses princípios, a harmonia e a unidade estarão a uma grande distância.

O presente livro dará ao leitor a mensagem essencial de Swami Vivekananda como um professor mundial. O primeiro capítulo é um artigo de

Swami Nikhilananda, "Swami Vivekananda: Índia e América", escrito para o *Swami Vivekananda Centenary Memorial Volume* [Volume do memorial centenário de Swami Vivekananda] em 1963 e nunca antes publicado fora da Índia. Ele tem os principais ensinamentos de Vivekananda e nos apresenta aos ideais de liberdade espiritual e democracia espiritual de Vivekananda.

O capítulo dois, "O Ideal de uma Religião Universal", consiste nas palestras de Vivekananda sobre sua visão universal da religião. Ele nos diz que os diferentes sistemas religiosos não são contraditórios. "Cada religião, por assim dizer, adota uma parte da grande verdade universal. Eu aceito todas as religiões que havia no passado e as cultuo todas, eu cultuo Deus com todas elas, em quaisquer formas que elas o cultuarem. Eu iria à mesquita dos maometanos, entraria na igreja cristã e ajoelharia diante do crucifixo, entraria no templo budista onde encontraria refúgio em Buda e sua lei. Eu entraria na floresta e sentaria em meditação com os hindus, que tentam ver a luz que ilumina o coração de todos. Não só faria tudo isso, como também manteria meu coração aberto para todas as religiões que possem aparecer no futuro."

O capítulo três traz as palestras mais significativas de Vivekananda sobre seu ideal do culto do Deus vivo. A meta da vida – Autoconhecimento ou Consciência Divina – será atingida só quando a pessoa for capaz de ver Deus com os olhos fechados e o mesmo Deus com os olhos abertos. "Não sejamos mais os adoradores de credos ou seitas com visões pequenas e limitadas de Deus, mas vejamo-lo em tudo no Universo". Swami Vivekananda alerta-nos contra o maior obstáculo à realização da religião universal – o direito ao privilégio espiritual de uma seita ou indivíduo sobre o outro. "Todos são nossos colegas viajantes... Todos estão no mesmo rio, cada um correndo em direção dessa liberdade infinita... O processo cósmico significa a luta para voltar à liberdade, o centro de nosso ser".

O capítulo quatro traz as palestras de Swami Vivekananda sobre os grandes professores espirituais do mundo. Deus como realidade elementar é sempre um e todos os buscadores espirituais, apesar de suas crenças religiosas e tradições, apelam ao mesmo Deus. Ele nos apresenta suas opiniões sobre a vida e os ensinamentos de Cristo, Buda, Sri Ramakrishna e os grandes profetas e santos de todos os tempos. "É de admirar", diz ele, "que eu deveria cair aos pés desses homens e cultuá-los como Deus?... Seria melhor que cada um se tornasse um profeta desse Novo Testamento real. Peguem todas as mensagens velhas, junte a elas suas próprias realizações e torne-se um profeta para os outros".

Não é sempre fácil entender ou retratar os indivíduos cujas personalidades colocaram-nos acima da experiência humana ordinária – essas grandes almas que em diferentes períodos da História se destacaram dentre todos os outros, que emocionaram e inspiraram a humanidade a ter objetivos nobres.

O quinto capítulo pretende capturar para o leitor um *close*, um entendimento mais profundo da personalidade que foi Vivekananda. Reportagens de jornais da época ajudam-nos a apreciar o impacto profundo que Vivekananda tinha nas pessoas e na sociedade. Uma outra seção apresenta reminiscências daqueles que chegaram a conhecê-lo. Pensadores mundiais expressam suas impressões sobre o significado da vida e da mensagem dele. Depois de uma seleção de cartas e poemas de Vivekananda nós conseguimos outro vislumbre íntimo do swami e dos ideais que o motivavam.

Hoje o mundo enfrenta uma crise séria e Swami Vivekananda afirma que essa crise é espiritual em essência. Vivekananda, o professor mundial, apela às pessoas pensadoras do mundo para se levantarem e serem persuadidos a uma mudança e uma regeneração espiritual mundial. "Essa sociedade é a maior", diz ele, "em que as maiores verdades se tornaram práticas. Essa é a minha opinião. E se a sociedade não estiver apta para as verdades superiores, faça-a ficar – e quanto mais cedo, melhor. Levantem-se, homens e mulheres, nesse espírito, ousem acreditar na verdade, ousem praticar a verdade!"

Temos esperança de que os leitores retirarão inspiração da mensagem de amor, compaixão e da unidade espiritual da humanidade de Swami Vivekananda.

Swami Vivekananda no Parlamento das Religiões, Chicago, 1893.

1

Swami Vivekananda: Índia e América[1]

A missão espiritual de Swami Vivekananda na América, para a qual o Parlamento Mundial das Religiões, reunido em Chicago, em 1893, forneceu um incentivo, preencheu uma necessidade profunda do nosso tempo para o bem-estar da Índia, América, Europa e da humanidade em geral. O que ele pregava entrou lentamente na corrente de pensamento tanto do Oriente quanto do Ocidente.

O propósito imediato de sua visita era a melhoria da condição material da humanidade indiana. Sua extensa viagem à Índia como um monge andarilho após o falecimento de Sri Ramakrishna, seu contato íntimo com as pessoas de todas as classes – alta e baixa, educados e analfabetos, marajás e párias – revelou a sua mente muito sensível à condição deplorável das massas indianas. Faltava a eles o básico: comida, educação, saúde e segurança econômica. Os descendentes dos antes orgulhosos indo-arianos, cujas conquistas na Religião, Filosofia, Literatura, Arte, Ciência e na evolução de um sistema social duradouro ainda atraem a admiração de pessoas atenciosas de todo lugar, estavam rastejando na poeira. Esquecidos de sua força interior, eles tornaram-se o alvo da exploração dos ricos e poderosos – nativos e estrangeiros. "É por eles", disse Swami Vivekananda a seus devotos em Madras,* "que eu vou para o Ocidente – pelo povo e pelos pobres". A dois de seus irmãos discípulos ele fez a mesma observação: "Eu viajei por toda a Índia. Mas, ai de mim, foi uma agonia, meus irmãos, ver com meus próprios olhos a pobreza terrível das massas e eu não pude conter minhas lágrimas. Agora é minha firme convicção que é vão pregar religião entre eles sem antes tentar afastar sua pobreza e sofrimento. É por

---

[1] De Swami Nikhilananda, "Swami Vivekananda: India e América", em Swami Vivekananda Centenary Memorial Volume, editado por R. C. Majumdar (Calcutá: Swami Vivekananda Centenary Committee, 1963).
* N.E.: A cidade de Madras, capital de Tamil Nadu, na Índia, atualmente é chamada de Chennai.

essa razão – encontrar meios para a salvação dos pobres da Índia – que vou para a América".

Noite após noite ele passou sem dormir, pensando nos problemas da Índia. Muitas outras idéias vieram a sua cabeça. Antes de tudo, ele percebeu que a religião não era a causa da ruína da Índia. Pelo contrário, era a religião que criava e estabilizava a cultura indiana, integrava os elementos divergentes da nação e protegia os hindus da desintegração total apesar da dominação implacável durante quase mil anos por governantes estrangeiros, dando às pessoas a paciência e a resistência para permanecerem calmos nas vicissitudes do destino. Nenhuma pobreza poderia tirar sua fé no dharma e na providência.

Em segundo lugar, ele viu que a Índia poderia crescer novamente com ajuda da religião, ocupar seu lugar de direito na política de boa vizinhança e atingir a expectativa de muitos ocidentais: *Ex Oriente lux*. Foi muito bem reconhecido que o renascimento moderno da Índia começou de Dakshineswar.[2]

Em terceiro lugar, Swami Vivekananda percebeu que as verdades fundamentais do Hinduísmo poderiam ressuscitar por um estudo intenso das *Upanishads*, do *Bhagavad Gita*, do *Ramayana*, do *Mahabharata* e outros escritos secundários. A ignorância das pessoas em relação a essas obras básicas possibilita aos sacerdotes inescrupulosos exercitar seu poder sobre elas. Isso também respondia pelas incrustações das verdades eternas do Hinduísmo com muitas superstições. A sabedoria antiga deve ser acessível tanto ao ignorante como ao educado.

Em quarto lugar, o grande Swami viu de forma clara que nenhuma filosofia ou religião poderia ser entendida se o estômago estivesse vazio e o corpo, doente. Todos precisam de certa quantidade de proteína e carboidrato para o pensamento mais elevado. Como construir corpo e mente saudáveis por meio dos quais as verdades espirituais podem ser manifestadas? Sua compreensão uma vez o fez saber que isso poderia ser feito com a ajuda da Ciência e da tecnologia que foram bem desenvolvidas no Ocidente durante os últimos trezentos anos. O método da Ciência baseado na razão, experimentação, observação e verificação possibilitaria aos indianos entender de maneira racional a natureza do universo físico. Por meio da tecnologia, eles aplicariam essas verdades científicas para o bem-estar material do indivíduo e da sociedade. O swami sentiu que deveria ir ao Ocidente e apelar à sua consciência. Ele contaria às pessoas do Ocidente que a doença e saúde da Índia eram preocupação do mundo todo.

Mas Swami Vivekananda era um homem orgulhoso. Ele odiava implorar. Ele não iria ao Ocidente como um pedinte. Sua mente penetrante percebeu o compromisso do Ocidente; embora de outra espécie, não era

---

[2] Jardim do Templo Dakshineswar, onde Sri Ramakrishna viveu e comungou com Deus.

menos pungente. A Ciência e a tecnologia sem dúvida deram ao Ocidente prosperidade material, mas não deram paz interior. Uma cultura materialista contém as sementes de sua própria destruição. Em uma sociedade competitiva, clamando por ganho material, irmão levanta sua mão contra irmão. O Ocidente deveria aprofundar seu ponto de vista espiritual e nisso poderia ser ajudado pela sabedoria antiga da Índia. O Hinduísmo,* pensava Swami Vivekananda, poderia ensinar ao Ocidente a compaixão universal, o ideal de ver a unidade na diversidade e a harmonia das religiões.

O Swami reconheceu de forma clara as conquistas e limitações das culturas tanto do Oriente como do Ocidente. O clima indiano produziu, é verdade, um Buda, um Shankara, um Chaitanya, um Ramakrishna – algo que talvez só ele poderia fazer. Mas a história indiana também revela os fatos trágicos de quão alto um indivíduo pode subir e quão baixo uma nação pode cair. A história do Ocidente, também, revela o fato de que uma nação como um todo pode obter, com a ciência e da tecnologia, um nível elevado de conforto físico e conhecimento intelectual, mas na ausência de conhecimento em relação a Deus, à alma e à base espiritual do Universo, ele pode tornar-se vítima de ansiedade, medo e suspeita. A Índia descobriu, sem dúvida, muitas verdades espirituais eternas, mas ela as manteve enterradas em montes de sujeira. Não há um porta-jóias para preservá-las. O Ocidente criou um porta-jóias na forma de uma organização social, política e econômica maravilhosa, mas onde estão as jóias? A Índia em geral cultua um fantasma em nome de uma alma e o Ocidente um cadáver abandonado pelo espírito. Portanto, Swami Vivekananda sentiu que tanto o Ocidente como a Índia precisavam um do outro para seu bem-estar mútuo e para o bem da humanidade. Sua mensagem era nacional e internacional. Sua alma expansível não poderia ser presa ou confinada em qualquer prisão estreita.

Swami Vivekananda escolheu a América como o lugar para transmitir sua mensagem. Os Estados Unidos pareceram apropriados para esse propósito. Fazendo da América sua base, ele levaria sua obra para a Europa. Em sua jornada para Chicago, ele recebeu as bênçãos de Sri Ramakrishna e da Mãe Santa.[3] Ele não teve apoio financeiro, de governo ou de qualquer organização. Esse rapaz de apenas trinta anos, totalmente inexperiente nos caminhos do mundo, passou o período formativo de sua vida ou aos pés de Sri Ramakrishna ou como um monge andarilho desconhecido, praticando meditação e orações. Ele recebeu encorajamento de vários admiradores; um príncipe que era seu discípulo forneceu a ele a passagem, roupas e algum dinheiro. Mas Swami Vivekananda carregava com ele, apesar de seu conhecimento da história e cultura ocidentais e indianas, um coração afetuoso, que o tornava estimado pelas pessoas sinceras e de mente aberta

---
* N.E.: Sugerimos a leitura de *Mitologia Hindu*, de Aghorananda Saraswati, Madras Editora.
[3] Sri Sarada Devi, esposa e companheira espiritual de Sri Ramakrishna.

do Ocidente. Não é preciso dizer que suas experiência espirituais profundas eram seu bem mais inestimável.

Sri Ramakrishna, enquanto estava vivo, mostrava ao seu amado discípulo a missão de sua vida. Uma vez que o jovem Narendranath[4] estava ansioso para esquecer-se de si e do mundo em *samadhi* (absorção total em Deus), o Mestre perguntou-lhe por que ele estava ansioso para ver Deus com olhos fechados e não com olhos abertos, adicionando que o serviço a todos os seres era o melhor caminho para cultuar Deus. Após a morte do Mestre, o jovem Swami resolveu por muitas vezes passar o resto de sua vida em uma caverna de montanha em contemplação, mas toda vez que ficava na solidão para esse propósito, ele era expulso, por assim dizer, por uma força poderosa. É evidente que a vida dele não era para ser de meditação exclusiva. Sem dúvida uma parte de sua mente, como a de seu Mestre, voava sobre o mundo, mas outra parte sangrava vendo o sofrimento humano. Ele raramente encontrou um ponto de descanso nessa oscilação entre a contemplação de Deus e o serviço a todos os seres. "Que eu possa nascer e renascer", ele exclamou uma vez, "e sofrer milhares de penúrias, se eu puder cultuar o único Deus em quem acredito: a soma total de todas as almas, e acima de tudo, meu Deus, o perverso, meu Deus, o aflito, meu Deus o pobre de todas as raças." Parece que em obediência a um chamado superior ele escolheu servir a todos os seres humanos como sua missão na Terra, o que o tornava amado pelas pessoas do Ocidente, os americanos em particular.

Na época das visitas do swami ao Ocidente, em lugar algum dois países não mostraram características tão diversas como a Índia e a América. Os Estados Unidos eram livres e democráticos, a Índia era uma colônia da Inglaterra. Na América, a educação era universal; na Índia, apenas dez por cento das pessoas sabiam ler e escrever. Os americanos eram muito ricos e prósperos; noventa por cento dos indianos não faziam uma refeição completa. A América, seguindo a tradição anglo-saxã, manteve o ideal de justiça social e direitos individuais, especialmente para os americanos brancos; os hindus eram oprimidos pela tirania de casta, pelo sacerdócio e pelos senhores de terra ricos. As mulheres americanas desfrutavam de uma liberdade social que era negada às suas irmãs indianas. Na América, a religião, o governo, a Ciência e a tecnologia estavam ligados para promover o bem-estar das massas; na Índia, o poder da religião e do sistema social era muito usado para conter as massas. A cultura indiana desenvolveu um grau elevado de intelecto. Os americanos eram sentimentais. Os hindus eram imaginativos e especuladores, os americanos, pragmáticos. A tendência geral da filosofia americana era uma revolta contra o Romantismo do século XIX da Europa. Ciência e tecnologia tinham uma parte importante na educação americana; nas universidades indianas, a ciência era estudada para

---
[4] O nome pré-monástico de Swami Vivekananda.

um propósito limitado, na maior parte, por seu aspecto teórico. Seguindo a tradição de dias coloniais, os americanos, como uma regra, eram ousados, alertas, despachados e dados à improvisação. Os hindus eram em geral estáticos em seu pensamento. A atmosfera da Índia, até durante o pior período de revés material, produziu santos e místicos dados à contemplação. A alma americana expressava-se pela ação. Buda, Krishna, Shankara, Chaitanya e Ramakrishna ainda estão entre os heróis nacionais da Índia; uma pessoa bem-sucedida do mundo é admirada pelo público americano. A ciência ocidental investigava a natureza do Universo para encontrar o lugar do indivíduo humano nele; os filósofos indianos, com o estudo do Universo, perceberam sua irrealidade e direcionaram suas mentes à exploração do mundo interior. A caracterização acima pode ser um tanto simplificada demais, mas apesar disso é verdade.

Poucos dias depois da sua chegada na América, Swami Vivekananda ficou ciente de sua visão de mundo geral. Quantos pensamentos tumultuosos devem ter corrido na mente desse monge mendicante da Índia quando ele sentou na plataforma do Parlamento das Religiões diante de 7 mil homens e mulheres representando o que havia de melhor e mais nobre na cultura americana! Ele viu a mente ocidental como jovem, alerta, incansável, inquisidora, muito honesta, bem disciplinada e em paz com o universo físico, mas cética sobre as profundidades do mundo supersensível e relutante em

Swami Vivekananda na tribuna do Parlamento das Religiões, Chicago, 1893.

aceitar qualquer verdade sem prova racional e testes pragmáticos. Atrás dele ficava o mundo antigo da Índia, com seus diversos credos e rituais tecidos em um complexo sistema religioso-filosófico chamado Hinduísmo, cujo conceito principal era a unidade na diversidade; com seus santos e profetas, que investigavam a realidade por meio do autocontrole, desprendimento e contemplação, calmos pelos eventos passageiros da existência mundana transitória e que estavam absortos na meditação sobre as verdades eternas. A educação do swami, a formação e a experiência parecem causar nele a confluência dessas duas tendências de pensamento, cujo conflito aparente ele queria remover.

Talvez no início Swami Vivekananda tenha ficado um pouco desnorteado. Com certeza ele foi tomado de medo de palco e adiou seu discurso várias vezes. Mas tão logo ele subiu à plataforma, acalmou-se. Até suas poucas primeiras palavras, "Irmãs e irmãos da América", despertou aplausos espontâneos de toda a audiência que demoraram dois minutos completos para cessar. As pessoas estavam muito comovidas em ver, enfim, uma pessoa que dispensava formalidades e endereçava-se a eles de um modo natural, mostrando a simpatia de seu coração. A personalidade viva de Swami Vivekananda, seu robe laranja, o turbante amarelo e a face jovem na qual poderia ser vista uma mente madura só poderiam impressionar a platéia. Talvez ele fosse o mais jovem dentre os representantes das grandes religiões do mundo, por ter apenas trinta anos.

O que Swami Vivekananda disse no Parlamento das Religiões e nas numerosas reuniões posteriores está agora registrado. Com suas palestras, conversas e escritos ele tentou não apenas remover a ignorância colossal dos americanos em relação ao Hinduismo e à Índia, mas também apresentar as verdades positivas de sua religião antiga.

Em seu discurso de abertura, o swami falou sobre a validade de todas as religiões como o meio para alcançar o mesmo objetivo da perfeição e em seu discurso final ele pediu às religiões para desistirem de seu direito à salvação exclusiva. Ele queria que toda religião escrevesse em seu estandarte: "Ajude e não brigue", "Assimilação e não destruição", "Harmonia e paz e não dissensão". Esse nobre conceito, exposto nos *Vedas*, nas *Upanishads* e no *Bhagavad Gita*, foi demonstrado por seu mestre, Sri Ramakrishna, que era o único profeta na História registrada a praticar as disciplinas do Hinduísmo, do Cristianismo e do Islã e a perceber que todas elas, por meio dos seus rituais e crenças diferentes, apresentavam a divindade potencial da natureza humana.

Em suas numerosas palestras realizadas por todo o continente americano, Swami Vivekananda enfatizava a divindade da alma, a unicidade da existência, a não-dualidade da Divindade e a harmonia das religiões. Em sua doutrina sobre a divindade da alma, americanos perceptivos encontraram a base espiritual de liberdade e respeito pelos outros, muito estimada por eles. O conceito de unicidade da existência, que é o ensinamento principal do Vedanta, era a base espiritual de amor e de injunções éticas como companheiros e compaixão. Por meio da realização dessa unicidade pode-se acabar com o medo, a suspeita, o ódio e a malícia. Com o conhecimento de que Deus é único sem existir um segundo e que a mesma Divindade é a meta de todas as fés, a religião desistiria da intolerância e do fanatismo, que, mais do que qualquer outra coisa, a fizeram objeto de crítica para todas as pessoas racionais. Swami Vivekananda ensinou Vedanta, que na análise final não é nem religião nem filosofia, mas uma experiência, embora aceite ambas como correspondentes aos diferentes níveis de evolução espiritual. Não tendo sido criada por qualquer mente, ela é baseada em leis eternas e imutáveis, contemporânea à criação e descoberta pelo discernimento das mentes iluminadas nas profundezas de sua contemplação. Mas o Vedanta também reconhece profetas e encarnações como demonstradores de verdades eternas. O Vedanta dá a base lógica dos rituais, que são a concretização das verdades espirituais abstratas, necessária para a concentração mental. A Mitologia ilustra a Filosofia com histórias de personagens lendários ou semi-históricos, ajuda no desenvolvimento da devoção e enriquece a Literatura, a Escultura, a Pintura e a Arquitetura. Na opinião de Swami Vivekananda, a Ciência, a Filosofia e a Arte, se seguidas até o fim, oferecem uma visão do Infinito, desde que se aceite o conceito vedântico oferecem unicidade da existência.

As instruções de Swami Vivekananda para o desenvolvimento da consciência espiritual podem ser resumidas na palavra *yoga*, que significa a união da alma individual e da Alma Universal, chamada Deus, e também o método para realizar essa união. Sua abordagem era psicológica. Levando em consideração as quatro divisões amplas da mente humana, ele ensinava o yoga do amor divino (*bhakti-yoga*), o yoga do trabalho (*karma-yoga*), o yoga do conhecimento filosófico (*jnana-yoga*) e o yoga da supressão das modificações da mente (*raja-yoga**). Ele escreveu quatro livros clássicos sobre esses quatro yoga. Eles são todos baseados na fundação sólida da vida moral, sem a qual nenhuma experiência espiritual seria possível. A razão especial para a explicação do Swami sobre o *raja-yoga*, que ele pediu às pessoas não praticarem sem a orientação de um professor competente, parece ser porque ele quis aceitar o desafio dos intelectuais ocidentais que exigiam prova das experiências religiosas. O ensino do *raja-yoga*, ele argumentava, era baseado na experimentação e na verificação do resultado. Além de descrever o *raja-yoga* em seu livro, o Swami ensinou-o em pessoa a estudantes qualificados.

Swami Vivekananda explicou aos americanos que a religião era realização e experiência, não mera aceitação de dogmas e credos, e que se

---

* N.E.: Sugerimos a leitura de *Raja Yoga* e de *Yoga – Mente, Corpo, Emoção*, de Suely Firmino. Madras Editora.

poderia suprimir os desejos mais inferiores e perceber a natureza divina nessa vida. Ele sempre os lembrou da divindade da alma e da unidade da existência. Para apresentar essa divindade, a pessoa deve seguir qualquer yoga que servir ao seu temperamento. Escrituras, templos e rituais eram de importância secundária.

Na sessão final do Parlamento ele fez um grande apelo pela harmonia das fés religiosas. Ele disse: "Não é para um cristão se tornar um hindu ou um budista, nem para um budista ou um hindu tornar-se um cristão. Mas cada um deve assimilar o espírito dos outros e ainda assim preservar sua individualidade e crescer de acordo com sua própria lei de crescimento. Se o Parlamento mostrou algo ao mundo, é isto: provou ao mundo que a santidade, a pureza e a caridade não são posses exclusivas de qualquer Igreja do mundo e que todos sistemas produziram homens e mulheres do mais sublime caráter. Em face dessa evidência, se alguém sonha com a sobrevivência exclusiva de sua religião e a destruição das outras, eu tenho pena dessa pessoa do fundo do meu coração".

Nunca, no decorrer de seu discurso, Swami Vivekananda condenou o espírito verdadeiro de qualquer religião, embora ele tenha atacado de forma áspera a hipocrisia e a falsa aparência. No Parlamento das Religiões ele estava na posição de um campeão de todas as religiões e não apenas como um sacerdote do Hinduísmo. Um intelectual judeu que presenciou o Parlamento disse depois ao presente escritor: "Após ouvir Swami Vivekananda eu percebi que minha religião também era verdadeira." A admiração de swami por Jesus Cristo era imensa. Até antes de sua aparição no Parlamento, quando ele sofria de pobreza aguda, ele escreveu a um amigo preocupado na Índia: "Estou aqui entre os filhos do Filho do Homem e o Senhor Jesus me ajudará". Ele começou seu famoso seminário no Thousand Island Park com uma citação do Evangelho de São João, pois seus alunos pertenciam à fé cristã. Mas ele era intolerante com o que é pregado em nome do Cristianismo, especialmente por missionários no exterior. Cristãos intolerantes na América, os missionários e seus patronos atacaram com violência Swami Vivekananda, até difamando seu caráter pessoal. Ele também foi direto em sua réplica. Em um discurso feito em Detroit, ele declarou com raiva: "Vocês treinam, educam, vestem e pagam homens para fazer o quê? Para vir ao meu país e abusar de todos os meus antepassados, minha religião, meu tudo. Eles andam perto de um templo e dizem, 'Vocês idólatras, vocês vão para o inferno.' Mas o hindu é calmo; ele sorri e passa dizendo: 'Deixe os tolos falarem.' E vocês, que treinam homens para abusar e criticar, se eu toco vocês com um pouco de crítica, mas com o propósito mais gentil, vocês retraem-se e gritam: 'Não nos toque! Nós somos americanos; nós criticamos, amaldiçoamos e abusamos de todos os pagãos do mundo, mas não nos toque, nós somos plantas sensíveis.' E sempre que nossos missionários nos criticarem, vamos nos lembrar disso: se toda a Índia ficar de pé e pegar toda a lama no fundo do Oceano Índico e jogá-la contra os países ocidentais não será nem uma parte infinitesimal do que vocês fazem contra nós".

Referindo-se ao papel desempenhado pelos missionários nas aventuras coloniais de algumas das nações européias, Swami Vivekananda disse:

"Essas coisas vêm abaixo, elas são construídas sobre a areia, elas não permanecem por muito tempo. Tudo que tem o egoísmo como sua base, a competição como seu braço direito e a diversão como seu objetivo deve morrer cedo ou tarde."

"Se você quer viver, volte para Cristo. Vocês não são cristãos. Não, como uma nação vocês não são. Voltem para Cristo. Voltem para ele que não tinha onde deitar sua cabeça. A religião de vocês pregava em nome do luxo. Que ironia do destino! Revertam isso se quiserem viver; revertam isso. Vocês não podem servir a Deus e a Mammon[5] ao mesmo tempo. Toda essa prosperidade – tudo isso de Cristo! Cristo teria negado todas essas heresias. Se você juntar esses dois, essa prosperidade maravilhosa com o ideal de Cristo, está tudo muito bom; mas se você não puder, é melhor voltar a ele e desistir dessas buscas vãs. É melhor estar pronto para viver em trapos com Cristo do que viver em palácios sem ele".

Swami Vivekananda não poderia suportar uma grande doutrina do Cristianismo, a doutrina do pecado. Era repulsiva até a base do Vedanta, que chama todos os homens e mulheres de "Filhos da Imortalidade". O swami chamava pecados de erros por causa da ignorância. O pecado do tamanho de uma montanha é reduzido a cinzas no momento em que é aceso o fogo do conhecimento divino. Nenhuma alma pode ser amarrada à Terra. Como pode um, assim chamado, pecador, em que a luz de Deus também brilha, embora possa não perceber isso no momento, ser condenado para sempre ao inferno? Todo pecador não tem um futuro, assim como todo santo tem um passado?

Quando o coração de Swami Vivekananda estava mais expansivo ele dizia: "Budas e Cristos são meras ondas no infinito Oceano da Existência que eu sou", ou "Eu não quero hinduizar o mundo nem cristianizá-lo: mas eu quero Meu-izar o mundo, só isso."

Como a América respondeu a Swami Vivekananda e seus ensinamentos? Centenas de reuniões em que ele discursou foram assistidas por, entre outros, professores de universidades, damas de boas famílias, buscadores da verdade e devotos de Deus com fé infantil. Mas misturados a esses estavam os que buscavam curiosidades, ociosos, vagabundos e charlatães. O público americano, em geral, é receptivo. Isso é o motivo pelo qual esse país é um canteiro de várias crenças religiosas. O swami teve de enfrentar todos os tipos de obstáculos. A oposição dos interesses

---

[5] N.T.: Mammon é o deus pagão da riqueza. Além disso, é uma palavra aramaica usada no Evangelho para personificar as riquezas mal-adquiridas.

cristãos adquiridos já foi mencionada. Os líderes de muitas organizações excêntricas, egoístas e fraudulentas tentaram induzir o Swami a abraçar suas causas, primeiro com promessas de apoio e depois por ameaças de ferimentos quando ele recusou suas ofertas. Ele também foi desafiado por muitos pensadores-livres, dentre os quais estavam ateístas, agnósticos, racionalistas e materialistas. Mas o swami não se intimidava – "a foice bateu em uma pedra", como diz o provérbio polonês. Para toda oposição a única resposta do swami era: "Eu defendo a verdade. A verdade nunca se aliará com a falsidade. Até mesmo se o mundo inteiro ficar contra mim, a verdade vencerá no fim."

Swami Vivekananda era um palestrante "ciclônico". Mas ele freqüentemente se cansava das pessoas, da provocação e das palestras. Filósofo nato e amante de Deus, ele queria treinar alguns estudantes sérios no Vedanta, que difundiriam suas idéias. Ele se sentia enojado em se rebaixar para agradar aos caprichos de qualquer pessoa ou audiência.

Mas a personalidade de swami era irresistível, concordando com ele ou não. Aqueles que entravam em contato com ele não o esqueciam. Até hoje, depois de mais de meio século, se encontram pessoas que o viram e o ouviram talvez uma ou duas vezes. Eles estimam essa memória. Quantos se comovem hoje somente por ler suas palavras! Romain Rolland disse: "Suas palavras são como uma ótima música, as frases do estilo de Beethoven, ritmos agitados como a marcha dos refrões de Handel. Eu não posso tocar em seus dizeres, espalhados pelas páginas de livros a uma distância de trinta anos, sem receber uma sensação em meu corpo como um choque elétrico. E o que choca, o que transporta deve ter sido produzido quando, em palavras abrasadoras, saiu dos lábios do herói."

Swami Vivekananda conheceu muitos notáveis no mundo ocidental: Max Müller, Paul Deussen, Robert Ingersoll, Nikola Tesla, William Thomson (depois lorde Kelvin), Sarah Bernhardt, madame Emma Calvé. Ele ficava, no entanto, comovido de forma profunda pela natureza do povo americano. Alguns de seus amigos dedicados assumiram com alegria a responsabilidade por seu conforto pessoal. Ele estava impressionado, como veremos mais tarde, pelo afeto caloroso das mulheres americanas. Embora ele admirasse a amizade e a lealdade sólida dos britânicos, a sensibilidade artística dos franceses, a perspicácia filosófica dos alemães e os vários monumentos culturais da Europa, ainda assim seu coração parecia devoto à América. Em uma de suas cartas escritas a uma devota americana em maio de 1896, ele disse: "Eu amo a terra ianque. Eu gosto de ver coisas novas. Eu não me interesso em vagar por ruínas velhas e perambular sem destino a vida toda por velhas histórias e ficar suspirando pelos antigos. Eu tenho vigor demais em meu sangue para isso. Na América estão o lugar, as pessoas e a oportunidade para tudo novo. Eu me tornei terrivelmente radical".

O efeito completo dos ensinamentos de Swami Vivekananda na América será conhecido apenas nos próximos anos. Até agora se pode ver um início saudável na propagação das idéias vedânticas. As sociedades vedanta em muitas das maiores cidades da América e refúgios sob a supervisão espiritual dos swamis da ordem Ramakrishna de monges disseminam as verdades do Hinduísmo. Eles ajudam no desenvolvimento espiritual dos indivíduos. Os monges e as freiras americanos juntaram-se à Ordem Ramakrishna e fizeram os votos de pobreza e castidade. Livros sobre o Hinduísmo são publicados. Os swamis são convidados para universidades, faculdades, igrejas e outras organizações culturais para discutir a sabedoria antiga da Índia. Devagar as idéias e os ideais hindus entram nas mentes americanas. O que os representantes de outros credos disseram no Parlamento das Religiões foi esquecido. Mas os ensinamentos do Vedanta crescem em volume e intensidade.

A religião e o idealismo inspirados por ele desempenharam um papel importante na criação da cultura americana e em seu desenvolvimento posterior. Certos conceitos espirituais apresentados mais tarde por Swami Vivekananda já haviam começado a fermentar sob a superfície robusta, pitoresca, alegre e dinâmica da vida americana. Os ideais de liberdade, igualdade e sentimento de camaradagem sempre provocaram os corações americanos. Swami Vivekananda deu uma interpretação espiritual a esses ideais, que os americanos aplicavam na política e na sociedade para seu bem-estar material.

É bem sabido que os "*Pilgrim Fathers*" (Pais Pioneiros), que cruzaram o Atlântico no Mayflower* e chegaram em Plymouth, Massachussetts, no novembro frio de 1620, eram ingleses que deixaram primeiro a Inglaterra e foram para a Holanda para liberdade de crença. Depois se juntaram a eles outros dissidentes que não se submetiam às restrições colocadas às suas crenças religiosas pelos governantes ingleses da época. Eles foram os ancestrais dos resolutos e religiosos "*New Englanders*" que, dois séculos depois, foram os líderes da cultura espírito-intelectual da América. Swami Vivekananda encontrou entre eles alguns de seus seguidores leais e entusiasmados. Muitos dos huguenotes, também, que deixaram a França no século XVII, foram depois para a América e encontraram asilo religioso lá.

Tanto a Santa Bíblia e quanto a filosofia de John Locke influenciaram o "Bill of Rights" (Declaração de Direitos) e a Constituição Americana. Jefferson, imbuído do ideal da Paternidade de Deus e da fraternidade dos homens, junto com o agnóstico Benjamin Franklin e o ateu Thomas Paine, escreveram o segundo parágrafo da Declaração da Independência, que anuncia de forma clara sua filosofia política, a saber, a igualdade dos homens perante Deus, a sociedade e a lei, e travaram uma guerra inflexível contra a tirania. A mesma paixão por igualdade e justiça social permeou mais tarde as declarações do

---

* N E.: O Mayflower foi o célebre navio que, em 1620, transportou os imigrantes puritanos ingleses, os Pilgrims, da Europa para Massachussets, nos Estados Unidos, onde estabeleceram a colônia de Plymouth.

grande Lincoln, e o *New Deal* e as quatro Liberdades de Franklin D. Roosevelt. A estrutura do governo federal americano opõe-se ao sistema colonial das potências européias. A sociedade americana é livre, em um nível notável, da tirania do sistema de castas da Índia ou do sistema de classes da Europa. Aqui quase todos os cidadãos desfrutam de um padrão mínimo de segurança social e nenhuma limitação é colocada no caminho do sucesso material desde que a pessoa seja inteligente, ética e diligente.

Durante os primeiros cem anos após ganhar sua independência, a América produziu uma galáxia de grandes pessoas em vários campos: política e guerra, lei e jurisprudência, ciência e tecnologia, história e literatura, negócios e assuntos práticos. Com a sua ajuda e na ausência de guerras estrangeiras, a América ganhou uma prosperidade material sem precedentes. A vasta opulência escondida do país foi penetrada. As vilas tornaram-se cidades. A ambição circulou por todo lugar e os modos das pessoas mudaram com a nova rapidez e a energia que os assolaram.

A prosperidade material foi acompanhada por um novo despertar das mentes e consciências das pessoas. Prisões foram transformadas em sistemas penitenciários baseados em princípios humanitários e sociedades antiescravagistas foram inauguradas. Durante cinco anos, entre 1850 e 1855, foram publicados alguns dos maiores livros da literatura americana, como *Leaves of Grass* [Folhas de Relva], *The Scarlet Letter* [A Letra Escarlate] e *Moby Dick*, não superadas em vitalidade imaginativa. Os brutos dias coloniais desapareciam rápido.

Enquanto isso, a Índia entrou na corrente de pensamento crescente do século XIX e contribuiu com sua parte, ainda que pequena. A Índia e a América não eram estranhos completos. Todos sabem que Colombo partiu para encontrar uma curta rota para a Índia e achou por acaso a América. O que não é tão bem conhecido é o fato de que os baús de chá da Festa do Chá de Boston, que iniciou a Guerra da Independência, vieram da Índia. Além disso, a vitória dos ingleses sobre os franceses durante o século XVIII na guerra para a dominação da Índia pelas duas grandes potências coloniais facilitou a desocupação da América pela Inglaterra e, dessa forma, ajudou os colonos americanos em sua luta pela liberdade iniciada em 1775. Mais uma vez, o Comodoro Perry possibilitou, em 1853, aos navios mercantes americanos comercializar com o Oriente Distante e então visitar cidades costeiras em suas longas viagens.

No âmbito cultural, o movimento transcendental, do qual Emerson foi o líder, e Thoreau, Channing, Whittier e Alcott, seus associados, colocou a Índia espiritual em contato com o novo continente. Emerson, um estudante perspicaz do *Bhagavad Gita*, era familiarizado com as doutrinas upanishádicas, como evidenciado por seu lindo poema *Brahma* e sua resenha *A Alma Suprema*. Thoreau, vizinho de Emerson por 25 anos, lia e discutia com ele os clássicos religiosos hindus. "Eu banho meu intelecto", escreveu Thoreau, "na filosofia estupenda e cosmogonal das *Upanishads* e do *Bhagavad Gita*, em comparação com os quais nossa literatura e mundo moderno parecem ser fracos e triviais." Alcott foi instrumental em publicar a edição americana do poema de *sir* Edwin Arnold *The Light of Asia (*A Luz da Ásia). O Clube Transcendental, fundado em Concord, perto de Boston, alcançou seu auge em 1840. A Sociedade Oriental Americana foi criada em 1842. Walt Whitman, que Swami Vivekananda chamou uma vez de "sannyasin da América", escreveu sobre a identidade de seres vivos e parece ter chegado muito perto do idealismo vedântico. Não há, porém, qualquer evidência para mostrar que ele era influenciado pelo pensamento hindu. Grande individualista religioso, ele era livre de todas as convenções da Igreja e dos credos. Para ele, a religião consistia inteiramente da iluminação interior, "o êxtase silencioso secreto". Deve-se notar, também, que o movimento religioso unitariano da Nova Inglaterra foi encorajado por Raja Rammohan, da Índia.

Tanto Emerson como Thoreau sonharam com um casamento entre Oriente e Ocidente que deveria introduzir uma nova cultura, um novo passo no progresso humano. Mas, por várias razões, esse casamento não aconteceu de imediato. A Índia esteve sujeita ao governo da coroa britânica em 1858. Na América, a Corrida do Ouro de 1849 e a descoberta de outros recursos fabulosos no subsolo, como carvão, petróleo e ferro, desviaram a atenção das pessoas para novas direções. Então aconteceu a Guerra Civil, na qual irmão lutou contra irmão e as paixões das mentes humanas foram soltas. Ela preservou a União, mas destruiu a sociedade aristocrática do sul, especialmente em Virgínia, que já foi chamada de mãe dos presidentes americanos. Os escravos foram alforriados e os ianques do norte começaram a espalhar-se para capturar campos econômicos.

A publicação da obra de Darwin, *A Origem das Espécies,** em 1859, causou uma impressão maior na América do que na Europa. As convicções religiosas das pessoas intelectuais foram muito perturbadas. A tecnologia desenvolveu-se de maneira mais rápida nos Estados Unidos do que no Continente. Todas essas ondas, vindo uma atrás da outra, moveram o pensamento americano para novos canais. Durante os rudes dias coloniais, quando a América era pobre, ela preservou de alguma forma sua sensibilidade espiritual. Mas durante e após a Guerra Civil, a idéia de possuir coisas "maiores e melhores" lançam seu feitiço por todo lugar. Grandes serviços de utilidade pública e corporações foram criados; o brilho idealista e romântico do primeiro século da independência americana degenerou-se na sordidez da competitiva vida materialista; enquanto o fluxo incessante de imigrantes da Europa tornou difícil a estabilidade da cultura americana.

Emerson e Whitman estavam desiludidos pelo resultado da Guerra Civil. Mas o idealismo inato e a consciência religiosa dos americanos não poderiam ser destruídos pelo triunfo da Ciência ou da prosperidade material.

---

* N E.: *A Origem das Espécies*, de Charles Darwin, foi publicada pela Madras Editora.

Americanos pensativos começaram a procurar uma filosofia que poderia harmonizar os vários direitos da Ciência, do humanismo e da experiência mística. A filosofia do Vedanta pregada por Swami Vivekananda pareceu mostrar o caminho, ao menos para alguns, para essa reconciliação. Talvez isso justifique o acolhimento espontâneo recebido por esse representante do Hinduísmo em 1893 e depois.

Os americanos não são, de maneira alguma, pessoas não religiosas. Eles são, em geral, tementes a Deus. Eles vão à igreja e respeitam a santidade. Até em uma vila remota há duas ou mais igrejas de denominações diferentes. Embora na América Igreja e Estado sejam independentes, o país, em geral, é secular. A moeda americana carrega a inscrição: "In God we Trust" [Em Deus nós acreditamos]. Chefes de Estado e líderes públicos falam da América como um país cristão, apesar do fato de que uma grande parte de seus cidadãos seja não-cristã. O congresso, como o parlamento britânico, abre com uma oração do capelão oficial e os presidentes dos Estados Unidos freqüentam os cultos da igreja aos domingos. A maioria das faculdades e universidades tem cultos em capelas aos quais vão os estudantes e o corpo docente. Na posse do presidente dos Estados Unidos invocam-se as bênçãos divinas.

Não se deve julgar o empenho espiritual do povo americano pelo padrão estabelecido por Buda ou Ramakrishna, que é muito elevado para a maioria dos aspirantes religiosos de qualquer lugar. Estudantes vão com freqüência a swamis vedantistas na América com um anseio sincero por iluminação interior e o presente autor, por sua parte, sente-se humilde em sua presença. Não, os americanos não são de maneira alguma pessoas não religiosas, embora seus ideais religiosos e disciplinas sejam diferentes daquelas dos hindus.

Swami Vivekananda não ignorava o aspecto materialista da sociedade ocidental, que era encorajado pelo crescimento rápido da Ciência, da tecnologia e da industrialização. Da mesma forma, ele estava consciente dos elementos malignos na sociedade hindu e criticava-os com rudeza. Ele alertou o Ocidente sobre a catástrofe iminente e sua profecia agourenta de que o Ocidente estava sentado sobre uma cratera de um vulcão em atividade tornou-se realidade 50 anos após sua morte, com as duas grandes guerras mundiais. No seguinte poema que ele escreveu a bordo de um navio enquanto passava pelo Mar Mediterrâneo em seu retorno à Índia depois de sua última visita à América, ele alude à sua angústia mental causada pela cultura sensata do Ocidente e também a seu anseio nostálgico pela paz da Índia.

No Seio do Mar

No céu azul vagam inúmeras nuvens –
Brancas, negras, de muitos tons e espessuras;

Um sol alaranjado, prestes a dizer adeus,
Toca a massa de nuvens com raios vermelhos.

O vento sopra para onde quer, um furacão
Ora esculpindo formas, ora separando-as:
Caprichos, cores, formas, criações inertes –
Uma miríade de cenas, embora reais, fantásticas.

Lá, nuvens claras espalham-se, amontoando fios de algodão,
Veja depois uma enorme cobra, depois um forte leão;
De novo, veja um apaixonado casal entrelaçado.
Tudo esvaece, enfim, no etéreo céu.

Abaixo, o mar canta uma música variada,
Mas não grande, Ó Índia, nem enobrecedora:
Tuas águas, muito louvadas, murmuram serenas
Em cadência calma, sem um áspero bramido.

Todo dia Swami Vivekananda aconselhava a América e a Europa a perceber a não-substancialidade do mundo físico, abdicar da ganância e do desejo por poder, voltar a Deus e cultivar a caridade universal. *Azad*, ou liberdade espiritual, era tópico recorrente de suas palestras e discursos.

Muitos dos anos de swami no exterior se passaram na América. Lá, ele trabalhou sem parar. Cansado por muitas vezes da vida agitada na competitiva sociedade americana, ele tinha saudade da Índia. Em 1897, voltou a sua amada terra natal. Que impressões ele levou para a Índia de suas experiências estrangeiras e como tentou incorporá-las à vida indiana para melhorá-la?

O propósito de sua visita à América não foi satisfeito de imediato. Ele não levou consigo nem dinheiro nem conhecimento de Ciência ou tecnologia para a melhoria da condição das massas indianas. A Índia ainda estava sob o domínio de um poder estrangeiro. As condições políticas não eram favoráveis à ajuda estrangeira em uma vasta escala. Mas meio século depois da visita do swami, quando a Índia se libertou, seu sonho mostrou sinais de realização. A Índia tem mandado milhares de estudantes ao Novo Mundo e à Europa para adquirir um conhecimento avançado de Ciência e tecnologia. O dinheiro americano é gasto para melhorar a condição material das pessoas. Por outro lado, os americanos também receberam com afeto e respeito swamis da Ordem Ramakrishna para guiá-los em sua vida espiritual.

Swami Vivekananda levou com ele muitas memórias preciosas da América: a memória de amizades queridas, devoção inabalável e apreciação calorosa; a memória de uma sociedade baseada nos ideais de igualdade, justiça e liberdade, onde uma pessoa – em um contraste triste com a Índia – tem toda oportunidade para desenvolver suas maiores potencialidades; a memória do refinamento conseguido pelas pessoas de conhecimento intelectual, relacionamentos humanos e gosto artístico; a memória da mente americana, alerta, inquisitiva, ousada e receptiva. Ele viu faíscas de espiritualidade nos americanos que se iluminaram com suas palavras mágicas. Ele estava impressionado em ver a confiança generosa e a riqueza de coração manifestadas pelas almas puras e cândidas que se doaram a ele uma vez que o reconheceram como um homem honrável e digno de confiança; que se tornaram escravos de seu amor e não evitam o maior sacrifício para ajudar no cumprimento de sua missão.

A América deu a Swami Vivekananda seu primeiro reconhecimento e ele sabia disso. Ela lhe deu essa habilidade inestimável para ajudá-lo em seu trabalho hercúleo na Índia – uma autoridade que, parece, ele não tinha antes na sua terra natal. Embora ele tenha vindo para a América como um doador, agora de certa maneira, ele volta à Índia como um presente do Novo Mundo. A sabedoria da Índia que ele plantou no coração do mundo falante do inglês, em Nova York e Londres, iniciou a construção da ponte espiritual entre o Oriente e o Ocidente com a qual sonhou Swami Vivekananda.

O swami retornou à Índia no dia 15 de janeiro de 1897 e foi recepcionado como herói. Ele logo começou a tarefa de planejar a regeneração do país. Até a hora de sua morte em 1902, ele trabalhou sem folga, apesar de sua saúde frágil, falando em várias reuniões de Colombo a Almora, organizando a Missão Ramakrishna e guiando seus membros em suas práticas espirituais, começando várias atividades de assistência e dando instrução a muitos buscadores espirituais. O despertar do país do sono das eras tornou-se sua paixão mais cativante.

Swami Vivekananda falou uma vez de si mesmo como uma "Índia condensada". Sua adoração pela Índia não era, porém, a idolatria da geografia. Ele amava a Índia onde seus ancestrais desenvolveram grandes idéias sobre a natureza da alma e de Deus e seguiram as disciplinas da renúncia e do serviço. Alma do Oriente místico, a Índia era seu "parque de diversões da infância, jardim agradável da juventude e o Varanasi da velhice." Seu amor pela Índia não se restringia apenas às glórias do passado, mas se expressava também por sua simpatia pelos indianos atuais, oprimidos e famintos. Ele considerava-se irmão de todos os indianos, incluindo os analfabetos, os intocáveis e os pobres.

Com a visão clara de um profeta, o swami percebeu que a religião tinha um papel importante na criação da nova Índia e que seria sua missão para o mundo. Um Hinduísmo agressivo, inspirado pelo ideal vedântico da divindade da alma, daria aos indianos uma fé renovada em si mesmos. Focando a energia nacional na Ciência, tecnologia e industrialização para alcançar a Europa e a América e negligenciando sua cultura espiritual, a Índia seria, no máximo, uma imitação pobre do Ocidente. Ele não condenava o passado da Índia; pelo contrário, aconselhava os indianos a construir a superestrutura do progresso futuro na fundação sólida das conquistas passadas. Ele sabia muito bem que, para analisar o futuro de um país, se deve olhar para seu passado.

É irrealista condenar uma cultura por três séculos de fracasso, esquecendo suas conquistas de trezentos anos. Os hindus sempre mostraram respeito a todas as crenças e davam a seus devotos liberdade completa na prática das disciplinas religiosas. A Índia é um verdadeiro Parlamento das Religiões. O espectro do Hinduísmo como uma religião comunal não tem base. Ela é a religião mais universal já desenvolvida na Terra. Um bom hindu mostra o mesmo respeito às outras crenças que mostra à sua própria. Na verdade, o fanatismo é visto aqui e acolá, entre os seguidores de qualquer religião; mas isso não faz parte do espírito hindu. Sua causa principal é a ignorância e também o instinto da autopreservação, desenvolvidos pela sociedade hindu durante o período de uma dominação estrangeira implacável.

Swami Vivekananda pediu aos hindus para se familiarizarem com os ensinamentos das *Upanishads* e do *Bhagavad Gita*, o que removeria a superstição contemporânea e a perspectiva estreita dos hindus fanáticos. Se o Hinduísmo baseado nas escrituras é ensinado nas escolas e faculdades lado a lado com as ciências e as humanidades, o que for incompatível com o progresso do país no mundo moderno será descartado. Um estudo comparativo da religião removerá muitas idéias errôneas sobre outras crenças e fará contribuições reais à promoção do respeito mútuo. O Hinduísmo não se opõe à prosperidade ou ao conhecimento racional. Quando a Índia era espiritualmente criativa e viril, ela também era materialmente próspera e conquistou um sucesso notável nas Ciências Físicas, na Arte, Literatura, Escultura e Filosofia.

A Índia, com suas diversas comunidades, pode ser integrada apenas em uma fundação espiritual; artifícios econômicos, políticos ou sociais ajudarão a implementar essa integração. A crítica cáustica ao sistema de castas hindu enfatiza os males dessa grande organização social, cujo propósito real era a promoção de harmonia entre pessoas de temperamentos e aptidões diferentes. Ele protegia o fraco da exploração do rico e do poderoso. Com o sistema de castas, os filósofos hindus indicaram a supremacia da espiritualidade e do intelecto sobre o militarismo, da riqueza e do trabalho organizado. O sistema de castas, por suas leis rígidas, preservava a sociedade hindu da desintegração total durante o período de dominação estrangeira. É uma lei do mundo relativo que o poder sempre corrompe e o sistema de castas não era exceção. O ideal hindu é promover todos, pela educação e disciplina espiritual, ao nível dos brâmanes verdadeiros. As iniqüidades atuais do sistema de castas devem ser removidas pelas leis apropriadas, mas a Índia moderna não deve desistir do ideal da liderança da sociedade pelas pessoas de espiritualidade e intelecto. Esses líderes podem sair de todos os níveis da sociedade. Swami Vivekananda, algumas horas antes de seu falecimento, fez o seguinte comentário: "A Índia será imortal se ela persistir em sua busca por Deus. Mas se ela enveredar pela política e pelo conflito social, morrerá."

Como já afirmamos, do momento em que Swami Vivekananda tocou o solo indiano em seu retorno do Ocidente, ele dedicou-se à tarefa da regeneração do país. Ele estudou o sistema econômico da América, sua organização industrial, suas instituições educacionais, os museus e as galerias de arte, seu progresso na ciência, tecnologia, higiene e o trabalho para o bem-estar social e ele apelou para seu país adotá-los de acordo com os ideais espirituais da Índia. Prevendo sua morte iminente, ele plantou essas idéias apenas na forma seminal, deixando os detalhes para os outros. As duas coisas mais importantes em sua cabeça eram as massas e as mulheres da Índia. Ele sentia-se muito triste quando contrastava sua condição com a que ele viu na América.

Ele estava cheio de admiração pelas mulheres americanas. Ele disse em uma carta em seu costumeiro jeito entusiasmado: "Em nenhum lugar do mundo há mulheres como as desse país. Como são puras, independentes, confiantes e bondosas! São as mulheres a vida e a alma desse país. Todo o ensino e a cultura estão centrados nelas." Em outra carta: "[Americanos] olham com adoração para as mulheres, que têm uma função muito notória em suas vidas. Aqui essa forma de adoração atingiu sua perfeição – isso é tudo. Eu quase não sei o que fazer ao ver as mulheres desse país. Elas são Lakshmi, a deusa da fortuna, em beleza, e Saraswati, a deusa do aprendizado, em virtude – todas elas são a Mãe Divina encarnada. Se eu puder criar mil dessas madonas – encarnações da Mãe Divina – em nosso país antes de morrer, eu morrerei em paz. Então nossos conterrâneos serão merecedores de seu nome." E em uma terceira carta: "Quantos lares lindos eu vi, quantas mães cuja pureza de caráter, cujo amor altruísta por seus filhos estão além da expressão, quantas filhas e donzelas puras, 'puras como o gelo pendente no templo de Diana' – e apesar de muita cultura, educação e espiritualidade no maior sentido!... Há bons e maus em todo lugar, verdade – mas uma nação não deve ser julgada por seus fracos, chamados imorais, pois ele são apenas o joio que fica para trás, mas pelos bons, os nobres e os puros, que indicam que o fluxo da vida corre de forma clara e vigorosa."

Seu coração sangrou ao ver e pensar na pobreza das massas indianas. "Nenhuma religião na Terra", ele escreve com raiva, "prega a dignidade da humanidade de uma maneira tão elevada como o Hinduísmo, e nenhuma religião na Terra pisa sobre os pescoços do pobre e do humilde como o Hinduísmo. A religião não está errada, mas sim os Fariseus e os Saduceus." Um dia, quando ele viu uma milionária em Nova York sentada em um bonde lado a lado com uma mulher com um cesto de roupas em sua cintura, ele ficou impressionado com o espírito democrático dos americanos. Ele queria na Índia "uma organização que ensinará aos hindus ajuda mútua e simpatia" no modelo das democracias ocidentais. Ele imaginou a Nova Índia surgindo "da cabana do camponês empunhando o arado, das cabanas dos pescadores, o sapateiro e os varredores. Deixe-a surgir da mercearia, detrás do forno do vendedor de bolinhos. Deixe-a emanar da fábrica, dos centros comerciais e mercados. Deixe-a emergir dos bosques e das florestas, das colinas e das montanhas." Swami Vivekananda tinha uma fé tremenda nas pessoas comuns, que, com a opressão de centenas de anos, desenvolveram grande resistência e vitalidade. Se eles tivessem o suficiente para comer, ele pensava, eles revolucionariam o país. Embora a pobreza em geral destrua as virtudes das pessoas, mesmo assim eles guardaram uma força maravilhosa que vinha de uma vida pura e moral ainda não encontrada em qualquer outro lugar no mundo. Tudo que as pessoas da Índia precisavam era boa educação e segurança mundana para manifestar de novo o refinamento do gosto, do intelecto e do relacionamento humano, orgulho da sociedade ocidental.

Swami Vivekananda aconselhava sempre os líderes a ter compaixão pelos pobres, a considerá-los como Deus, trabalhar e rezar por eles. Ele pedia que prometessem dedicar suas vidas à causa de 300 milhões, deteriorando-se diariamente. "Assim", escreveu ele, "enquanto milhões vivem com fome e na ignorância, eu considero um traidor todo aquele que, sendo educado à custa deles, não lhes dá a mínima atenção." Swami Vivekananda não gostava da idéia de sentir pena dos pobres. Ele pedia que os líderes prestassem serviços a eles em um espírito de adoração como ensinado por Sri Ramakrishna. Foi ele que disse a frase *Daridra Narayana*, o Senhor na forma do pobre.

O swami queria que os *sannyasins* [monges hindus] se dedicassem a melhorar a condição das massas em vez de pregar a religião a eles o tempo todo. Ele viu que milhares de homens vestidos com o hábito de monges estavam flutuando como liquens sobre a água estagnada da vida nacional da Índia. Como seria maravilhoso se esses renunciadores do mundo fossem às vilas e os ensinasse – lado a lado com religião – história, geografia, higiene, agricultura aperfeiçoada e ciências elementares. Ele sabia muito bem que a religião não cria raiz em barrigas vazias. Ele fez disso uma regra para a qual os monges da Ordem Ramakrishna, além do tradicional voto monástico da liberação do *Self*, deveriam fazer o segundo voto de dedicarem-se ao serviço da humanidade.

A opulência da América, conquistada com trabalho duro, disciplina moral e esforço cooperativo, impressionou o swami. Em um momento de desespero aparente, examinando a situação indiana, ele escreveu a um devoto americano que ele gostaria de infundir algo do espírito americano na Índia, "essa massa terrível de molengas conservadores e então descartar todas as associações antigas e começar uma coisa nova – simples, forte, nova e fresca como um recém-nascido – livrar-se de todo o passado e começar de novo."

A Índia deve aprender coisas novas com o Ocidente, mas não sacrificando sua própria herança nacional. O swami disse: "Você coloca a semente no solo e dá bastante terra, ar e água para nutri-la; quando a semente se transforma na planta, ela se torna terra, torna-se ar ou torna-se água? Ela torna-se a planta poderosa, a árvore poderosa, de acordo com sua natureza, tendo absorvido tudo que foi dado a ela. Que essa seja sua posição." Swami Vivekananda estava ciente da necessidade de ajuda estrangeira à Índia. Mas ele tinha sua própria idéia sobre isso. Ele disse: "Pregando os segredos profundos do Vedanta no Ocidente nós atrairemos a simpatia e consideração dessas nações poderosas, mantendo nossa posição de seus professores em assuntos espirituais; deixe-os continuar como nossos professores em todos os assuntos materiais. Nada irá surgir se gritarmos dia ou noite diante deles, 'Dê-me isso' ou 'Dê-me aquilo'. Quando lá houver um laço de simpatia e consideração entre as duas nações por esse intercâmbio, então não haverá necessidade desses gritos barulhentos. Eles farão tudo por iniciativa própria. Eu acredito que por esse cultivo da religião e pela maior difusão do Vedanta, tanto nosso país quanto o Ocidente ganharão muito." Se os estudantes, os acadêmicos e os membros dos serviços diplomáticos indianos apresentassem diante do público americano e europeu o espírito verdadeiro do Hinduísmo, seria criado um tremendo fundo de boa vontade e respeito pela Índia. Os indianos não serão mais estigmatizados como pessoas "subdesenvolvidas". Deve-se notar que o Hinduísmo será apreciado na América quando a Índia melhorar sua condição material. Os americanos são pessoas práticas. Eles querem ver como uma religião funciona na vida cotidiana. O dharma hindu não defende a pobreza. O desapego é seu ideal, não a pobreza, com exceção da pobreza voluntária dos monges genuínos.

    Swami Vivekananda acreditava que o Vedanta poderia ajudar a resolver o conflito entre religião e Ciência. A ciência moderna é criação da mente ocidental. A era científica foi inaugurada há mais de 300 anos por cientistas tão eminentes quanto Copérnico, Galileu e Newton, quando eles começaram sua investigação das leis que controlam os eventos naturais. Essa tradição foi trazida até os dias atuais por muitos cientistas brilhantes. A grande implicação de sua pesquisa é que os fenômenos naturais são explicados pelas leis naturais sem a ajuda de quaisquer fatores sobrenaturais. Isso foi um golpe severo a muitas das crenças religiosas que dominavam as mentes ocidentais anteriores a essa época. O objetivo da ciência moderna é entender a natureza do Universo e derivar poder desse conhecimento para a melhora da condição humana. A Ciência investigou tanto sobre a estrutura dos átomos como sobre o vasto espaço.

    A teoria da evolução proposta por Darwin é um grande marco no pensamento científico da nossa era. Navegando no *Beagle* em 1832, como naturalista para uma expedição de estudo, ele conduziu sua pesquisa nas ilhas Galápagos. Ele examinou fósseis, ossos e animais vivos e encontrou uma evolução gradual das espécies pela seleção natural, adaptação, luta pela existência e outros meios, sem a intervenção de agentes sobrenaturais. De acordo com a teoria da evolução, como afirma *sir* Julian Huxley, todos os aspectos da realidade estão sujeitos à evolução, de átomos e estrelas a peixes e flores, de peixes e flores a sociedades humanas e valores – na verdade, toda realidade é um processo de evolução singular. O ser humano é o tipo dominante superior a ser produzido por bilhões de anos de um desenvolvimento biológico lento desempenhado pelos trabalhos automáticos e muito oportunistas da seleção natural sem qualquer esforço consciente da parte do ser humano. A matéria evoluiu para a vida e a vida para a mente, embora nenhum cientista ainda tenha sido capaz de criar em laboratório a vida a partir da não-vida. A teoria da evolução influenciou de forma profunda todos os aspectos do pensamento ocidental: religioso, filosófico, social, econômico e político. A ciência física dá uma interpretação materialista e mecânica do ser humano e do Universo.

O prestígio da Ciência reside principalmente no método científico e no desenvolvimento da tecnologia. Pelo primeiro, uma coisa é explicada não por qualquer fator extrínseco, mas pela referência a si. Ela repudia a autoridade exterior empregada pela religião. Com certeza, o método científico revolucionou nosso pensamento. O efeito mais tangível da tecnologia, que lançou seu feitiço sobre a mente moderna, é visto na cura de muitas doenças, antes consideradas incuráveis, a melhora geral da saúde e da longevidade, a preservação da vitalidade física até na velhice, a promoção da educação e da intercomunicação e a criação de muitos confortos nunca antes imaginados.

Mas alguns pensadores estão percebendo as limitações da Ciência e o efeito maligno do crescimento desenfreado da tecnologia. A Ciência não é onipotente nem onisciente. O mero avanço da tecnologia não pode ser a panacéia para todos os males humanos. Pode ser dito que embora a Ciência tenha nos ajudado muito a entender o aspecto físico do ser humano e do Universo, ela deixou de fora seus elementos essenciais, a saber, a alma e Deus, ou Inteligência Universal. As conclusões da Ciência não estão incorretas, mas elas são inadequadas. A causa primordial, ou o Absoluto, está fora do domínio da Ciência, que lida apenas com a manifestação. Quando a Ciência fala de uma causa, como a de um cometa ou da chuva, significa que pode prever a aparição de um cometa ou controlar a chuva. Certos valores profundos estimados pelo indivíduo humano, tais como a sensibilidade estética, a perfeição moral e a autotranscendência em comunhão com o Infinito, estão fora de sua jurisdição.

Swami Vivekananda estava ciente das implicações da Ciência e da tecnologia modernas, tanto benéficas como maléficas. Percebendo sua necessidade na Índia moderna, ele quis transformar a Belur Math[6] em uma universidade completa onde as ciências ocidentais e o misticismo hindu seriam estudados lado a lado. Ele pediu aos indianos para ir ao Ocidente atrás de conhecimento científico. Ele também apontou que certas verdades científicas importantes eram conhecidas pelos pensadores indianos antigos, embora presentes em uma forma que pode parecer crua à mente moderna.

Swami Vivekananda sabia bem que a Índia, o coração do Oriente, com todas as suas realizações espirituais elevadas, não resolvera seus pro-

---

[6] Belur Math é o lar e a sede da Ordem Ramakrishna, Calcutá, Índia, fundada por Swami Vivekananda.

blemas nacionais; nem a América, a líder do Ocidente progressista, resolvera seus problemas apesar das grandes conquistas na Ciência e tecnologia. Todo problema é percebido hoje como uma parte do problema mundial; nenhum problema pode ser resolvido aos poucos. Portanto, Oriente e Ocidente deveriam sentar-se juntos em espírito de humildade e unir seus esforços para resolver o problema mundial, sempre levando em conta o ideal vedântico da solidariedade de todos os seres humanos e da unidade da existência. O fato de que o mundo é um foi percebido há muito tempo pelos filósofos hindus e agora é entendido pela ciência moderna. A Ciência e a religião devem trabalhar em harmonia para apresentar as potencialidades espirituais de todo ser humano.

Swami Vivekananda, Nova York, 1895.

2

O Ideal de uma Religião Universal

O Caminho para a Realização de uma Religião Universal
(Proferido na Universalist Church –
Igreja Universalista, Pasadena,
Califórnia, dia 28 de janeiro de 1900)

  Nenhuma busca foi mais preciosa ao coração humano do que aquela que nos conduz à luz de Deus. Nenhum estudo tomou tanta energia humana, seja no passado ou no presente, quanto o estudo da alma, de Deus e do destino humano. Embora estejamos imersos de maneira profunda em nossas ocupações diárias, em nossas ambições, nosso trabalho, às vezes no meio das nossas maiores lutas surge uma pausa; a mente pára e quer saber de algo além deste mundo. Às vezes, ela capta vislumbres de um domínio além dos sentidos e daí resulta a luta para chegar até ele. Tem sido desse modo em todos os países ao longo das eras. O homem queria olhar além, queria expandir-se; e tudo o que podemos chamar de progresso, evolução, sempre foi medido por essa busca, a busca pelo destino humano, a busca por Deus.

  Como nossas lutas sociais são representadas, entre nações diferentes, por organizações sociais diferentes, desse modo, as lutas espirituais do homem são representadas pelas várias religiões. Assim como as diferentes organizações sociais estão sempre em disputa, estão sempre em guerra umas com as outras, também essas organizações espirituais estão sempre em guerra umas com as outras, sempre disputando. Os homens pertencentes a uma organização social específica afirmam que o direito de viver pertence somente a ele e, enquanto puderem, querem exercer esse direito à custa dos mais fracos. Nós sabemos que agora mesmo há uma luta feroz desse tipo na África do Sul.[7] Da mesma maneira, cada seita religiosa reivindicava direito exclusivo de existir. E dessa maneira nós achamos que, embora nada tenha trazido ao homem mais bênçãos do que a religião, ainda assim ao mesmo tempo não há nada que tenha trazido a ele mais horror do que a religião. Nada fez mais pela paz e pelo amor do que a religião; nada produziu um ódio mais feroz do que a religião. Nada tornou mais tangível a fraternidade do homem do que a religião; nada alimentou mais inimizade entre os homens do que a religião. Nada construiu mais instituições de caridade, mais hospitais para homens e até para animais, do que a religião; nada alagou mais o mundo em sangue do que a religião.

Nós sabemos, ao mesmo tempo, que sempre houve uma tendência de pensamento oposta; sempre houve grupos de homens, filósofos, estudantes de religião comparada, que tentaram e ainda tentam criar harmonia no meio de todas essas seitas dissonantes e discordantes. Em relação a certos países essas tentativas foram bem-sucedidas, mas em relação ao mundo todo elas falharam. Então, de novo há algumas religiões que chegaram até nós da antiguidade mais remota, imbuídas da idéia de que todas as seitas devem existir – de que toda seita tem um significado, uma grande idéia contida, e portanto todas as seitas são necessárias ao bem do mundo e devem ser ajudadas. Nos tempos modernos prevalece a mesma idéia e de tempos em tempos tentou-se reduzi-la à prática. Mas essas tentativas nem sempre alcançaram nossas expectativas, até a eficiência exigida. Mais ainda, para nosso grande desapontamento, descobrimos às vezes que estamos brigando ainda mais.

Agora, deixando de lado o estudo dogmático e adotando uma visão de senso comum da coisa, nós descobrimos, no início, que há um poder de vida tremendo em todas as grandes religiões do mundo. Alguns podem dizer que eles não são cientes disso; mas a ignorância não é desculpa. Se um homem diz "Eu não sei o que está acontecendo no mundo externo, portanto as coisas que dizem acontecerem lá não existem", o argumento é injustificável. Agora, aqueles de vocês que assistem ao movimento do pensamento religioso por todo o mundo estão bem cientes de que nenhuma das grandes religiões do mundo morreu. Nenhuma mesmo; cada uma delas progride. Os cristãos multiplicam-se, os maometanos multiplicam-se e os hindus estão ganhando terreno; os judeus também aumentam em quantidade e como resultado de suas atividades em todo o mundo, a congregação do judaísmo está sempre se expandindo.

Apenas uma religião do mundo – uma religião importante e antiga – está desaparecendo: é o Zoroastrismo, a religião dos antigos persas. Depois

---

[7] Uma referência à Guerra Bôer.

da conquista maometana da Pérsia, quase 100 mil dessas pessoas vieram à Índia e procuraram abrigo lá e algumas permaneceram na Pérsia. Aqueles que lá estavam, sob a perseguição constante dos maometanos, desapareceram, até restarem no máximo dez mil. Na Índia há quase 80 mil deles, mas eles não se multiplicam. É claro, há uma dificuldade inicial: eles não convertem os outros à sua religião. E, então, essas poucas pessoas vivendo na Índia, com o costume pernicioso do casamento entre primos, não aumentam. Com essa única exceção, todas as grandes religiões estão vivas, espalhando-se e crescendo.

Nós devemos nos lembrar de que todas as grandes religiões do mundo são muito antigas – nenhuma foi criada na época presente – e que toda religião do mundo tem sua origem na região entre o Ganges e o Eufrates. Nenhuma grande religião surgiu na Europa; nenhuma na América – nenhuma. Toda religião é de origem asiática e pertence àquela parte do mundo. Se o que os cientistas modernos dizem for verdade, que a sobrevivência da mais capaz é o teste, essas religiões provam por ainda estarem vivas que elas ainda são convenientes para algumas pessoas. E há uma razão pela qual elas devem viver: elas trazem o bem para muitos. Observe os maometanos, como eles se espalham em alguns lugares na Ásia meridional e espalham-se como fogo na África. Os budistas espalham-se pela Ásia central o tempo todo. Os hindus, bem como os judeus, não convertem os outros; mesmo assim, outras raças de forma gradual se convertem ao Hinduísmo e adotam as maneiras e costumes dos hindus e aderem a eles. O Cristianismo, como vocês sabem, espalha-se – embora eu não tenha certeza de que os resultados sejam iguais à energia despendida. A tentativa cristã de propaganda tem um defeito tremendo e esse é o defeito de todas as instituições ocidentais: o mecanismo consome 90% da energia; há mecanismos demais. Pregar sempre foi o negócio dos asiáticos. Os ocidentais são grandes em organização – instituições sociais, exércitos, governo e assim por diante. Mas em relação a pregar a religião, eles não chegam nem perto dos asiáticos, cujo negócio tem sido esse o tempo todo – e eles sabem disso e não usam tantos mecanismos.

Isso, então, é um fato na história presente da raça humana: que existem todas essas grandes religiões e elas estão espalhando-se e multiplicando-se. Agora, há, com certeza, um significado nisso; se fosse a vontade de um criador todo-sábio e todo-misericordioso que uma dessas religiões devesse existir e o restante, morrer, teria se tornado um fato há muito tempo. Se fosse um fato que apenas uma dessas religiões fosse verdadeira e que todas as outras fossem falsas, a essa altura uma única religião cobriria o mundo todo. Mas não é assim; nenhuma ganhou todo o terreno. Todas as religiões avançam às vezes e às vezes declinam. Agora, apenas pense nisso: em nosso país há mais de 60 milhões de pessoas e apenas 21 milhões seguem algum tipo de religião. Então não é sempre progresso. Em todos países, provavelmente, se as estatísticas forem analisadas, se descobre que as religiões às vezes progridem e às vezes regridem. As seitas multiplicam-se o tempo todo. Se é verdadeira a alegação de que certa religião tem toda a verdade e que Deus deu a ela toda a verdade em certo livro, por que então há tantas seitas? Não se passaram nem 50 anos antes de haver 20 seitas fundadas sobre o mesmo livro. Se Deus colocou toda a verdade em certos livros ele não nos dá esses livros para que briguemos pelos textos. Isso parecer ser o fato. Por que isso? Mesmo se fosse dado por Deus um livro que contivesse toda a verdade sobre religião, ele não serviria, porque ninguém iria entendê-lo. Veja a Bíblia, por exemplo, e todas as seitas existentes entre os cristãos. Cada uma impõe sua própria interpretação do mesmo texto e cada uma diz que só ela entende aquele texto e todo o resto está errado. É assim com toda religião. Há muitas seitas entre os maometanos e entre os budistas e centenas entre os hindus.

    Agora, eu coloco esses fatos diante de vocês para mostrar que qualquer tentativa de conduzir toda a humanidade para um método de pensar nas coisas espirituais tem sido um fracasso e sempre será. Todo homem que inicia uma teoria, até nos dias de hoje, descobre que, se ele se distanciar 32 quilômetros de seus seguidores, eles criarão 32 seitas. Você vê isso acontecer o tempo todo. Você não pode fazer todos concordarem com as mesmas idéias: isso é um fato e eu agradeço a Deus por isso. Não estou contra qualquer seita. Estou contente que as seitas existam e eu apenas desejo que elas continuem a se multiplicar ainda mais. Por quê? Por causa disso: se você e eu e todos os presentes aqui tivéssemos os mesmos pensamentos, não haveria pensamentos para nós termos. Nós sabemos que duas ou mais forças devem entrar em colisão para produzir movimento. É o conflito de pensamento, a diferenciação de pensamento, que desperta pensamento. Agora, se nós todos pensássemos do mesmo jeito seríamos como múmias egípcias em um museu, olhando de modo inexpressivo uma para a cara da outra – não mais do que isso. Redemoinhos e contracorrentes ocorrem apenas em um rio impetuoso e vivo. Não há redemoinhos em água parada e morta.

    Quando as religiões estiverem mortas, não haverá mais seitas; será a paz e harmonia perfeitas do túmulo. Mas enquanto a humanidade pensar haverá seitas. A variação é o sinal da vida, e deve estar lá. Eu prego que as seitas devem se multiplicar de modo que no final haverá tantas seitas quanto há seres humanos e cada uma terá seu método próprio na religião, seu método individual de pensamento.

    Essa situação, porém, já existe. Cada um de nós pensa em seu próprio caminho. Mas esse pensamento natural foi obstruído o tempo todo e ainda está obstruído. Se a espada não for usada, outros meios são usados. Apenas ouça o que um dos melhores pastores em Nova York diz. Ele prega que os filipinos deveriam ser conquistados porque essa é a única maneira de ensinar cristianismo a eles! Eles já são católicos; mas ele quer torná-los presbiterianos e para isso ele está pronto a derramar todo esse pecado abominável de sangue sobre sua raça. Que terrível! E esse homem é um dos maiores pastores de seu país, um dos homens mais bem-informados. Pense no estado do mundo quando um homem como esse não tem vergonha de levantar-se e proferir tamanho absurdo; e pense no estado do mundo quando uma audiência o aplaude. Isso é civilização? É a velha sede de sangue do tigre, do canibal, do selvagem, aparecendo mais uma vez com nomes novos em novas circunstâncias. O que mais pode ser? Se esse é o estado das coisas agora, pense nos horrores pelos quais o mundo passou em tempos antigos, quando toda seita tentava, por todos os meios em seu poder, destruir as outras seitas. A história mostra que o tigre em nós está apenas adormecido; não está morto. Quando as oportunidades aparecem, ele pula e, como nos tempos antigos, usa suas garras e presas. Além da espada, além das armas materiais, há armas ainda mais terríveis: desprezo, ódio e ostracismo sociais.

Agora, essas aflições, que se lançam contra pessoas que não pensam da mesma maneira que nós, são as mais terríveis de todas. E por que todos deveriam pensar como nós? Não vejo qualquer razão. Se sou um homem racional, devo me contentar que eles não pensem como eu. Eu não quero viver em uma terra sombria. Eu quero ser um homem em um mundo de homens. Seres pensantes devem diferir; a diferença é o primeiro sinal de pensamento. Se eu sou um homem pensativo, com certeza eu devo viver entre pessoas pensativas, onde há diferenças de opinião.

Aqui surge uma questão: como pode toda essa variedade ser verdadeira? Se uma coisa for verdadeira, sua negação é falsa. Como podem opiniões contraditórias serem verdadeiras ao mesmo tempo? Essa é a questão que eu pretendo responder. Mas eu primeiro vou perguntar a vocês: todas as religiões do mundo são realmente contraditórias? Não digo em diferentes edifícios, línguas, rituais, livros, etc., usados nas várias religiões, mas sim na alma interna de toda religião. Toda religião tem uma alma por trás dela e essa alma pode diferir da alma de outra religião; mas elas são contraditórias? Elas contradizem ou suplementam uma à outra? – essa é a questão.

Eu comecei a estudar essa questão quando era um menino e a tenho estudado por toda minha vida. Achando que minha conclusão pode ser de alguma ajuda para vocês, eu a coloco diante de vocês. Eu acredito que elas não são contraditórias; elas são suplementares. Cada religião, por assim dizer, pega uma parte da grande verdade universal e espalha sua força total em corporificar e tipificar aquela parte da grande verdade. É portanto adição, não exclusão. Essa é a idéia. Surgem sistemas atrás de sistemas, cada um abraçando um grande ideal; ideais devem ser adicionados a ideais. E assim é como a humanidade segue adiante.

O homem nunca progride do erro para a verdade, mas da verdade para a verdade – de uma verdade inferior a uma verdade superior, mas nunca do erro para a verdade. O filho pode desenvolver mais do que o pai; mas o pai era sem importância? O filho é o pai mais alguma coisa. Se o seu presente estágio de conhecimento é muito maior do que o estágio em que você estava quando criança, você vai menosprezar aquele estágio anterior agora? Você vai olhar para trás e chamá-lo de nulidade? Seu estágio presente é o conhecimento da infância mais alguma outra coisa.

Então de novo, nós sabemos que deve haver pontos de vista de uma coisa quase contraditórios, mas todos eles apontam para uma mesma coisa. Suponha que um homem esteja viajando em direção ao Sol e, na medida em que ele avança, tira uma fotografia do Sol em cada estágio. Quando ele volta, ele tem muitas fotografias do Sol, que ele coloca diante de nós. Nós vemos que não há duas iguais; e ainda assim quem irá negar que todas essas fotografias sejam do mesmo Sol, de diferentes pontos de vista? Tire quatro fotografias dessa igreja de cantos diferentes. Como elas pareceriam diferentes! E, mesmo assim, elas todas representariam essa igreja. Da mesma maneira, nós todos estamos olhando para a verdade de diferentes pontos, que variam de acordo com nosso nascimento, educação, meio ambiente, e assim por diante. Nós estamos vendo a verdade, captando o tanto que essas circunstâncias permitem, colorindo-a com nossos próprios sentimentos, entendendo-a com nossos próprios intelectos e compreendendo-a com nossas próprias mentes. Nós podemos conhecer apenas o tanto de verdade que está relacionado a nós, o tanto que nós somos capazes de receber. Isso faz a diferença entre homem e homem e às vezes até ocasiona idéias contraditórias. Ainda assim todas pertencem à mesma grande verdade universal.

Minha idéia, portanto, é que todas essas religiões são forças diferentes na economia de Deus, trabalhando para o bem da humanidade, e que nenhuma pode morrer, nenhuma pode ser morta. Assim como você não pode matar nenhuma força da natureza, você também não pode matar nenhuma dessas forças espirituais. Você viu que cada religião está viva. De tempos em tempos ela pode retroceder ou avançar. Em uma época ela pode perder muitos de seus ornamentos; em outra, ela pode estar coberta com todos os tipos de ornamentos. Mas de qualquer maneira, a alma está sempre lá; ela nunca pode ser perdida. O ideal que toda religião representa nunca se perde, e desse modo toda religião está em marcha.

E essa religião universal, sobre a qual filósofos e outros sonharam em todo país, já existe. Ela está aqui. Como a fraternidade do homem já existe, também existe a religião universal. Qual de vocês, que viajaram por todo lugar, não encontraram irmãos e irmãs em toda nação? Eu os encontrei por todo o mundo. A fraternidade já existe; apenas há um número de pessoas que fracassam em ver isso e a impediram clamando por novas fraternidades. A religião universal, também, já existe. Se os pastores e as outras pessoas que tomaram para si a tarefa de pregar diferentes religiões apenas parassem de pregar por uns momentos, nós veríamos que ela está lá. Eles estão perturbando-a o tempo todo porque é do seu interesse.

Você vê que os sacerdotes em todos os países eram muito conservadores. Por que isso? Há muito poucos sacerdotes que lideram as pessoas;

a maioria deles é liderada pelas pessoas e são seus escravos e servos. Se você diz está seco, eles dizem está seco; se você diz isso é preto, eles dizem isso é preto. Se as pessoas avançam, os sacerdotes devem avançar. Eles não podem ser deixados para trás. Então, antes de culparmos os sacerdotes – é moda culpá-los – vocês devem culpar si mesmos. Você recebe o que merece. Qual seria o destino de um sacerdote que quisesse transmitir a você idéias novas e avançadas e conduzi-lo adiante? Seus filhos provavelmente teriam fome e ele estaria vestido de trapos. Ele é governado pelas mesmas leis mundanas que você. Se você segue adiante, ele diz, "Vamos marchar."

É claro, há almas excepcionais, não intimidadas pela opinião pública. Elas vêem a verdade e valorizam apenas a verdade. Ela conseguiu falar com essas almas, tomou posse delas, por assim dizer, e elas só podem marchar para frente. Nunca olham para trás. E não dão atenção às pessoas. Apenas Deus existe para elas; Ele é a luz diante delas e elas seguem essa luz.

Eu conheci um senhor mórmon neste país que tentou me converter à sua crença. Eu disse: "Eu tenho um grande respeito por suas opiniões, mas nós não concordamos em certos pontos. Eu pertenço a uma ordem monástica e você acredita em casamento com muitas esposas. Mas por que você não vai à Índia pregar?" Ele ficou surpreso. Ele disse: "Ora, se você não acredita em casamento e nós acreditamos em poligamia, você ainda me pede para ir a seu país!" Eu disse: "Sim. Meus conterrâneos ouvirão qualquer pensamento religioso, de onde quer que venha. Eu gostaria que você fosse para a Índia. Primeiro, porque eu acredito muito nas seitas. Em segundo lugar, há muitos homens na Índia que não estão satisfeitos com qualquer uma das seitas existentes e por causa dessa insatisfação eles não têm nada a ver com a religião e você pode conseguir alguns deles."

Quanto maior o número de seitas, mais chances têm as pessoas de se tornarem religiosas. Em um hotel, onde há todos os tipos de comida, todos têm a chance de satisfazer seu apetite. Eu quero que as seitas se multipliquem em todos os países de tal modo que mais pessoas possam ter a chance de ser espirituais.

Não pensem que as pessoas não gostam de religião. Eu não acredito nisso. Os pastores não podem dar a eles o que eles precisam. O mesmo homem que pode ser rotulado como um ateu, como um materialista, ou não, pode encontrar um homem que lhe transmita a verdade de que ele necessita e ele pode tornar-se o homem mais espiritual da comunidade. Você pode comer só do nosso jeito. Por exemplo, nós hindus comemos com nossos dedos. Nossos dedos são mais flexíveis do que os seus; vocês não podem usar seus dedos da mesma maneira. Não só a comida deve ser fornecida como também retirada de nosso jeito. Vocês não devem ter apenas idéias espirituais; elas devem vir até vocês de acordo com seu método. Elas devem falar sua língua, a língua de sua alma, e só assim irão satisfazer. Quando chega o homem que fala minha língua e me transmite a verdade na minha língua, eu finalmente a entendo e recebo-a para sempre. Esse é um grande fato.

    Agora, disso nós vemos que há vários graus e tipos de mentes humanos – e que tarefa as religiões pegam para si! Um homem cria duas ou três doutrinas e alega que sua religião deve satisfazer toda a humanidade. Ele sai pelo mundo, a coleção de animais de Deus, com uma pequena gaiola na mão e diz: "O homem e o elefante e todo mundo deve caber aqui dentro. Mesmo que tenhamos de cortar o elefante em pedaços, ele deve entrar." Mais uma vez, deve existir uma seita com algumas boas idéias. Ela diz, "Todos os homens devem entrar!" "Mas não há espaço para eles." "Não importa! Corte-os em pedaços; faça-os entrar de qualquer maneira; se eles não conseguirem entrar, nossa, eles serão condenados." Não há qualquer pastor, qualquer seita, que eu encontrei que tenha parado e perguntado, "Por que essas pessoas não nos escutam?" Em vez disso, eles amaldiçoam-nos e dizem, "As pessoas são imorais." Eles nunca perguntam: "Como assim as pessoas não escutam minhas palavras? Por que eu não as faço ver a verdade? Por que eu não consigo falar a língua delas? Por que eu não consigo abrir seus olhos?" Com certeza os pastores devem saber mais e quando eles acham que as pessoas não os escutam, se devem amaldiçoar deve ser a si mesmos. Mas é sempre culpa das pessoas! Eles nunca tentam aumentar sua seita para abrigar todos.

    Portanto, nós vemos enfim por que houve tanta estreiteza de visão, a parte sempre querendo ser o todo, a unidade pequena e finita sempre alegando ser o infinito. Pense nas seitas pequenas, nascidas há apenas cem anos, de cérebros humanos falíveis, fazendo sua alegação arrogante de conhecer toda a verdade infinita de Deus! Pense na arrogância disso! Se isso mostra alguma coisa, mostra o quão vãos são os seres humanos. E não é de se admirar que essas afirmações sempre fracassaram e pela misericórdia do Senhor estão sempre destinadas ao fracasso.

    Como somos crianças! Nós sempre esquecemos a natureza humana. Quando nós começamos a vida, pensamos que nosso destino será extraordinário e nada nos faz deixar de acreditar nisso. Mas quando nós envelhecemos, pensamos diferente. É assim com as religiões. Em seus primeiros estágios, quando elas se espalham um pouco, têm a idéia de que podem mudar as mentes de toda a raça humana em poucos anos e elas seguem matando e massacrando para converter as pessoas à força. Então fracassam e começam a compreender melhor. Essas religiões não tiveram sucesso no que elas começaram a fazer, o que foi uma grande bênção. Imagine só! Se uma dessas seitas fanáticas tivesse sucesso em todo o mundo, onde estaria o homem hoje? Graças ao Senhor que elas não tiveram sucesso! Mesmo assim cada uma representa uma grande verdade; cada religião representa uma excelência particular, algo que é sua alma.

    Há uma velha história que vem à minha cabeça: havia alguns ogros que costumavam matar as pessoas e fazer todos os tipos de travessura; mas eles não poderiam ser mortos até que alguém descobrisse que suas almas estavam em certas aves e enquanto essas aves estivessem vivas nada poderia destruir os ogros. Então, cada um de nós tem, por assim dizer, uma ave onde a alma está – tem um ideal, uma missão a cumprir na vida. Todo ser humano é uma personificação desse ideal, dessa missão. Seja lá o que for que você perca, desde que esse ideal não seja perdido e que essa missão não seja atingida, nada pode matá-lo. A riqueza pode aparecer e acabar, os infortúnios podem ser do tamanho de uma montanha, mas se você mantiver o ideal puro, nada o pode matar. Se você envelheceu, até se tiver cem anos de idade, mas se essa missão estiver fresca e nova em seu coração, o que pode matá-lo? Mas quando o ideal é perdido e a missão esquecida, nada poderá salvá-lo. Nem toda a riqueza, nem todo poder do mundo poderá salvá-lo.

E o que são as nações se não indivíduos multiplicados? Então cada nação tem uma missão para cumprir nessa harmonia de raças e enquanto a nação mantiver esse ideal, nada pode matá-la. Mas se a nação desiste de sua missão e vai em busca de outra coisa, sua vida fica curta e por fim desaparece.

Assim também é com a religião. O fato de que todas essas velhas religiões existem hoje prova que elas devem ter mantido essa missão intacta. Apesar de todos os seus erros, apesar de todas as dificuldades, apesar de todas as disputas, apesar de toda a incrustação de formas e rituais, o coração de cada uma delas é saudável – é um coração palpitante, pulsante e vivo. Elas não perderam, nenhuma delas, a grande missão que eles buscaram. E é esplêndido estudar essa missão. Veja o Islamismo, por exemplo. Tão logo um homem se torna um muçulmano, toda a nação do Islã o recebe como um irmão com braços abertos, sem fazer qualquer distinção, agindo como nenhuma outra religião age. Se um dos seus índios americanos se tornar muçulmano, o sultão da Turquia não se recusará a jantar com ele. Se ele for muito inteligente, nenhuma posição será proibida para ele. Nesse país ainda não vi qualquer igreja em que o homem branco e o negro possam ajoelhar-se lado a lado para rezar. Apenas pense nisso: o Islã considera todos os seus seguidores como iguais. Então isso, veja bem, é a excelência peculiar do Islamismo. Em muitos lugares do Alcorão você encontra idéias de vida muito sensuais. Esqueça. O que o Islamismo vem pregar ao mundo é a fraternidade prática de todos pertencendo a sua fé. Essa é a parte essencial da religião muçulmana; e todas as outras idéias, sobre o céu, a vida e assim por diante, não são o Islamismo real. Elas são acréscimos.

Com os hindus você encontrará uma grande idéia: espiritualidade. Em nenhuma outra religião, em nenhum outro livro sagrado no mundo, você encontrará tanta energia gasta em definir a idéia de Deus. Eles tentaram descrever Deus de maneira tal que nenhum toque mundano possa desfigurá-lo. Os espíritos devem ser divinos; e o espírito, como tal, não deve estar identificado com o mundo físico. A idéia de unidade, da realização de Deus, da onipresença, é pregada em toda parte. Eles pensam que é absurdo dizer que Deus vive no céu, e tudo isso. Isso é uma mera idéia humana e antropomórfica. Todo o céu que já existiu é aqui e agora. Um momento no tempo infinito é tão bom quanto qualquer outro momento. Se você crê em um Deus, você pode vê-lo até agora. Nós, hindus, pensamos que a religião começa quanto você percebeu algo. Não é acreditando em doutrinas ou dando consentimento intelectual ou fazendo declarações. Se há um Deus, você o viu? Se você diz não, então que direito você tem de acreditar nele? Se você está em dúvida se há um Deus, por que você não luta para vê-lo? Por que você não renuncia ao mundo e passa toda sua vida em nome dessé único objetivo? A renúncia e a espiritualidade são os dois grandes ideais da Índia, e é pelo fato de a Índia ser fiel a esses ideais que todos seus erros importam tão pouco.

Com os cristãos, a idéia central pregada por eles é a mesma: "Observe e ore, pois o reino dos céus está próximo" – que significa: purifique suas mentes e estejam prontos. Você se lembra que os cristãos, até em seus dias mais negros, até nos países cristãos mais supersticiosos, sempre tentaram se preparar para a vinda do Senhor procurando ajudar os outros, construir hospitais, entre outras coisas. Enquanto os cristãos mantiverem esse ideal sua religião viverá.

Agora, um ideal apresenta-se na minha mente. Pode ser apenas um sonho. Eu não sei se será realizado nesse mundo; mas às vezes é melhor ter um sonho do que morrer com duros fatos. Grandes verdades, até em um sonho, são boas – melhores do que maus fatos. Então, vamos sonhar.

Você sabe que há vários graus de mente. Você pode ser um racionalista prático de bom senso. Você não liga para formas e cerimônias; quer fatos intelectuais, sólidos e retumbantes e só eles podem satisfazê-lo. Então, há os puritanos e os muçulmanos, que não permitem uma foto ou uma estátua em seu local de adoração. Muito bem. Mas há um outro homem que é mais artístico. Ele quer uma grande quantidade de arte – beleza das linhas e curvas, cores, flores, formas; ele quer velas, luzes e toda insígnia e parafernália de ritual para que ele veja Deus. Sua mente capta Deus nessas formas, como a de vocês o capta pelo intelecto. Então, há o homem devoto, cuja alma clama por Deus; ele não tem outra idéia além de cultuar Deus e louvá-lo. Então, de novo, há o filósofo, permanecendo fora de todas essas coisas, zombando deles. Ele pensa: "Como eles são absurdos! Que idéias sobre Deus!"

Eles podem rir uns dos outros, mas cada um tem um lugar neste mundo. Todas essas mentes variadas, todos esses tipos variados são necessários. Se algum dia houver uma religião ideal, ela deve ser abrangente e ampla o suficiente para fornecer alimento para todas essas mentes. Ela deve suprir a força da filosofia para o filósofo, o coração do devoto para o adorador; para o ritualista, ela deve fornecer o mais maravilhoso simbolismo que puder conseguir; ao poeta, deve dar tanto coração quanto ele pode absorver, além de outras coisas. Para fazer uma religião tão abrangente, nós devemos voltar à fonte e aceitar todos eles.

Nosso lema, então, será aceitação e não exclusão. Não apenas tolerância; pois a chamada tolerância é em geral blasfêmia e eu não acredito nisso. Eu acredito em aceitação. Por que eu deveria tolerar? A tolerância significa que eu penso que você está errado e só estou permitindo que você viva. Não é uma blasfêmia que eu e você estejamos deixando os outros viverem? Eu aceito todas as religiões que existiam no passado e cultuo com todas elas; eu adoro Deus com cada uma delas, de qualquer forma que elas o cultuarem. Eu irei à mesquita dos muçulmanos; eu entrarei na igreja cristã e me ajoelharei diante do crucifixo; eu entrarei no templo budista, onde me refugiarei em Buda e em sua lei. Eu irei à floresta e sentarei em meditação com o hindu, que está tentando ver a luz que ilumina os corações de todos.

Não apenas farei isso, mas manterei meu coração aberto para todas as religiões que possam existir no futuro. O Livro de Deus está terminado? Ou a revelação ainda acontece? Ele é um Livro maravilhoso – essas revelações espirituais do mundo. A Bíblia, os *Vedas*, o *Alcorão* e todos os outros livros sagrados são apenas muitas páginas e ainda resta um infinito número de páginas para serem reveladas. Eu deixarei meu coração aberto para todas elas. Permanecemos no presente, mas nos abrimos ao futuro infinito. Aceitamos tudo que estava no passado, desfrutamos a luz do presente e abrimos todas as janelas do coração para tudo que virá no futuro. Saudação a todos os profetas do passado, a todos os grandes do presente e a tudo que virá no futuro!

O Ideal de uma Religião Universal (Proferido no Hardman Hall, Nova York, em 12 de janeiro de 1896)

Onde quer que nossos sentidos alcancem ou onde quer que nossas mentes imaginem, encontramos nesse lugar a ação e reação de duas forças, uma neutralizando a outra e causando desse modo o jogo constante do fenômeno misto que vemos ao redor de nós ou que sentimos em nossas mentes. No mundo externo, a ação dessas forças opostas se expressa como atração e repulsão, ou como as forças centrípeta e centrífuga; e no interno, como amor e ódio, bem e mal. Nós repelimos algumas coisas, atraímos outras. Nós somos atraídos por uma, repelidos pela outra. Muitas vezes em nossas vidas achamos que sem qualquer razão somos, por assim dizer, atraídos na direção de certas pessoas; em outras horas nós somos repelidos por outras. Isso é óbvio a todos; e quanto maior o campo de ação, mais potentes, mais notáveis, são as influências dessas forças opostas.

A religião está no plano superior do pensamento humano e da vida e nesses lugares descobrimos que as ações dessas duas forças são mais marcadas. O amor mais intenso que a humanidade conheceu veio da religião e o ódio mais diabólico que a humanidade conheceu também veio da religião. As palavras mais nobres de paz que o mundo ouviu vieram dos homens no plano religioso e a denúncia mais amarga que o mundo conheceu foi proferida por homens religiosos. Quanto maior a meta de qualquer religião e melhor for sua organização, mais notáveis serão suas atividades. Nenhum outro motivo humano inundou o mundo com tanto sangue quanto a religião; ao mesmo tempo, nada criou mais hospitais e abrigos para os pobres, nenhuma outra influência cuidou tanto, não só da humanidade, mas também dos menores animais, como a religião. Nada nos faz tão cruéis como a religião e nada nos faz tão sensíveis como a religião. Isso foi assim no passado e também será assim, provavelmente, no futuro.

Apesar disso, no meio desse estrondo e distúrbio, dessa disputa e luta, desse ódio e inveja das religiões e seitas, surgiram, de tempos em tempos, vozes potentes afogando todo esse barulho – fazendo-se ouvir de pólo a pólo, por assim dizer – proclamando a paz e a harmonia.

Ela chegará? Será possível que algum dia reinará harmonia ininterrupta nesse plano de poderosa luta religiosa? O mundo está preocupado no final desse século com a questão da harmonia. Na sociedade, propõem-se vários planos e são feitas tentativas para levá-los à prática. Mas nós sabemos como é difícil fazer isso. As pessoas descobrem que é quase impossível mitigar a fúria da luta da vida, diminuir a tremenda tensão nervosa que há no homem. Agora, se é tão difícil trazer harmonia e paz ao plano físico da vida – o lado externo e bruto dela –, então deve ser mil vezes mais difícil harmonia e paz reinarem sobre a natureza interna do homem.

Eu pediria a vocês, no momento, que saiam da rede das palavras. Todos nós ouvimos desde a infância sobre coisas como amor, paz, caridade, igualdade e fraternidade universais; mas elas vieram até nós como meras palavras sem significado, palavras que nós repetimos como papagaios; e foi natural para nós fazermos isso. Nós não podemos evitar. Grandes almas, que primeiro sentiram essas grandes idéias em seus corações, criaram essas palavras; e naquela época muitos entenderam seus significados. Mais tarde, pessoas ignorantes pegaram essas palavras para brincar com elas e fizeram da religião um mero jogo de palavras e não algo para ser levado à prática. Tornou-se a "religião de meu pai", "a religião de nossa nação" "a religião de nosso país". Tornou-se parte do patriotismo professar certa religião e o patriotismo é sempre parcial.

Trazer harmonia para a religião deve ser difícil sempre. Ainda assim nós devemos considerar esse problema da harmonia das religiões.

Nós vemos que em cada religião há três partes – digo, em toda religião grande e reconhecida. Primeiro, há a filosofia, que apresenta todo o âmbito daquela religião, estabelecendo seus princípios básicos, seu objetivo e os meios para atingir esse objetivo. A segunda parte é a mitologia, que é a filosofia feita concreta. Ela consiste de lendas relacionadas às vidas dos homens ou seres sobrenaturais. Ela é a filosofia abstrata feita concreta pelas vidas mais ou menos imaginárias dos homens e seres sobrenaturais.

A terceira parte é o ritual. Essa é ainda mais concreta e feita de formas e cerimônias, várias atitudes físicas, flores e incenso e muitas outras coisas que agradam aos sentidos.

Você descobrirá que todas as religiões reconhecidas têm esses três elementos. Algumas dão mais destaque a um, outras a outro.

Vamos considerar agora a primeira parte, filosofia. Existe uma filosofia universal? Ainda não. Cada religião apresenta suas próprias doutrinas e insiste nelas como sendo as únicas verdadeiras. E não só faz isso como também pensa que aquele que não acreditar nelas deve ir para algum lugar horrível. Alguns até empunham uma espada para compelir os outros a acreditar como eles. Isso não ocorre por perversidade, mas por uma doença específica do cérebro humano, chamada fanatismo. Esses fanáticos são muito sinceros, os mais sinceros dos seres humanos; mas eles são tão irresponsáveis quanto outros lunáticos do mundo. O fanatismo é uma das mais perigosas dentre todas as doenças. Toda a perversidade da natureza humana surge daí. A raiva é incitada, os nervos ficam tensos e os seres humanos ficam como tigres.

Existe alguma semelhança mitológica, alguma harmonia mitológica, alguma mitologia universal aceita por todas as religiões? Com certeza não. Todas as religiões têm sua própria mitologia; cada uma delas diz "Minhas histórias não são meros mitos". Vamos entender o assunto com uma ilustração. Eu apenas quero ilustrar, não quero criticar qualquer religião.

Os cristãos acreditam que Deus tomou a forma de uma pomba e desceu à Terra; para eles, essa é uma história e não uma mitologia. O hindu acredita que se Deus manifesta na vaca. Os cristãos dizem que acreditar nisso é mera mitologia e não história; isso é superstição. Os judeus pensam que se uma imagem for feita na forma de uma caixa ou um baú, com um anjo em cada lado, então ela pode ser colocada no Santo dos Santos; ela é sagrada para Jeová. Mas se a imagem estiver na forma de um lindo homem ou uma linda mulher, eles dizem "Esse é um ídolo horrível; quebre-o!" Essa é nossa unidade na mitologia! De novo, se um homem levanta-se e diz "Meu profeta fez essa e aquela coisa maravilhosa", outros dirão "Isso é apenas superstição." Mas ao mesmo tempo eles dizem que seu próprio profeta fez coisas ainda mais maravilhosas, que eles defendem ser históricas. Ninguém no mundo, pelo que eu vi, é capaz de compreender a distinção entre história e mitologia como existe nos cérebros dessas pessoas. Todas essas histórias, seja religião qual for à qual pertençam, são realmente mitológicas – misturadas, talvez, a uma pequena história.

Depois vêm os rituais. Uma seita tem uma forma particular de rituais e pensa que eles são sagrados enquanto os rituais de outra seita são completas superstições. Se uma seita adora um tipo específico de símbolo, outra seita diz "Oh, isso é horrível." Pegue, por exemplo, um comum símbolo hindu: o falo. Esse é com certeza um símbolo sexual; mas aos poucos esse aspecto dele foi esquecido e agora ele é considerado como um símbolo do criador. Aqueles hindus que o usam como seu símbolo nunca o relacionam com sexo; para eles, é apenas um símbolo. Mas um homem de outra raça ou credo vê nele somente o falo e o condena; apesar disso, ao mesmo tempo ele pode fazer algo que aos chamados adoradores do falo parece horrível. Deixe-me usar dois casos para ilustração: o símbolo do falo e o sacramento dos cristãos. Para os cristãos, o falo é horrível e, para os hindus, o sacramento cristão é horrível. Eles dizem que o sacramento cristão de matar um homem, comer sua carne e beber seu sangue para conseguir as melhores qualidades daquele homem é canibalismo. Isso é o que algumas tribos selvagens fazem. Se um homem é corajoso, eles o matam e comem seu coração, porque eles pensam que dará a eles as qualidades de coragem e bravura possuídas por aquele homem. Até um devoto cristão como *sir* John Lubbock admite isso, defendendo que a origem desse símbolo cristão está nessa idéia primitiva. A maioria dos cristãos, claro, não admite essa visão de sua origem e o que sugeria na origem nunca vem à mente deles. O sacramento significa uma coisa sagrada e isso é tudo que importa para eles. Dessa forma, até em rituais não há um símbolo universal que possa receber reconhecimento geral e aceitação.

Onde, então, há qualquer universalidade na religião? Como é possível haver uma forma universal da religião? Eu estou convencido, porém, de que essa forma de religião já existe. Vejamos qual ela é.

Nós todos ouvimos sobre a fraternidade universal e como as sociedades se levantam apenas para pregá-la. Eu me lembro de uma história antiga. Na Índia, beber vinho era considerado um mau hábito. Havia dois irmãos que quiseram uma noite beber vinho escondido; e o tio deles, que era um homem muito ortodoxo, estava dormindo em um quarto perto do deles. Então, antes de eles começarem a beber, disseram um ao outro "Nós devemos ficar muito quietos, ou o tio acordará." Quando eles estavam bebendo, continuavam a repetir "Silêncio! O tio vai acordar", cada um tentando calar o outro. E, enquanto a gritaria aumentava, o tio acordou, veio até o quarto e descobriu tudo.

Agora, nós todos gritamos como esses bêbados: "Fraternidade universal! Nós todos somos iguais; portanto, vamos fazer uma seita." Assim que você faz uma seita protesta contra a igualdade e ela não existe mais. Os cristãos falam da fraternidade universal; mas qualquer um que não seja cristão deve ir para aquele lugar onde ele queimará por toda a eternidade. E desse modo nós seguimos nesse mundo na busca por fraternidade e igualdade universais.

Quando você ouve essa conversa no mundo, eu lhe pediria que fosse um pouco reticente, que se cuidasse, pois por trás dessa conversa está, em geral, o mais intenso egoísmo. "No inverno, às vezes, uma nuvem com trovões aparece; troveja e troveja, mas não chove. Porém, na estação chuvosa a nuvem não fala, mas inunda o mundo com água." Do mesmo modo, aqueles que são trabalhadores reais e que sentem no coração a fraternidade universal do homem não falam muito, não fazem pequenas seitas para a fraternidade universal; mas seus atos, seus movimentos, sua vida inteira mostra com clareza que eles na verdade possuem o sentimento de fraternidade pela humanidade, que eles têm amor e simpatia por todos. Eles não falam, eles *fazem* e *vivem*. Esse mundo é repleto demais de conversas barulhentas. Nós queremos um trabalho um pouco mais sério e mais silencioso.

Por enquanto, nós vimos que é difícil encontrar quaisquer características universais no que diz respeito à religião; e, mesmo assim, nós sabemos que elas existem. Nós somos todos seres humanos, mas somos iguais? Com certeza não. Quem diz que nós somos iguais? Só os lunáticos. Nós somos iguais em nossos cérebros, em nossos poderes, em nossos corpos? Um homem é mais forte do que outro; um homem tem mais poder cerebral do que outro. Se nós somos todos iguais, por que existe essa desigualdade? Quem fez isso? Nós mesmos. Porque nós temos mais ou menos poderes, mais ou menos inteligência, mais ou menos força física, isso deve fazer a diferença entre nós. Ainda assim nós sabemos que a doutrina da igualdade agrada nossos corações. Nós somos todos seres humanos; mas alguns são homens e alguns são mulheres. Aqui está um negro, lá um branco; mas todos são homens, todos pertencem a uma humanidade. Várias são nossas faces; não vejo duas iguais; mesmo assim somos todos seres humanos. Onde está essa única humanidade? Eu encontro um homem ou uma mulher, morenos ou loiros; e entre todas essas faces, eu sei que há uma humanidade abstrata comum a todos. Eu posso não encontrá-la quando tentar compreendê-la, percebê-la e colocá-la em prática, mesmo assim eu sei que está lá. Se eu estou certo de algo, é dessa humanidade que é comum a todos nós. É por essa entidade comum que eu vejo vocês como um homem ou uma mulher.

Assim é com essa religião universal que passa por todas as várias religiões do mundo na forma de Deus; ela deve existir e existe pela eternidade. "Eu sou o fio que passa por todas essas pérolas", e cada pérola é uma religião ou até uma seita. Essas são as pérolas diferentes e o Senhor é o fio que passa por todas elas; apenas a maioria da humanidade não está consciente disso.

A unidade na variedade é o plano do Universo. Nós somos todos seres humanos e mesmo assim somos distintos uns dos outros. Como uma parte da humanidade, eu sou um com você e, como sr. Fulano de Tal, sou diferente de você. Como um homem, você está separado da mulher; como um ser humano, você é uno com a mulher. Como um ser humano, você está separado dos animais, mas como seres vivos, homem, mulher e animal são todos um só. E como existência você é um só com todo o Universo. A existência universal é Deus, a unidade máxima no Universo. Nele nós somos todos um. Ao mesmo tempo, na manifestação, essas diferenças devem sempre permanecer. Em nosso trabalho, em nossas energias (como elas são manifestadas no exterior), essas diferenças devem sempre permanecer.

Nós descobrimos, então, que se a idéia de uma religião universal quer dizer que um conjunto de doutrinas deve ser acreditado por toda a humanidade, ela é impossível, nunca pode acontecer. Nunca pode haver um tempo em que o todas as faces serão as mesmas. De novo, se nós esperamos haver uma mitologia universal, isso também é impossível. Nem pode haver um ritual universal. Tal estado das coisas nunca pode existir. Se alguma vez existir, o mundo será destruído, porque a variedade é o primeiro princípio da vida.

O que faz de nós seres dotados de formas? Diferenciação. O balanço perfeito seria a destruição. Tome como exemplo o calor de uma sala, cuja tendência é em direção da difusão igual; suponha que ele chegue a esse tipo de difusão; então, para todos os objetivos práticos, aquele calor deixará de existir. O que faz o movimento possível neste Universo? Balanço perdido. A similaridade completa pode vir apenas quando esse Universo é destruído; do contrário, isso seria impossível. Não apenas isso; seria perigoso tê-la. Nós não devemos desejar que todos nós pensemos do mesmo modo. Não haveria, então, pensamento para pensar; nós devemos todos *ser* iguais, como são as múmias egípcias em um museu, olhando uma para a outra sem um pensamento para pensar. É essa diferença, essa diferenciação, essa perda da similaridade entre nós que é a alma de nosso progresso, a alma de todo nosso pensamento. Isso deve sempre existir.

O que, então, eu quero dizer por ideal de uma religião universal? Eu não falo de qualquer filosofia universal, mitologia universal ou qualquer ritual universal praticado de maneira igual por todos; pois eu sei que esse mundo pode continuar trabalhando, roda dentro de roda, essa massa intrincada de maquinismo, muito complexa, muito maravilhosa. O que então nós podemos fazer? Nós podemos fazê-la andar com suavidade, nós podemos diminuir a fricção, nós podemos lubrificar as rodas. Como? Reconhecendo a necessidade natural da variação. Como nós reconhecemos a unidade como nossa natureza, então nós devemos também reconhecer a variação. Nós devemos aprender que se pode expressar a verdade de umas cem mil maneiras, e que cada uma dessas maneiras é verdadeira. Nós devemos aprender que uma mesma coisa pode ser vista de centenas de diferentes pontos de vista e mesmo assim ser a mesma coisa. Veja o Sol, por exemplo. Suponha um homem de pé na Terra olhando para o Sol quando ele nasce de manhã; ele vê uma bola grande. Suponha que ele comece uma viagem em direção ao Sol e leve uma câmera com ele, tirando fotos em cada estágio de sua viagem até atingi-lo. As fotografias de cada estágio serão diferentes; na verdade, quando ele voltar, ele trará consigo tantas fotografias de tantos sóis diferentes, como vai parecer, e mesmo assim nós sabemos que o homem fotografou o mesmo Sol em estágios diferentes de seu progresso.

Assim é também com Deus. Pela filosofia elevada ou humilde, pela mitologia mais sublime ou pela mais grosseira, pelo ritualismo mais refinado ou pelo completo fetichismo, toda seita, toda alma, toda nação, toda religião, de forma consciente ou inconsciente, luta para elevar-se em direção a Deus; toda visão da verdade que o homem tem é uma visão dele e de ninguém mais. Suponha que todos nós estamos com recipientes em nossas mãos para pegar água de um lago. Um tem uma xícara, outro uma jarra, outro tem um balde e assim por diante, e todos nós enchemos nossos recipientes. A água, em cada caso, toma a forma do recipiente carregado por cada um de nós. Aquele que trouxe a xícara tem a água na forma de xícara; para aquele que trouxe a jarra, a água toma a forma de uma jarra, e assim por diante. Mas em todo caso, água, e nada mais que água, está no recipiente. Assim é com a religião. Nossas mentes são como esses recipientes e cada um de nós tenta chegar à percepção de Deus. Deus é como aquela água enchendo recipientes diferentes, e em cada um a visão de Deus toma a forma desse recipiente. Mesmo assim ele é só um. Ele é Deus em todos os casos. Esse é o único reconhecimento de universalidade que podemos ter.

Até agora está tudo bem em teoria; mas há alguma maneira de exercitar na prática essa harmonia nas religiões? Nós descobrimos que esse reconhecimento de que todas as várias opiniões sobre a religião são verdadeiras é muito antigo. Centenas de tentativas foram feitas na Índia, em Alexandria, na Europa, na China, no Japão, no Tibete e, por fim, na América, para formular um credo religioso harmonioso a fim de fazer todas as religiões se unirem no amor. Todas elas falharam porque não adotaram um plano prático. Muitos admitiram que todas as religiões do mundo estão certas, mas elas não apresentam uma maneira prática de se unirem para que cada uma seja capaz de manter sua individualidade na confluência. Esse plano é prático porque não destrói a individualidade de qualquer homem na religião e ao mesmo tempo mostra a ele um ponto de união com todas as outras. Mas, por enquanto, todos os planos de harmonia religiosa que foram tentados, enquanto propõem aceitar todas as várias visões de religião, na prática tentaram reduzi-las a poucas doutrinas e, desse modo, produziram mais seitas novas, brigando, lutando e repelindo uma a outra.

Eu também tenho meu pequeno plano. Eu não sei se ele vai funcionar ou não; e eu quero apresentá-lo a vocês para discussão. Qual é meu plano? Em primeiro lugar, eu peço à humanidade para reconhecer essa máxima: "Não destruam". Reformadores iconoclastas não fazem bem ao mundo. Não quebrem, não arrasem nada; mas construam. Ajudem, se puderem; se não puderem, cruzem os braços, aguardem e vejam as coisas acontecerem. Não prejudiquem se não puderem prestar ajuda. Não digam qualquer palavra contra qualquer convicção de um homem conquanto elas sejam sinceras. Em segundo lugar, peguem o homem onde ele estiver e dêem a ele um auxílio. Se for verdade que Deus é o centro de todas as religiões e que cada um de nós está indo em direção a Ele ao longo de um desses raios, então é certo que todos nós devemos alcançar esse centro e nesse lugar, onde todos os raios se encontram, todas as nossas diferenças acabarão. Mas até que alcancemos isso, as diferenças devem existir. Todos esses raios convergem para um mesmo centro. Uma pessoa viaja, de acordo com sua natureza, ao longo de uma dessas linhas e a outra ao longo de outra linha; e se nós todos empurrarmos adiante ao longo de nossas linhas, nós chegaremos ao centro, porque "todos os caminhos levam a Roma."

Cada um de nós está crescendo e desenvolvendo-se de acordo com sua natureza; cada conhecerá em tempo a verdade superior; pois, afinal, os homens devem ensinar uns aos outros. O que você e eu podemos fazer? Você acha que pode ensinar até uma criança? Não pode. A criança ensina-se a si mesma. Sua tarefa é fornecer oportunidades e remover os obstáculos. Uma planta cresce. Você faz a planta crescer? Sua tarefa é colocar uma cerca ao redor dela e evitar que algum animal a coma; e aqui sua tarefa acaba. A planta cresce sozinha. Assim também acontece com o crescimento espiritual de todo homem. Ninguém pode ensiná-lo; ninguém pode fazer de você um homem espiritual. Você deve ensinar você mesmo; seu crescimento deve vir de dentro. O que pode fazer um professor externo? Ele pode remover as obstruções um pouco e sua tarefa termina aí. Portanto, ajude, se pode; mas não destrua. Desista de todas as idéias de que você pode tornar um homem espiritual. É impossível. Não há professor melhor para você do que sua própria alma. Reconheça isso.

O que vem disso? Na sociedade, nós vemos muitas naturezas diferentes. Há milhares e milhares de variedades de mentes e inclinações. Uma generalização completa delas é impossível, mas para um objetivo prático é suficiente dividi-las em quatro classes. Primeiro, existe o homem ativo, o trabalhador. Ele quer trabalhar e há uma energia tremenda em seus músculos e nervos. Seu objetivo é trabalhar – construir hospitais, fazer caridade, fazer ruas, planejar e organizar. Depois há o homem emocional, que ama o sublime e o belo em um grau excessivo. Ele ama pensar no belo, desfrutar o lado estético da natureza, amar e cultuar o Deus do amor. Ele ama com todo seu coração as grandes almas de todos os tempos, os profetas da religião e as encarnações de Deus na Terra. Ele não liga se a razão pode ou não pode provar que Cristo ou Buda existiram. Ele não liga para a data exata em que se pregou o Sermão da Montanha ou para o momento exato do nascimento de Krishna. Ele se importa com suas personalidades, suas figuras amáveis. Esse é o ideal dele. Essa é a natureza do amante, do homem emocional. Há também o místico, cuja mente quer analisar a si mesmo, entender as ações da mente humana – quais são as forças que trabalham dentro dela – e como saber, manipular e obter controle sobre eles. Essa é a mente mística. E por fim, há o filósofo, que quer pesar tudo e usar seu intelecto até mesmo além das possibilidades do pensamento humano.

Agora, uma religião, para satisfazer a maior porção da humanidade, deve ser capaz de fornecer alimento para todos esses tipos variados de mentes e onde essa capacidade for necessária, todas as seitas existentes se tornam parciais. Suponha que você vá a uma seita que prega amor e emoção. Eles cantam, lamentam, e pregam amor. Mas tão logo você diz: "Meu amigo, isso está certo, mas eu quero algo mais forte que isso, um pouco de razão e filosofia; eu quero entender as coisas passo a passo e de forma mais racional" – "Saia!" eles dizem e eles não só lhe pedem para sair como também mandariam você para aquele lugar se pudessem. O resultado é que aquela seita só pode ajudar as pessoas de uma inclinação mental para o emocional. Eles não apenas não ajudam aos outros, como também tentam destrui-los. E a parte mais perversa da coisa toda é que eles não apenas não ajudarão os outros, mas também não acreditam em sua sinceridade. De novo, há filósofos que falam da sabedoria da Índia e do Oriente e usam termos psicológicos grandes, com 50 sílabas, mas se um homem comum como eu chegar até eles e disser, "Você pode me contar alguma coisa para me fazer espiritual?" A primeira coisa que eles farão será sorrir e dizer: "Ah, você é muito inferior a nós em seu pensamento. O que você pode entender sobre espiritualidade?" Esses são os filósofos importantes. Eles apenas mostram a porta. Depois há as seitas místicas, que falam todo tipo de coisas sobre os diferentes planos de existência, os diferentes estados mentais e o que o poder da mente pode fazer, entre outras coisas. Se você for um homem comum e disser: "Mostre-me alguma coisa boa que eu possa fazer. Eu não sou muito dado à especulação, você pode me dar algo que me sirva?", eles sorrirão e dirão: "Ouçam esse tolo! Ele não sabe de nada, sua existência é em vão." E isso acontece em todo lugar do mundo. Eu gostaria de pegar expoentes extremos de todas essas seitas diferentes, trancá-los em uma sala e fotografar seus belos sorrisos irônicos! Essa é a condição existente da religião, a condição existente das coisas.

 O que eu quero propagar é uma religião que será aceitável de forma igual para todas as mentes. Ela deve ser de igual modo filosófica, emocional, mística e conduzir à ação. Se professores de faculdades vierem – ou homens científicos ou filósofos –, eles cortejarão a razão. Deixe-os ter o tanto que eles querem. Haverá um ponto além do qual eles descobrirão que não podem seguir sem romper com a razão. Se eles disserem "Essas idéias sobre Deus e a salvação são superstições; desista delas", eu responderei "sr. Filósofo, esse seu corpo é uma superstição maior. Desista dele. Não vá para casa jantar ou para sua cadeira filosófica. Desista do corpo, e se não puder, peça clemência e sente-se." A religião deve ser capaz de mostrar como perceber o conhecimento que ensina que esse mundo é único, que há apenas uma existência no Universo. Da mesma forma, se o místico chegar, nós devemos saudá-lo, estarmos prontos para ensiná-lo a ciência da análise mental e demonstrá-la diante dele. Se as pessoas emocionais vierem, nós devemos nos sentar com elas e rir e chorar em nome do Senhor; nós devemos "beber da taça do amor e ficar loucos". E se o trabalhador energético vier, devemos trabalhar com ele com toda a energia que tivermos. E essa combinação será a ideal, a abordagem mais próxima de uma religião universal.

 Deus gostaria que todos os homens fossem assim constituídos; que em suas mentes todos esses elementos – filosofia, misticismo, emoção e trabalho – estivessem presentes da mesma maneira. Esse é o ideal, meu ideal de homem perfeito. Todo aquele que tem apenas um ou dois desses elementos eu considero parcial e unilateral. Esse mundo é quase repleto desses homens unilaterais, que possuem o conhecimento daquela única estrada na qual eles se movem e para quem qualquer outra coisa é perigosa e horrível. Meu ideal de religião é tornar-se equilibrado de forma harmoniosa em todas essas quatro direções. Esse ideal é atingido pelo que nós na Índia chamamos *yoga* – união. Para o trabalhador, é a união entre ele mesmo e toda a humanidade; para o místico, a união entre seu *Self* inferior e seu *Self* superior; para o amante, a união entre ele mesmo e o Deus de amor; e para o filósofo, a união de toda a existência. Isso é o que queremos dizer por *yoga*. Esse é um termo sânscrito e essas quatro divisões do *yoga* têm, em sânscrito, nomes diferentes. O homem que busca esse tipo de união é chamado *yogue*. O trabalhador é chamado *karma-yogue*. Aquele que busca união pelo amor é chamado de *bhakti-yogue*. Aquele que busca pelo misticismo é o *raja-yogue*. E aquele que busca pela filosofia é o *jnana-yogue*. Então, essa palavra *yogue* compreende todos eles.

Agora, antes de tudo deixe-me falar do *raja-yoga*. O que é esse *raja-yoga*, esse controle da mente? Nesse país você associa todos os tipos de gnomos com a palavra yoga. Temo, portanto, que eu deva começar contando a vocês que nada tem a ver com essas coisas. Nenhum desses *yogas* desiste da razão; nenhum deles pede para você ser enganado ou para entregar sua razão nas mãos de sacerdotes de qualquer tipo. Nenhum deles pede que você se dedique a um mensageiro sobre-humano. Cada uma delas pede que você se apegue a sua razão, mantenha-se firme a ela.

Nós encontramos em todos os seres humanos três instrumentos de conhecimento. O primeiro é o instinto, que você encontra mais desenvolvido em animais; esse é o instrumento de conhecimento mais inferior. Qual é o segundo instrumento do conhecimento? Razão. Você a encontra mais desenvolvida no homem. Agora, em primeiro lugar, o instinto é um instrumento inadequado; para os animais, a esfera de ação é muito limitada e dentro desse limite age o instinto. Quando você passa para o homem, vê o instinto desdobrar-se na razão. A esfera de ação também se tornou mais abrangente. Ainda assim, até a razão é insuficiente. A razão pode apenas durar pouco e depois pára. Não pode ir mais longe, e se você tentar forçar, o resultado é uma confusão, a razão torna-se irracional. A lógica torna-se argumento em um círculo. Veja, por exemplo, as bases de nossa percepção: matéria e força. O que é matéria? Aquilo que sofre ação da força. E força? Aquilo que sofre a ação da matéria. Veja a complicação, o que os especialistas em lógica chamam de "gangorra", uma idéia dependendo da outra e isso de novo dependendo daquilo. Portanto, você encontra uma barreira poderosa frente à razão, além do que a razão não pode ir. Ainda assim ela sempre se sente impaciente para chegar à região do além infinito. Esse mundo, esse universo, que nossos sentidos sentem ou sobre o qual nossa mente pensa, é apenas um átomo, por assim dizer, do infinito, projetado no plano da consciência. Dentro desse limite estreito definido pela rede de consciência trabalha nossa razão, e não além. Portanto, deve haver algum outro instrumento para nos levar além e esse instrumento se chama inspiração.

Então, o instinto, a razão e a inspiração são os três instrumentos do conhecimento. O instinto pertence aos animais, a razão ao homem e a inspiração aos homens de Deus. Mas em todos os seres humanos se encontram, em uma condição mais ou menos desenvolvida, as sementes de todos esses três instrumentos do conhecimento. Para esses instrumentos mentais evoluírem, as sementes devem estar lá. Isto também deve ser lembrado: um instrumento é um desenvolvimento de outro e portanto não o contradiz. É a razão que se desenvolve na inspiração e, portanto, a inspiração não contradiz a razão, mas a completa. As coisas que a razão não pode conseguir são levadas à luz pela inspiração e elas não contradizem a razão. O homem velho não contradiz a criança, mas a complementa.

Portanto, você deve sempre ter em mente que o grande perigo está em confundir a forma superior de instrumento com a inferior. Muitas vezes, o instinto é apresentado ao mundo como inspiração e então vêm todas as falsas alegações sobre o dom da profecia. Um tolo ou um semilunático pensa que a confusão acontecendo em seu cérebro é inspiração e ele quer que os homens o sigam. O absurdo mais contraditório e irracional que foi pregado no mundo é apenas o jargão instintivo de confusos cérebros lunáticos tentando se passar pela linguagem da inspiração. O primeiro teste da instrução verdadeira é que ela não contradiga a razão.

Você pode ver que essa é a base de todos os *yogas*. Veja, por exemplo, o *raja-yoga*, o *yoga* psicológico, o modo psicológico de união. Ele é um assunto vasto e eu posso apenas apontar para vocês agora a idéia central desse *yoga*. Nós temos apenas um método de aquisição de conhecimento. Do homem mais inferior ao mais superior *yogue*, todos devem usar o mesmo método, chamado concentração. O químico que trabalha em seu laboratório concentra todos os poderes de sua mente, coloca-os em foco e lança-os nos elementos, que são analisados e dessa forma se chega ao seu conhecimento. O astrônomo também concentra os poderes da sua mente e coloca-os em um foco; ele os lança sobre os objetos por meio de seu telescópio e as estrelas e sistemas celestes aproximam-se e entregam seus segredos. Assim é em todos casos – com o professor em sua cadeira, o estudante com seu livro, com todos os homens que trabalham para saber. Vocês me ouvem e, se minhas palavras os interessarem, suas mentes ficarão concentradas nelas. Então, suponha um relógio batendo; você não o ouvirá, por causa de sua concentração. E quanto mais você for capaz de concentrar sua mente, melhor será seu entendimento, e quanto mais eu concentro meu amor e meus poderes, mais capaz eu serei de expressar o que eu quero transmitir para vocês.

Quanto mais houver desse poder de concentração, mais conhecimento é adquirido, porque esse é o único método de adquiri-lo. Até o engraxate mais inferior, se ele se concentrar mais, engraxará melhor; o cozinheiro com concentração cozinhará bem melhor uma refeição. Fazendo dinheiro, adorando a Deus ou fazendo qualquer coisa, quanto mais forte for o poder de concentração, melhor aquela coisa será feita. Esse é o único chamado, a única batida, que abre os portões da natureza e deixa escapar enchentes de luz. Isso, o poder de concentração, é a única chave para o tesouro do conhecimento.

O sistema do *raja-yoga* lida quase exclusivamente com essa concentração. No estado atual de nossos corpos e mentes, estamos muito distraídos; a mente está esbanjando suas energias em uma centena de coisas. Assim que eu tento acalmar meus pensamentos e concentrar minha mente em um único objeto de conhecimento, milhares de impulsos indesejados entram no cérebro, milhares de pensamentos entram na mente e a perturbam. Como verificá-los e colocar a mente sob controle é todo o objeto de estudo do *raja-yoga*.

Veja agora o *karma-yoga*, o conhecimento de Deus pelo trabalho. É evidente que na sociedade há muitas pessoas que parecem ter nascido para um tipo de atividade ou outro, cujas mentes não podem estar concentradas em apenas um plano de pensamento e cuja idéia principal é expressarem-se pelo trabalho visível e tangível. Também deve haver uma ciência para esse tipo de mente. Cada um de nós está ocupado com algum trabalho, mas a maioria de nós esbanja uma grande porção de nossa energia porque nós não conhecemos o segredo do trabalho. O *karma-yoga* explica esse segredo e ensina onde e como trabalhar, como empregar com o mais proveito a maior parte de nossas energias no trabalho que estiver diante de nós.

Mas, com esse segredo, nós devemos levar em consideração a grande objeção contra o trabalho, isto é, que ele causa dor. Toda angústia e dor vêm da dependência. Eu quero trabalhar, eu quero fazer o bem a um ser humano e é quase certo que o ser humano que eu ajudei será ingrato e se voltará contra mim. E o resultado para mim é dor. Essas coisas intimidam a humanidade e o medo da dor e da angústia desperdiça uma boa porção de trabalho e energia da humanidade. O *karma-yoga* ensina-nos a trabalhar em nome do trabalho, independente, sem se importar com o que é ajudado e por quê. O *karma-yogue* trabalha porque é da sua natureza, porque ele sente que é bom para ele e ele não tem objeto além de si. Sua posição nesse mundo é a de um doador, ele nunca se importa em receber nada. Ele sabe que está doando e não pede por nada em retorno, e lá ele ilude a compreensão da angústia. A dor, de onde vier, é o resultado da dependência.

Há também o *bhakti-yoga* para o homem de natureza emocional, o amante. Ele quer amar Deus, ele usa e confia em todos os tipos de rituais, flores, incenso, belos edifícios, formas e todas essas coisas. Você quer dizer que esses estão errados? Devo contar-lhes um fato. É bom para você lembrar, principalmente nesse país, que os grandes gigantes espirituais do mundo foram produzidos por seitas religiosas que possuíram uma mitologia e um ritual muito ricos. Todas as seitas que tentaram cultuar Deus sem qualquer forma ou cerimônia subjugaram sem misericórdia tudo que é belo e sublime na religião. Sua religião é o fanatismo – na melhor das hipóteses uma coisa seca. A história do mundo é uma testemunha desse fato. Portanto, não deprecie esses rituais e mitologias. Deixe as pessoas os terem, deixe aqueles que os desejam ter. Não exiba aquele sorriso irônico vergonhoso e diga "Eles são tolos; deixe-os ter seus rituais." Pois isso não é assim. Os melhores homens que vi na minha vida, os mais desenvolvidos na espiritualidade, todos superam a disciplina desses rituais. Eu não me considero merecedor de sentar a seus pés; seria vergonhoso para mim criticá-los. Como conhecer o modo que essas idéias agem sobre a mente humana, quais delas aceitar e quais rejeitar? Nós estamos aptos a criticar tudo no mundo sem uma garantia suficiente. Deixe as pessoas terem toda a mitologia que quiserem, com suas belas inspirações; pois você deve sempre considerar que as naturezas emocionais não se importam com as definições abstratas da verdade. Deus para eles é algo tangível, a única coisa real. Eles o sentem, ouvem, vêem e o amam. Deixe-os ter seu Deus. Seu racionalismo parece para eles o tolo que, quando vê uma bela estátua, quer quebrá-la para descobrir de que material ela é feita.

O *bhakti-yoga* ensina-os como amar quaisquer motivos ocultos, amando Deus e amando o bem porque isso é bom – e não para ir para o céu ou conseguir filhos, riqueza ou algo mais. Ele os ensina que só o amor é a maior recompensa do amor – que Deus é amor. Ele os ensina a pagar todos os tipos de tributo a Deus como o criador, o onipresente, onisciente, governante poderoso, o pai e a mãe.

A melhor frase que pode expressá-lo, a idéia superior que a mente humana pode conceber dele é que ele é o Deus do amor. Onde houver amor, ele estará. "Onde houver qualquer amor, ele estará; o Senhor estará presente." Onde o marido beijar sua esposa, ele estará no beijo; onde a mãe beijar seu filho, ele estará no beijo; onde os amigos se derem as mãos, ele, o Senhor, estará presente como Deus do amor. Quando um grande homem ama e deseja ajudar a humanidade, ele estará distribuindo sua generosidade por seu amor pela humanidade. Onde o coração desabrochar, ele estará lá manifesto. Isso é o que ensina o *bhakti-yoga*.

Por fim, temos o *jnana-yogue*, o filósofo, o pensador, ele que quer ir além do visível. Ele é o homem que não está satisfeito com as coisas pequenas desse mundo. Sua idéia é ir além da rotina diária de comer, beber e por aí vai. Nem mesmo os ensinamentos de milhares de livros o satisfarão. Nem mesmo todas as ciências o satisfarão. Na melhor das hipóteses, eles apenas explicam esse mundinho para ele. O que mais, então, dará satisfação a ele? Nem mesmo miríades de sistemas planetários o satisfarão; eles são apenas gotas no oceano da existência. Sua alma quer ir além de tudo no coração do Ser, ver a realidade como ela é – percebê-la, vivê-la, tornar-se uno com esse Ser universal. Esse é o filósofo. Dizer que Deus é pai ou mãe, o criador deste universo, seu guia e protetor, é para ele inadequado para expressá-lo. Para ele, Deus é a vida de sua vida, a alma de sua alma. Deus é seu próprio *Self*. Nada mais existe a não ser Deus. Todas as partes mortais dele foram pulverizadas pelos golpes pesados da Filosofia e retiradas. O que na verdade permanece no fim é Deus.

Sobre uma mesma árvore há dois passados, um em cima, outro embaixo. O que está em cima é calmo, silencioso e majestoso, imerso em sua glória; o outro nos troncos mais baixos, comendo ora frutas doces, ora amargas e pulando de galho em galho, fica ora feliz, ora triste. Depois de um tempo, o pássaro inferior comeu uma fruta muito amarga e não gostou. Então, ele olha para cima e vê outro pássaro, aquele maravilhoso com uma plumagem dourada, que não come frutas doces nem amargas, que não é feliz nem triste, mas sim calmo, autocentrado, e nada vê além de seu *Self.* O pássaro inferior deseja essa condição, mas logo a esquece e começa de novo a comer fruta. Pouco tempo depois, ele come outra fruta muito amarga, que o faz se sentir triste e de novo; ele olha para cima e tenta chegar mais perto do passado superior. Mais uma vez ele se esquece e, depois de um tempo, olha para cima; e assim vai, por muitas vezes, até ele chegar muito perto do belo pássaro e ver o reflexo da luz de sua plumagem percorrendo todo seu corpo; ele sente uma mudança e parece sumir. Chega ainda mais perto e tudo em volta dele desaparece; por fim, ele entende esse fenômeno maravilhoso. O pássaro inferior era, digamos, apenas uma sombra material, um reflexo do superior; ele mesmo estava em essência no pássaro superior o tempo todo. O ato de comer as frutas, doces e amargas, e esse passarinho inferior, ora chorando ora feliz, era uma quimera vã, um sonho; durante todo o tempo, o pássaro real estava lá em cima, calmo e silencioso, glorioso e majestoso, além da tristeza, além do sofrimento.

O pássaro superior é Deus, o Senhor deste universo e o pássaro inferior são a alma humana, comendo as frutas doces e amargas desse mundo. De vez em quando vem uma grande rajada de vento para a alma. Por um tempo ele pára de comer, segue em direção do Deus desconhecido e surge uma enchente de luz. Ele acha que esse mundo é uma exibição vã. Outra vez os sentidos o arrastam para baixo e ele começa a comer de novo as frutas doces e amargas do mundo. De novo bate uma rajada de vento muito forte. Seu coração abre-se de novo à luz divina. Assim, ele se aproxima de Deus de forma gradual e, na medida em que ele chega mais perto, percebe que seu antigo *Self* está desaparecendo. Quando ele chega perto o suficiente, vê ele não é mais do que o próprio Deus e exclama: "Aquele que eu descrevi a vocês como a vida deste universo, presente no átomo e nos sóis e luas – ele é a base de nossa vida, a alma de nossa alma. Não, vós sois isso."

Isso é o que o *jnana-yoga* ensina. Ele diz ao homem que ele é divino na essência. Mostra à humanidade a unidade real do Ser: que cada um de nós é o Senhor Deus manifesto na Terra. Todos nós, do verme mais inferior que rasteja sob nossos pés ao ser mais superior para quem olhamos com maravilha e admiração, todos são manifestações do mesmo Deus.

Por fim, é imperativo que todos esses vários *yogas* sejam levados à prática. Meras teorias sobre eles não farão bem. Primeiro, devemos ouvir sobre eles; depois, devemos pensar sobre eles. Nós devemos organizar nossos pensamentos, gravá-los nas nossas mentes e meditar sobre eles, percebê-los, até que por fim eles se tornem toda nossa vida. A religião não será mais um monte de idéias ou teorias ou um consentimento intelectual; ela entrará em seu próprio *Self*. Por esse consentimento intelectual nós podemos apoiar hoje muitas coisas tolas e mudar nossas mentes completamente amanhã. Mas a verdadeira religião nunca muda. A religião é realização – e não conversa, doutrinas ou teorias, não importando quão lindas elas forem. É ser e tornar-se – e não ouvir ou reconhecer. É a alma toda mudando naquilo que ela acredita. Isso é religião.

De *Alma, Deus e Religião* (Proferido no Unity Hall, Hartford, Connecticut, 8 de março de 1895)

A religião não consiste em doutrinas e dogmas. Ela não é o que você lê nem os dogmas em que você acredita ser importantes, mas o que você percebe. "Abençoados os puros de coração, pois é vosso o Reino dos Céus", sim, nessa vida. E isso é a salvação. Há aqueles que ensinam que isso pode ser ganho pelo murmúrio de palavras. Mas nenhum grande Mestre ensinou que se necessitava de formas externas para a salvação. O poder de alcançá-la está dentro de nós. Nós vivemos e agimos em Deus. Credos e seitas desempenham seu papel, mas são para crianças, elas duram apenas temporariamente. Livros nunca fazem religiões, mas religiões fazem livros. Nós não devemos nos esquecer disso. Nenhum livro criou Deus, mas Deus inspirou todos os grandes livros. E nenhum livrou jamais criou uma alma. Nós não devemos nos esquecer disso.

A finalidade de todas as religiões é a percepção de Deus na alma. Essa é a única religião universal. Se houver uma verdade universal em todas as religiões, eu a coloco aqui – em perceber Deus. Os ideais e métodos podem mudar, mas esse é o ponto central. Pode haver milhares de raios diferentes, mas todos eles convergem a um único centro, que é a percepção de Deus: algo atrás deste mundo dos sentidos, esse mundo do eterno comer e beber e falar absurdos, este mundo das sombras falsas e do egoísmo. Existe isto além de todos os livros, além de todos os credos, além das vaidades desse mundo, que é a percepção de Deus dentro de si mesmo.

Um homem pode acreditar em todas as igrejas do mundo, ele pode carregar em sua cabeça todos os livros sagrados já escritos, ele pode batizar-se em todos os rios da Terra, mesmo assim, se ele não tiver a percepção de Deus, eu o classificaria como o ateísta mais ordinário. E um homem pode nunca ter entrado em uma igreja ou mesquita, nem ter feito qualquer cerimônia, mas se ele sente Deus dentro de si e é por meio disso erguido por sobre as vaidades do mundo, esse homem é um homem sagrado, um santo, chame-o como quiser.

Tão logo um homem levanta e diz que está certo ou que sua igreja está certa e todas as outras estão erradas, ele mesmo está imensamente errado. Ele não sabe que a prova de todas as outras religiões depende da prova da sua própria. Amor e caridade por toda a raça humana é o teste da verdadeira religiosidade. Eu não quero fazer a afirmação sentimental de que todos os homens são irmãos, mas aquela de que uma pessoa deve sentir a unicidade da vida humana. Por eles não serem exclusivos, eu vejo que as seitas e os credos são todos minas; eles são todos formidáveis. Eles todos ajudam os homens em direção à religião real. Devo adicionar, é bom nascer em uma igreja, mas é ruim morrer lá. É bom nascer como uma criança, mas ruim permanecer criança. Igrejas, cerimônias e símbolos são bons para crianças, mas quando a criança cresce, ela deve romper com a igreja ou consigo mesmo. Nós não devemos permanecer crianças para sempre. É como tentar encaixar um casaco em todos os tamanhos e crescimentos. Eu não deprecio a existência das seitas no mundo. Seria melhor para Deus se houvesse mais 20 milhões, pois quanto mais existirem, haverá um campo maior para seleção. O que eu sou contra é de tentar adaptar uma religião a cada caso. Embora todas as religiões sejam da mesma na essência, elas devem ter as variedades de forma produzidas por circunstâncias similares entre as diferentes nações. Cada um de nós deve ter nossa própria religião individual, individual na parte exterior.

Discursos Proferidos no Parlamento das Religiões de Chicago
Resposta às Boas-vindas
(Proferido em 11 de setembro de 1893)

Irmãs e Irmãos da América:

Meu coração enche-se de alegria sem palavras para responder às boas-vindas cordiais e calorosas que vocês nos deram. Eu agradeço em nome da ordem de monges mais antiga do mundo. Eu agradeço em nome da mãe das religiões. E eu agradeço em nome dos milhões e milhões de hindus de todas as classes e seitas.

Meus agradecimentos, também, a alguns dos palestrantes nessa plataforma, que, referindo-se aos delegados do Oriente, contaram a vocês que esses homens de nações distantes podem reivindicar a honra de levar às diferentes terras a idéia de tolerância.

Eu tenho orgulho de pertencer a uma religião que ensinou ao mundo a tolerância e a aceitação universais. Nós não acreditamos apenas na tolerância universal, como também aceitamos todas as religiões como verdadeiras.

Eu tenho orgulho em pertencer a uma nação que abrigou os perseguidos e os refugiados de todas as religiões e nações da Terra. Eu tenho orgulho em dizer a vocês que reuni em nosso seio os remanescentes mais puros dos israelitas, que foram até o sul da Índia e conseguiram refúgio conosco no mesmo ano em que seu templo sagrado foi estilhaçado pela tirania romana. Eu tenho orgulho em pertencer à religião que abrigou e ainda patrocina os remanescentes da grande nação zoroastra.

Eu citarei para vocês, irmãos, algumas linhas de um hino que eu lembro ter sido repetido em minha juventude, que é repetido diariamente por milhões de seres humanos: "Como os diferentes rios, com suas fontes em lugares diferentes, todos deságuam no mar, então, ó Senhor, os diferentes caminhos que os homens tomam por tendências diferentes, embora vários, parecem, tortuoso ou reto, levar a Vós." A presente convenção, que é uma das assembléias mais adoráveis já feitas, é em si uma defesa, uma declaração ao mundo, da doutrina maravilhosa pregada no *Gita*: "Quem quer que venha a mim, por quaisquer formas, eu o alcanço. Todos os homens lutam por caminhos que no fim conduzem a mim."

O sectarismo, a intolerância e seu horrível descendente, o fanatismo, tomaram posse, por muito tempo, desta linda terra. Eles encheram a Terra com violência, banharam-na com sangue humano, destruiram a civilização e desesperaram nações inteiras. Não fosse por esses demônios horríveis, a sociedade humana seria bem mais avançada do que é agora. Mas sua hora chegará e eu espero com fervor que o sino que dobrou nesta manhã em honra desta convenção possa ser o dobrar da morte de todo fanatismo, de todas as perseguições com a espada ou com a pena e de todos os sentimentos não caridosos entre pessoas dirigindo-se a um mesmo objetivo.

Do *Hinduísmo*
(Trabalho lido em 19 de setembro de 1893)

Se algum dia houver uma religião universal, ela deve ser uma que não tenha local no tempo ou no espaço; que será infinita, como o Deus que pregará e cujo sol brilhará sobre os seguidores de Krishna e de Cristo, sobre santos e pecadores, da mesma maneira; que não será brâmane ou budista, cristã ou muçulmana, mas a soma total de todas essas e ainda ter espaço infinito para desenvolvimento; que em sua universalidade abraçará com seus braços infinitos e encontrará um lugar para todo ser humano, do selvagem rastejante mais baixo, não muito longe do bruto, ao homem superior, elevando-se pelas virtudes de sua cabeça e coração quase acima da humanidade, fazendo a sociedade ter temor dele e duvidar de sua natureza humana. Será uma religião na qual não haverá lugar para perseguição ou intolerância em seu sistema, que reconhecerá a divindade em todo homem e mulher, e cujo âmbito todo, cujo esforço todo estará centrado em ajudar a humanidade e perceber sua própria natureza divina e verdadeira.

Ofereça essa religião e todas as nações o seguirão. O conselho de Ashoka era um conselho da fé budista. O de Akbar, embora mais com essa finalidade, foi apenas uma reunião de gabinete.[8] Foi reservado à América proclamar para todos os cantos do globo que o Senhor está em toda religião.

Possa Ele, que é o Brahma dos hindus, o Ahura-Mazda dos zoroastras, o Buda dos budistas, o Jeová dos judeus, o Pai no céu dos cristãos, dar forças para vocês levarem adiante sua nobre idéia! A estrela nasceu no oriente; ela viajou com calma para o ocidente, às vezes ofuscada, brilhante em outras, até que fez um circuito no mundo e agora está aparecendo de novo no horizonte do oriente, as fronteiras do Sanpo,[9] mil vezes mais brilhante do que antes.

Salve, Colômbia, pátria da liberdade! Foi dada a vós, que nunca mergulhou vossa mão no sangue de vosso vizinho, que nunca achou que o caminho mais curto para enriquecer era roubando seus vizinhos – foi dada a vós a marcha na vanguarda da civilização com o lábaro da harmonia.

---

[8] Tanto Ashoka, o grande imperador budista (c.274-237 a.C.), como Akbar, o grande imperador mongol (1556-1605 d.C), eram conhecidos por seu ponto de vista liberal em assuntos religiosos. Eles fizeram esforços sérios para estabelecer a harmonia entre credos diferentes.

[9] O rio *Brahmaputra*, cuja fonte é no Lago Manasarovar, no Tibete. A parte do rio que corre pelo Tibete se chama Sanpo.

3

Culto do Deus Vivo

O que é Religião?
(Proferido na Sociedade Vedanta, Nova York,
17 de junho de 1900)

Uma locomotiva enorme corre pelos trilhos e um pequeno verme que rastejava sobre um dos trilhos se salva ao rastejar para fora do caminho da locomotiva. Mesmo assim esse pequeno verme, tão insignificante que pode ser esmagado a qualquer momento, é algo vivo, enquanto a locomotiva, tão enorme, tão imensa, é apenas um mecanismo, uma máquina. Você vê, um tem vida e o outro é apenas uma matéria morta e todo seu poder, força e velocidade são apenas as de uma máquina morta, um aparelho mecânico. O pobre pequeno verme que se move sobre o trilho e que o menor toque do mecanismo com certeza custaria sua vida é um ser majestoso comparado àquela enorme locomotiva. Ele é uma parte pequena do Infinito e, portanto, é maior do que o poderoso mecanismo. Por que isso? Como nós distinguimos o vivo do morto? A máquina desempenha de modo automático todos os movimentos que seu fabricante manda fazer; seus movimentos não são de algo com vida. Como podemos fazer a distinção entre os vivos e os mortos, então? No vivo há liberdade, inteligência; no morto, tudo está determinado e nenhuma liberdade é possível, porque não há inteligência. Essa liberdade que nos distingue de meras máquinas é o que nos esforçamos para conseguir. Ser mais livre é o objetivo de todos os nossos esforços; pois apenas na liberdade perfeita pode haver perfeição. Esse esforço de conseguir a liberdade está na base de todas as formas de adoração, quer nós saibamos ou não.

Se fôssemos examinar as variedades de culto ao redor do mundo, nós veríamos que os seres mais rudes da humanidade cultuam espíritos, demônios e os espíritos de seus ancestrais. A adoração de serpentes, adoração de deuses tribais e a adoração aos mortos – por que eles praticam tudo isso? Porque eles sentem que de alguma maneira desconhecida esses

Swami Vivekananda, Londres, 1896.

seres são maiores, mais poderosos do que eles mesmos e, dessa forma, limitam sua liberdade. Eles, portanto, procuram aplacar esses seres para evitar que eles o molestem – em outras palavras, conseguir mais liberdade. Eles também procuram ganhar o favor desses seres superiores, conseguir como um presente o que deve ser ganho por esforço pessoal.

Em conjunto, isso mostra que o mundo espera um milagre. Essa expectativa nunca nos deixa, e embora possamos tentar, nós todos perseguimos o milagroso e o extraordinário. O que mais importa além daquela indagação sem fim sobre o significado e o mistério da vida? Nós podemos dizer que apenas as pessoas não cultas estão atrás de todas essas coisas; mas a questão ainda está lá – por que isso? Os judeus estavam pedindo um milagre. O mundo todo pede pela mesma coisa esses milhares de anos.

Há, de novo, uma insatisfação universal: nós adotamos um ideal, mas apenas andamos metade do caminho em busca dele quando adotamos outro. Nós lutamos muito para alcançar certo objetivo e, então, descobrimos que não o queremos. Nós experimentamos essa insatisfação várias vezes; e o que existe na vida se houver apenas insatisfação? Qual é o significado dessa insatisfação universal? Ela indica que a liberdade é o objetivo de todo homem. Ele a busca sempre, seu vida toda é uma luta por ela. A criança rebela-se contra a lei logo que nasce. Sua primeira expressão é um choro, um protesto contra a dependência em que se encontra. Esse desejo por liberdade produz a idéia de um ser que é completamente livre. O conceito de Deus é um elemento fundamental na constituição humana. Satchidananda – Existência-Conhecimento-Felicidade – é, em Vedanta, o maior conceito de Deus possível à mente. É, por sua natureza, a essência do conhecimento e a essência da felicidade. Nós temos abafado essa voz interior, buscando seguir a lei e suprimir nossa natureza verdadeira, mas há aquele instinto humano que se rebela contra as leis da natureza.

Nós podemos não entender o que tudo isso significa, mas há aquela luta inconsciente do humano com o espiritual, da mente inferior com a superior e com essa luta nós tentamos preservar nossa vida separada, o que nós chamamos de nossa "individualidade".

Até o inferno ilustra o fato milagroso de que nós nascemos rebeldes. Contra os fatos inevitáveis da vida nós nos rebelamos e clamamos, "Nenhuma lei para nós!" Enquanto nós obedecemos às leis somos como máquinas, o Universo segue adiante e nós não podemos mudá-lo. As leis tornam-se a natureza do homem. A primeira noção da vida em seu nível superior está em ver essa luta dentro de nós, em romper os grilhões da natureza e ser livre. "Liberdade, Ó liberdade! Liberdade, Ó liberdade!" é a canção da alma. Dependência, meu Deus, – estar dependente da natureza – parece seu destino.

Por que deve haver o culto da serpente, dos espíritos ou de demônios e todos os vários credos e formas para a obtenção de milagres? Por que dizemos que há vida, há ser, em qualquer coisa? Deve haver um significado em toda essa busca, esse esforço para entender a vida, explicar o ser. Ela não é sem significado e vã. Ela é o esforço sem fim do homem de se libertar. O conhecimento que nós chamamos de ciência tem lutado por milhares de anos em sua tentativa de conseguir a liberdade e as pessoas ainda pedem por liberdade. Ainda assim não há liberdade na natureza. Tudo é lei. Ainda assim a luta prossegue. Mais ainda, toda a natureza, desde o Sol até os átomos, está sujeita à lei e até para o homem não há liberdade. Mas nós não podemos acreditar. Nós estudamos as leis do início e ainda não podemos – não, não queremos – acreditar que o homem está sujeito à lei. A alma grita sempre, "Liberdade, ó liberdade!"

Com o conceito de Deus como um ser livre, o homem não pode descansar por toda a eternidade nessa servidão. Ao alto nós devemos ir e se a luta não fosse pela liberdade, ele a acharia muito severa. O homem diz para si: "Eu nasci escravo, eu estou preso; entretanto, há um ser que não está preso pela natureza. Ele é livre e é mestre da natureza." O conceito de Deus, portanto, é uma parte tão essencial e fundamental da mente como é a idéia da prisão. Ambas são o resultado da idéia da liberdade. Não pode haver vida, até na planta, sem a idéia de liberdade. Na planta ou no verme, a vida deve ascender ao conceito da individualidade; ele está lá, trabalhando de maneira inconsciente. A planta vive para preservar um princípio; não é apenas natureza. A idéia da natureza controlando todo passo para adiante domina a idéia da liberdade. Adiante vai o mundo material, adiante se move a idéia da liberdade. Ainda assim a luta continua. Nós ouvimos sobre todas as disputas de credos e seitas; mesmo assim os credos e as seitas são justos e apropriados; eles devem existir. Eles, sem dúvida, prolongam a corrente e a luta aumenta; mas não haverá disputas se nós apenas soubermos que estamos nos empenhando para alcançar o mesmo objetivo.

A personificação da liberdade, o mestre da natureza, é o que chamamos de Deus. Vocês não podem negá-lo. Não, porque vocês não podem se mover ou viver sem a idéia de liberdade. Vocês viriam aqui se não acreditassem que são livres? É possível que o biólogo possa e dará alguma explicação sobre o esforço perpétuo de ser livre. Levando-se tudo isso em conta, a idéia de liberdade ainda está lá. É um fato, tanto quanto o outro fato que você não pode superar, o fato de estar sujeito à natureza.

Prisão e liberdade, luz e sombra, bem e mal, devem estar lá; mas o fato da prisão também mostra essa liberdade oculta. Se um é fato, o outro também é. Deve existir essa idéia de liberdade. Embora agora nós não possamos ver que essa idéia de prisão, em um homem não culto, é sua luta pela liberdade, entretanto, a idéia de liberdade está lá. A consciência da prisão do pecado e da impureza no selvagem não culto é muito leve; pois sua natureza é apenas um pouco superior à do animal. Ele luta contra a prisão de natureza física, a falta de gratificação física, mas fora dessa consciência inferior cresce e alarga a concepção superior de uma prisão mental ou moral e um desejo pela liberdade espiritual. Aqui nós vemos o divino brilhando de forma turva pelo do véu da ignorância. O véu é muito denso a princípio e a luz deve estar quase obscura, mas ela está lá, sempre pura e não ofuscada – a luz radiante da liberdade e da perfeição. O homem personifica isso como o governante do Universo, o único ser livre. Ele ainda não sabe que o Universo é todo único, que a diferença está apenas no conceito e não nas coisas.

O todo da natureza é a adoração de Deus. Onde há vida há essa busca por liberdade, que é o mesmo que Deus. A liberdade nos dá domínio sobre toda a natureza e é impossível sem conhecimento. Quanto mais sabemos, mais nos tornamos mestres da natureza. Apenas o domínio nos faz fortes; e se há algum ser que seja livre e um mestre da natureza, esse ser deve ter um conhecimento perfeito da natureza, deve ser onipresente e onisciente. A liberdade deve andar de mãos dadas com estes; e apenas esse ser que os adquiriu será além da natureza.

A bênção, paz eterna, surgindo da liberdade perfeita, é o conceito superior da religião, subjacente a todas as idéias de Deus no Vedanta: existência livre, presa a nada – nenhuma mudança, nenhuma natureza, nada que possa produzir uma mudança nele. Essa mesma liberdade está em você e em mim e é a única liberdade real.

Deus está sempre estabelecido sobre seu majestoso *Self* imutável. Você e eu tentamos ser unos com ele, mas nos vemos distraídos pela natureza, pelas insignificâncias da vida cotidiana, pelo dinheiro, pela fama, pelo amor humano e por todas essas formas mutáveis que promovem a prisão. Quando a natureza brilha, do que depende seu brilho? De Deus, e não do Sol, da Lua ou das estrelas. Onde algo brilhar, seja a luz no Sol ou na nossa consciência, ele estará. Ele brilhando, tudo brilha atrás dele.

Agora, nós vimos que esse Deus é autoevidente, impessoal, onisciente, o conhecedor e mestre da natureza, o Senhor de tudo. Ele está atrás de todo culto e todo culto está direcionado a ele quer saibamos ou não. Eu vou um passo além: aquele que nós chamamos de demônio é seu culto também. Isso também é uma parte da liberdade. Quando você faz o mal, o impulso por trás é o da liberdade. Ele pode ser mal-orientado e enganado, mas está lá e não pode ser qualquer vida ou impulso a não ser que a liberdade esteja atrás dele. A liberdade pulsa no coração do Universo. Esse é o conceito do Senhor nas *Upanishads*.

Às vezes sobe ainda mais alto, apresentando-nos um ideal diante do qual nós ficamos a princípio chocados: que nós somos na essência unos com Deus. Ele, que colore as asas da borboleta e o florescer do botão de rosa, é o poder que está na planta e na borboleta. Aquele que nos dá a vida é o poder dentro de nós. Desse poder vem a vida, e a morte mais horrenda é também seu poder. Ele cuja sombra é a morte – sua sombra também é imortalidade.

Veja um conceito ainda mais elevado; veja como fugimos como medrosos caçados de tudo que é terrível e, como eles, escondendo nossas cabeças e achando que estamos salvos. Veja como o mundo todo foge de tudo que é terrível. Uma vez, quando eu estava em Benares, passava por um lugar onde havia um grande reservatório de água de um lado e um muro alto do outro. Havia muitos macacos ao redor daquele lugar. Os macacos de Benares são brutos, enormes e, às vezes, são rabugentos. Eles enfiaram em suas cabeças que não deviam me deixar passar por sua rua; então eles urraram, gritaram e agarraram meus pés quando eu passei. Quando eles chegaram mais perto eu comecei a correr; mas quanto mais rápido eu corria, mais rápido vinham os macacos e eles começavam a me morder. Parecia impossível escapar. Mas nessa hora eu encontrei um estranho, que gritou para mim, "Encare os brutos". Eu me virei e encarei os macacos, eles recuaram e fugiram. Essa é uma lição para a vida toda: encare o terrível, encare-o com coragem. Como os macacos, os sofrimentos da vida recuam quando nós paramos de fugir diante deles. Se algum dia conseguirmos a liberdade, deverá ser ao conquistar a natureza, nunca ao fugir. Covardes nunca têm vitórias. Nós devemos combater o medo, os problemas e a ignorância se nós quisermos que eles fujam de nós.

O que é a morte? O que são os terrores? Você não vê a face de Deus neles? Fuja do mal, do terror e da miséria e eles irão atrás de você. Encare-os e eles fugirão. O mundo todo adora a facilidade e o prazer e poucos ousam cultuar o que é doloroso. Elevar-se acima de ambos é o ideal da liberdade. A menos que um homem passe pelo prazer e pela dor, ele não está livre. Nós devemos encará-los. Nós nos esforçamos para cultuar o Senhor, mas o corpo se intromete, a natureza coloca-se entre ele e nós e cega nossa visão. Nós devemos aprender a adorá-lo e amá-lo no raio, na vergonha, no sofrimento, no pecado. O mundo todo prega o Deus da virtude. Eu prego um Deus da virtude e um Deus do pecado em um só. Adote-o se você ousar. Esse é o único caminho para a salvação. Só então virá até nós a verdade máxima que advém da idéia da unicidade. Então, será perdida a idéia de que um é superior ao outro. Quanto mais perto nós nos aproximamos do ideal de liberdade, mais estaremos sob a proteção do Senhor e os problemas desaparecerão. Então, nós não diferenciaremos a porta do inferno do portão do céu nem entre os homens e diremos: "Eu sou maior do que qualquer outro ser no Universo." Até não vermos nada no mundo exceto o Senhor, todos esses demônios nos atacarão e nós faremos todas essas distinções; pois é apenas no Senhor, no espírito, que nós todos somos um e até vermos Deus em todo lugar, essa unidade não existirá para nós.

O homem que tateia o caminho pelo pecado, pela miséria, o homem que escolhe o caminho pelo inferno, alcançará a liberdade, mas demorará. Nós não podemos ajudá-lo. Algumas batidas fortes em sua cabeça o farão voltar ao Senhor. Ele conhecerá enfim o caminho da virtude, da pureza, do altruísmo, da espiritualidade e o que ele fazia de maneira inconsciente o fará de maneira consciente. A idéia é expressa por São Paulo: "Esse, pois, que vós honrais sem o conhecer, é o que vos anuncio." Essa é uma lição para o mundo inteiro aprender. O que esses filósofos e as teorias da natureza fazem, se não nos ajudar a alcançar esse objetivo na vida? Deixe-nos chegar a essa consciência da identidade de tudo e deixe o homem ver a si mesmo em tudo. Não sejamos mais adoradores de credos e seitas com noções pequenas e limitadas de Deus, mas o vejamos em tudo no universo. Se vocês são conhecedores de Deus, encontrarão em todo lugar o mesmo culto como se fosse em seu coração.

Livre-se, em primeiro lugar, de todas essas idéias limitadas e veja Deus em todas as pessoas – trabalhando com todas as mãos, andando com todos os pés e comendo com todas as bocas. Ele vive em todos os seres, pensa em todas as mentes. Ele é auto-evidente, mais próximo de nós do que nós mesmos. Conhecer isso é religião, é fé. Que isso possa agradar ao Senhor para nos dar essa fé! Quando nós sentirmos essa unicidade, seremos imortais. Nós somos imortais até fisicamente: unos com o Universo. Enquanto houver alguém que respira por todo o Universo, eu vivo nele. Não sou esse pequeno ser limitado; eu sou o universal. Eu sou a vida de todos os filhos de Deus. Eu sou a alma de Buda, de Jesus, de Maomé. Eu sou a alma de todos os professores e eu sou a alma de todos os ladrões que roubaram e de todos os assassinos enforcados. Levante-se então! Esse é o culto mais elevado. Você é uno com o Universo. Apenas isso é humildade – não rastejar de quatro e chamar a si mesmo de pecador. Esse é a evolução mais elevada, quando esse véu da diferenciação é retirado. O credo mais elevado é a unicidade. Eu sou isso-e-isso – é uma idéia limitada e não verdadeira do real *Self*. Eu sou o Universal; busque-se nisso e sempre cultue o superior pela forma mais elevada; pois Deus é espírito e deve ser cultuado em espírito e em verdade. Pelas formas inferiores de culto, os pensamentos materialistas do homem elevam-se para o culto espiritual e o infinito universal é, enfim, cultuado dentro e por meio do espírito. Aquilo que é limitado é material. Apenas o espírito é infinito e apenas o infinito pode cultuar o infinito. Nós cultuaremos o infinito; esse é o culto espiritual mais elevado. Como essas idéias são grandiosas e difíceis de perceber! Eu teorizo, falo, filosofo e, no momento seguinte, acontece alguma coisa contra e eu fico com raiva de modo inconsciente; eu esqueço de que há algo no Universo além desse pequeno *Self* limitado. Esqueço de dizer "Eu sou o espírito, o que é essa mesquinharia para mim? Eu sou o espírito." Esqueço que tudo sou eu agindo. Eu esqueço Deus; eu esqueço a liberdade.

Afiado como a lâmina de uma navalha, longo, difícil e penoso de atravessar é o caminho da liberdade. Os sábios declararam isso muitas vezes. Mesmo assim não deixe essas fraquezas e fracassos deterem você. As *Upanishads* declararam: "Levante! Levante! e não pare até alcançar o objetivo." Nós, com certeza, cruzaremos o caminho, embora seja afiado tal qual uma navalha, longo, distante e difícil. O homem torna-se o mestre dos deuses e dos demônios. Só nós mesmos devemos ser culpados por nossas angústias, mais ninguém. Você acha que há apenas um copo escuro de veneno se o homem procurar por néctar? O néctar está lá e é para todo homem que se esforça para alcançá-lo. O Senhor nos diz: "Desiste de todos esses caminhos e lutas. Busca refúgio em mim. Eu te levarei à outra margem; não tenhas medo." Nós lemos isso em todas as escrituras que chegam até nós.

A mesma voz nos ensinas a dizer "Seja feita vossa vontade, assim na Terra como no céu, pois vosso é o reino, o poder e a glória." É difícil, tudo muito difícil. Eu digo a mim mesmo nesse momento: "Eu refugio-me em vós, Ó Senhor; em nome de vosso amor, eu sacrificarei tudo e em vosso altar colocarei tudo que for bom e virtuoso. Meus pecados, meus sofrimentos, minhas ações, o bem e o mal, eu oferecerei a vós; pegai-os e eu nunca esquecerei." Em um momento eu digo "Seja feita vossa vontade" e o momento seguinte chega para me tentar e eu levanto-me furioso. O objetivo de todas as religiões é o mesmo, mas a linguagem dos professores difere. O objetivo é matar o falso "*Self*" para que o real, o Senhor, reine. "Eu, o Senhor, sou um Deus ciumento. Tu não deves ter outro deus além de mim", dizem as escrituras hebraicas. Nós devemos estimar apenas Deus. Nós devemos dizer "Não eu, mas vós", e então devemos desistir de tudo, menos do Senhor. Ele, apenas Ele, deve reinar. Talvez nós lutemos muito e ainda assim, no momento seguinte, nossos pés escorregam e então tentamos esticar nossas mãos para a mãe. Achamos que não podemos nos levantar sozinhos. A vida é infinita, um capítulo dela é "Seja feita a vossa vontade" e, a menos que percebamos todos os capítulos, nós não podemos perceber o todo.

"Seja feita a vossa vontade" – a todo o momento a mente traidora rebela-se contra isso; mesmo assim, deve ser dito sempre se quisermos conquistar o *Self* inferior. Nós não podemos servir ao traidor e ainda sermos salvos. Há salvação para todos, menos para o traidor, e nós somos condenados como traidores – traidores contra nós mesmos, contra a majestade de Deus – quando nós nos recusamos a obedecer à voz de nosso *Self* superior. Venha o que vier, nós devemos entregar nossos corpos e mentes à vontade suprema. Como foi bem dito pelo filósofo hindu "Se o homem disser duas vezes 'Seja feita vossa vontade', ele comete pecado." "Seja feita vossa vontade" – precisa mais do quê? Por que dizer duas vezes? O que é bom é bom. Nunca mais devemos retirar. "Seja feita vossa vontade assim na Terra como no céu, pois vosso é o reino, o poder e a glória para sempre."

De *A Natureza Real do Homem* (Proferido no Royal Institute of Painters in Watercolors, Londres, 21 de junho de 1896)

As pessoas amedrontam-se quando sabem que são o Ser Universal, presente em todo lugar. "Em todo trabalho que você fizer, em todo passo que você der, em todo lábio pelo qual você falar, em todo coração por qual você sente." As pessoas ficam amedrontadas quando sabem disso. Elas perguntarão o tempo todo se elas não manterão sua individualidade. O que é individualidade? Eu gostaria de ver isso. Um bebê não tem bigode; quando ele cresce e torna-se um homem, talvez tenha um bigode e uma barba. Sua individualidade seria perdida se ela estivesse no corpo. Se eu perco um olho ou uma de minhas mãos, minha individualidade seria perdida se estivesse no corpo. Então, um bêbado não pode largar a bebida, porque perderia sua individualidade. Um ladrão não deveria ser um homem bom, porque assim perderia sua individualidade. Na verdade, nenhum homem deve mudar seus hábitos por medo disso. A individualidade também não pode estar na memória. Suponha que eu sofresse um golpe na cabeça e esquecesse todo o meu passado; então, eu perderia toda a individualidade, sumiria. Eu não me lembro de dois ou três anos da minha infância e se a memória e a existência fossem uma só, então o que eu esquecer estará morto. Aquela parte da minha vida de que eu não me lembro, eu não vivi. Essa é uma idéia muito estreita da individualidade.

Não há individualidade a não ser no infinito. Essa é a única condição que não muda. Todas as outras coisas estão em um estado de mudança. Nós ainda não somos indivíduos. Nós lutamos pela individualidade e isso é o infinito. Essa é a natureza real do homem. Apenas a vida dele está em todo o Universo; quanto mais concentrarmos nossas vidas em coisas limitadas, mais rápido iremos em direção à morte. Apenas nesses momentos nós vivemos, quando nossas vidas estão no Universo, nos outros; e viver essa vidinha é a morte, a morte simples, e é por isso que aparece o medo da morte. O medo da morte pode ser superado apenas quando o homem perceber que, enquanto houver vida neste Universo, ele viverá. Quando ele puder dizer "Eu estou em tudo, em todos; eu vivo em tudo; eu sou o Universo," apenas assim conseguirá o estado de destemor. Falar de imortalidade em coisas constantemente mutáveis é absurdo. Como diz um filósofo sânscrito: "É apenas o espírito que é o indivíduo, porque ele é infinito." A infinidade não pode ser dividida; a infinidade não pode ser quebrada em pedaços. É a mesma unidade não dividida para sempre e esse é o homem individual, o homem real. O homem aparente apenas luta para expressar, para manifestar essa individualidade que está além. A evolução não está no espírito.

Essas mudanças que ainda acontecem – o imoral tornando-se bom, o animal tornando-se homem; considere-as da maneira que quiser – não estão no espírito. Elas são a evolução da natureza e a manifestação do espírito. Suponha que há uma tela ocultando vocês de mim, na qual há um buraquinho pelo qual eu posso ver algumas das faces diante de mim, apenas poucas faces. Agora suponha que o buraco comece a ficar maior e maior e, por causa disso, revele mais e mais a cena diante de mim; quando enfim toda a tela desaparece, eu fico cara a cara com todos vocês. Vocês não mudaram nada, foi o buraco que se expandiu e vocês estavam manifestando-se de forma gradual. Assim é com o espírito. Nenhuma perfeição será alcançada. Vocês já são livres e perfeitos.

Quais são essas idéias sobre a religião, sobre Deus e sobre a busca pelo futuro? Por que um homem procura por um deus? Por que o homem, em toda nação, em todo estado de sociedade, quer um ideal perfeito em algum lugar, seja no homem, em Deus ou em outro lugar? Porque essa idéia está dentro de vocês. Ela estava batendo em seu coração e vocês não sabiam; vocês a confundiam com algo externo. É o Deus dentro de vocês que os impele a buscá-lo, percebê-lo. Após longas buscas aqui e acolá, em templos e igrejas, na Terra e no céu, enfim, você retorna para sua alma, completando o círculo onde você começou, e descobre que aquele que você procurava por todo o mundo, por quem você chorava e orava em igrejas e templos, para quem você olhava como o mistério de todos os mistérios, coberto pelas nuvens, é o mais próximo dos próximos, está em seu *Self*, a realidade da sua vida, corpo e alma.

Esse *Self* é sua própria natureza. Afirme-o, manifeste-o. Você não vai tornar-se puro, você já é puro. A natureza é como uma tela que esconde a realidade além. Todo pensamento bom que você tem ou como você age retira o véu e, digamos, a pureza, a infinidade, o Deus por trás, está manifestado mais e mais. Essa é toda a história do homem. Quanto mais fino ficar o véu, mais luz por trás dele brilha; pois é de sua natureza brilhar.

O *Self* não pode ser conhecido; em vão nós tentamos. Se fosse conhecível, não seria o que é; pois é o sujeito eterno. O conhecimento é uma limitação, uma objetivação. É o sujeito eterno de tudo, a testemunha eterna deste Universo – seu próprio *Self*. O conhecimento é, digamos, um passo inferior, uma degeneração. Nós já somos esse sujeito eterno; como podemos saber?

O *Self* infinito é a natureza real de todo homem, e ele luta para expressá-la de vários modos. Do contrário, por que há tantos códigos éticos? Onde está a explicação de toda a ética? Uma idéia destaca-se como o centro de todos os sistemas éticos, expressos de várias formas – por exemplo, fazendo o bem aos outros. O motivo condutor da humanidade deve ser a caridade com os homens, caridade com os animais. Mas essas são todas as várias expressões daquela verdade eterna "eu sou o Universo; esse Universo é um." Ou mais, onde está a explicação? Por que eu deveria fazer o bem a meus companheiros? Por que eu deveria fazer o bem aos outros? O que me obriga? É a simpatia, o sentimento de identidade por todo lugar. Os corações mais duros às vezes sentem simpatia por outros seres. Até o homem que se amedronta se souber que essa suposta individualidade é na verdade uma ilusão, que é ignóbil tentar ser fiel a essa aparente individualidade – esse homem dirá a você que a auto-abnegação extrema é o centro de toda moralidade. E o que é a auto-abnegação perfeita? Significa a abnegação de seu *Self* aparente, a abnegação de todo egoísmo.

Essa idéia de "eu" e "meu" – *ahamkara* e *mamata* – é o resultado da superstição passada e quanto mais esse *Self* presente morre, mais o *Self* real fica manifesto. Essa é a verdadeira auto-abnegação, o centro, a base, a essência de todo ensinamento moral, e se o homem sabe disso ou não, o mundo todo está devagar indo em direção a ela, praticando-a mais ou menos. Só que a maioria da humanidade faz isso de forma inconsciente. Deixe-os fazer de forma consciente. Deixe-os fazer o sacrifício, sabendo que esses "eu" e "meu" não são o *Self* real, mas apenas uma limitação. Apenas um vislumbre daquela realidade infinita que está por trás, apenas uma fagulha daquele fogo infinito que é o Tudo, representa o homem presente. O infinito é sua natureza verdadeira.

Qual é a utilidade, o efeito, o resultado desse conhecimento? Nesses dias, nós devemos medir tudo pela utilidade, quantas libras, xelins e pence representa. Que direito uma pessoa tem de pedir que a verdade seja julgada pelo modelo de utilidade ou dinheiro? Suponha que não haja utilidade, ela será menos verdadeira? A utilidade não é o teste da verdade. Entretanto, há uma utilidade elevada nisso. A felicidade, nós vemos, é o que todos procuram, mas a maioria a busca em coisas que são evanescentes e não reais. Nenhuma felicidade foi encontrada nos sentidos. Nunca existiu uma pessoa que encontrou felicidade nos sentidos ou na alegria dos sentidos. A felicidade só é encontrada no espírito. Portanto, a utilidade mais elevada para a humanidade é encontrar essa felicidade no espírito.

O próximo ponto é que a ignorância é a grande mãe de toda miséria e a ignorância fundamental é pensar que o infinito lamenta e chora, que ele é finito. Essa é a base de toda ignorância – que nós, o imortal, o sempre puro, o espírito perfeito, pensamos que somos pequenas mentes, pequenos corpos. É a mãe de todo egoísmo. Assim que eu penso que sou um pequeno corpo, eu quero preservá-lo, protegê-lo, mantê-lo bem, à custa de outros corpos. Então eu e você nos separamos. Assim que surge essa idéia da separação, ela abre a porta a todo dano e conduz a toda miséria. Essa, então, é a utilidade desse conhecimento – que se uma pequena fração de seres humanos vivendo hoje pudesse colocar de lado a idéia de egoísmo, estreiteza e pequenez, esta terra se tornaria um paraíso no futuro. Mas com máquinas e melhorias apenas do conhecimento matéria, isso nunca acontecerá. Isso apenas aumenta a miséria, como o óleo derramado aumenta a chama. Sem o conhecimento do espírito, todo o conhecimento material apenas adiciona combustível ao fogo, apenas dá nas mãos do homem egoísta mais um instrumento para pegar o que pertence aos outros, viver da vida dos outros em vez de entregar sua vida por eles.

Isso é prático? É uma outra questão. Pode ser praticado na sociedade moderna? A verdade não presta homenagem, antiga ou moderna. A sociedade deve prestar homenagem à verdade ou morrer. As sociedades devem ser moldadas na verdade; a verdade não deve se ajustar a elas. Se uma verdade tão nobre quanto o altruísmo não pode ser praticado na sociedade, é melhor para o homem desistir da sociedade e ir para a floresta. Esse é o homem ousado.

Há duas espécies de coragem. Uma é a coragem de encarar o cânon e a outra é a coragem da convicção espiritual. O professor de um imperador que invadiu a Índia pediu-lhe que visse alguns dos sábios de lá. Após uma longa busca por um, ele encontrou um homem muito velho sentado em um bloco de pedra. O imperador conversou um pouco com ele e ficou muito impressionado com sua sabedoria. Ele pediu ao sábio para irem juntos a seu país. "Não", disse o sábio, "eu estou satisfeito com minha floresta aqui". O imperador disse: "Eu darei dinheiro a você, posição, riqueza. Eu sou o imperador do mundo." "Não", respondeu o homem, "eu não ligo para essas coisas." O imperador retrucou, "Se você não for, eu o matarei." O homem sorriu com serenidade e disse: "Essa é a coisa mais tola que você já disse, imperador. Você não pode me matar. Eu, o sol não pode secar, o fogo não pode queimar, a espada não pode matar: pois eu sou o sem-nascimento, o sem-morte, o espírito onipotente e onipresente que sempre vive." Essa é a coragem espiritual, enquanto a outra é a coragem de um leão ou um tigre.

Durante a Revolta de 1857, havia um *swami*, uma grande alma, que um revoltoso muçulmano esfaqueou. Os revoltantes hindus capturaram e levaram o homem para o *swami*, oferecendo-se para matá-lo. Mas ele o olhou e disse com calma: "Meu irmão, tu és Ele, tu és Ele!" e morreu. Esse é outro exemplo.

Que vantagem tem falar da força de seus músculos, da superioridade de suas instituições ocidentais, se vocês não podem fazer a verdade ajustar-se a sua sociedade, se você não puder construir uma sociedade na qual caberá a verdade superior? O que é bom dessa conversa orgulhosa sobre sua grandeza e magnificência se você levantar e disser "Essa coragem não é prática"? Nada é prático além de libras, xelins e pence? Se sim, por que orgulhar-se de sua sociedade? A maior sociedade é aquela na qual as maiores verdades se tornam práticas. Essa é minha opinião. E se a sociedade não for preparada para as verdades elevadas, faça-a ser – e quanto mais cedo, melhor.

Levantam-se, homens e mulheres, nesse espírito, ousem acreditar na verdade, ousem praticar a verdade! O mundo requer algumas centenas de homens e mulheres corajosos. Pratique essa coragem que ousa conhecer a verdade, que ousa mostrar a verdade na vida, que não treme diante da morte, mais ainda, acolhe a morte, faz um homem saber que ele é o espírito, que nada no Universo todo pode matá-lo. Então você será livre. Então você reconhecerá sua alma real.

"Esse Atman [Eu, ou alma] é primeiro para se ouvir falar, depois para ser pensada e, então, ser meditada." Há uma grande tendência nos tempos modernos de falar muito de trabalho e depreciar o pensamento. Fazer é muito bom, mas isso vem do pensamento. Pequenas manifestações de energia pelos músculos são chamadas de trabalho. Mas onde não há pensamento, não haverá trabalho. Encha o cérebro, portanto, com pensamentos elevados, com ideais mais elevados; coloque-os diante de você dia e noite e deles virá um grande trabalho. Não fale sobre impureza, mas diga que nós somos puros. Nós nos hipnotizamos nesse pensamento de que somos pequenos, que nascemos e vamos morrer e ficamos em um estado constante de medo.

Há uma história sobre uma leoa que estava grávida. Ela saiu à procura de presa e, vendo um rebanho de ovelhas, pulou sobre elas. Ela morreu nesse esforço e um filhote de leão nasceu sem mãe. As ovelhas cuidaram dele e o criaram. Ele cresceu com elas, comia grama e balia como as ovelhas. Embora com o tempo ele tenha se tornado um leão adulto, ele pensava que fosse uma ovelha. Um dia, outro leão apareceu em busca de presa e ficou surpreso ao descobrir que, no meio desse rebanho de ovelhas, havia um leão, fugindo como as ovelhas quando surgia o perigo. Ele tentou chegar perto do leão-ovelha para contar a ele que ele não era uma ovelha, mas um leão, só que o animal fugia quando ele chegava perto. Porém, ele esperou sua oportunidade e um dia encontrou o leão-ovelha dormindo. Ele aproximou-se e disse: "Você é um leão". "Eu sou uma ovelha", gritou o outro leão; ele não podia acreditar no contrário, mas sim balir. O leão arrastou-o para um lago e disse "Olhe aqui: esse é meu reflexo e aquele é o seu". Então veio a comparação. O leão-ovelha olhou para o leão e depois para seu próprio reflexo e em um momento surgiu a idéia de que ele era um leão. O leão rugiu, sumiu o balido.

Vocês são leões, vocês são a alma, pura, infinita e perfeita. O poder do Universo está dentro de vocês. "Por que choras, meu amigo? Não há nem nascimento nem morte para ti. Por que choras? Não há doença ou miséria para ti. Tu és como o céu infinito: nuvens de várias cores vêm sobre ele, brincam por um momento, depois desaparecem, mas o céu é sempre o mesmo azul eterno."

Por que nós vemos maldade? Havia um toco de árvore e no escuro apareceu um ladrão naquele caminho e disse, "Aquilo é um policial." Um jovem esperando por sua amada viu isso e pensou que fosse sua amada. Uma criança que ouviu histórias de fantasmas o confundiu com um fantasma e começou a gritar. Mas o tempo todo era o toco de uma árvore. Nós vemos o mundo como somos. Suponha que haja um bebê em uma sala com uma sacola de ouro na mesa e um ladrão chega e rouba o ouro. O bebê saberá que foi roubado? Aquilo que nós temos no interior, nós vemos no exterior. O bebê não tem um ladrão no interior e não vê um ladrão no exterior. Assim é com todo conhecimento.

Não falem da maldade do mundo e de todos os seus pecados. Lamentem que vocês ainda estejam prestes a ver a maldade. Lamentem que vocês estejam vendo o pecado em todo lugar. Se vocês quiserem ajudar o mundo, não o condene. Não o enfraqueça mais. Pois o que é o pecado e a miséria – o que é tudo isso senão o resultado da fraqueza? O mundo fica cada vez mais fraco todo dia com esses ensinamentos. Os homens aprendem desde a infância que são fracos e pecadores. Ensinem que eles são todos filhos gloriosos da imortalidade, até aqueles que são os mais fracos na manifestação. Deixem pensamentos positivos, fortes e úteis. Mantenham-se abertos a esses pensamentos e não a pensamentos enfraquecedores e paralisantes. Digam a suas mentes, "eu sou Ele, eu sou Ele." Deixem soar dia e noite em suas mentes como uma canção e na hora da morte declare "eu sou Ele". Essa é a verdade. A força infinita do mundo é sua. Expulsem a superstição que cobriu suas mentes. Vamos ser bravos. Saibam a verdade e pratiquem-na. O objetivo pode estar distante, mas acorde, levante e não pare até atingi-lo.

De *Vedanta Prático – Parte II* (Proferido em Londres, 12 de novembro de 1896)

O Deus impessoal é um Deus vivo, um princípio. A diferença entre o Deus pessoal e o impessoal é essa: o Deus pessoa é apenas um homem enquanto o impessoal é anjo, homem, animal e ainda algo mais que não podemos ver, porque a impessoalidade inclui todas as personalidades, é a soma total de tudo no Universo, e muito mais além. "Como o fogo vindo ao mundo se manifesta em tantas formas, e ainda assim é muito mais além disso" – assim mesmo é o impessoal.

Nós queremos cultuar um Deus vivo. Eu nada vi além de Deus toda minha vida, nem vocês. Para ver essa cadeira você primeiro vê Deus e depois a cadeira, nele e por meio dele. Ele está em todo lugar, como o "eu sou". No momento em que você sente "eu sou", você está consciente da existência. Onde encontraremos Deus se não podemos vê-lo em nossos corações e em todos os seres humanos? "Vós sois o homem, vós sois a mulher, vós sois a garota e vós sois o garoto; vós sois o velho cambaleando com um cajado, vós sois o jovem andando no orgulho de sua força; vós sois tudo que existe" – um Deus vivo e maravilhoso que é o único fato no Universo.

A muitos isso parece ser uma contradição terrível do Deus tradicional, que vive atrás de um véu em algum lugar e que ninguém vê. Os sacerdotes apenas nos dão a garantia de que, se nós os seguirmos, ouvirmos suas admoestações e caminharmos na trilha que eles apontam para nós, quando morrermos, eles nos darão um passaporte que nos possibilitará ver a face de Deus! O que são todas essas idéias de céu senão intervenções simples desse sacerdócio absurdo?

É claro, a idéia do impessoal é muito destrutiva: ela tira todo o comércio dos sacerdotes, igrejas e templos. Na Índia há fome agora, mas há templos onde há jóias muito valiosas. Se os sacerdotes ensinassem essa idéia do impessoal às pessoas, sua profissão acabaria. Mesmo assim nós devemos ensiná-la de forma altruísta, sem sacerdócio. Vocês são Deus assim como eu. Quem obedece a quem? Quem adora quem? Vocês são o templo mais elevado de Deus; eu prefiro cultuar vocês a qualquer templo, imagem ou Bíblia. Por que os pensamentos de algumas pessoas são tão cheios de contradições? Eles dizem que vocês são homens práticos intransigentes. Muito bem. Mas o que é mais prático do que cultuar vocês? Eu os vejo, eu os sinto e sei que são Deus. O muçulmano diz que não há Deus que não Alá. O Vedanta diz que há nada que não seja Deus. Isso pode assustar muitos de vocês, mas vocês entenderão aos poucos. O Deus vivo está dentro de vocês e mesmo assim vocês constróem igrejas e templos e acreditam em todos os tipos de absurdo imaginário. O único Deus a ser adorado é a alma humana no corpo humano. É claro, todos os animais também são templos, mas o homem é o mais elevado, o maior de todos os templos. Se eu não puder cultuar nesse, nenhum outro templo será vantajoso. No momento em que eu percebi Deus sentado no templo de todo corpo humano, no momento em que eu reverencio todo ser humano diante de mim e vejo Deus neles, nesse momento estou livre da prisão, tudo que prende desaparece e eu fico livre.

Esse é o mais prático de todos os cultos; nada tem a ver com teorização e especulação. Mesmo assim, assusta muitos. Eles dizem que não está certo. Eles continuam a teorizar sobre idéias velhas transmitidas a eles por seus avós de que um Deus em algum lugar do céu contou a alguém que ele era Deus. Desde essa época, nós temos apenas teorias. Isso é de natureza prática de acordo com eles – e nossas idéias não são práticas! Sem dúvida, o Vedanta diz, cada um deve ter seu próprio caminho, mas o caminho não é o objetivo. O culto de um Deus no céu e todas essas coisas não são ruins, mas eles são apenas passos em direção à verdade, não a verdade. Eles são bons e belos e algumas idéias maravilhosas estão lá, mas o Vedanta diz em todo momento: "Meu amigo, aquele que você adora como desconhecido – eu adoro como você. Aquele que você adora como desconhecido e busca por todo o Universo esteve com você o tempo todo. Você vive por ele e ele é a testemunha eterna do Universo." Aquele que todos os *Vedas* cultuam, não só isso, mas aquele que está sempre presente no eterno *Self* – ele existindo, todo o Universo existe. Ele é a luz e a vida do Universo. Se esse *Self* não estivesse em você, você não veria o Sol; tudo seria uma massa de escuridão. Com ele brilhando, você vê o mundo.

Uma objeção em geral é feita, que é esta: isso pode levar a uma quantidade tremenda de dificuldade. Todos nós pensaremos "Eu sou Deus e o que eu fizer ou pensar deve ser bom; pois Deus não pode fazer o mal". Em primeiro lugar, mesmo levando-se em conta esse perigo de má interpretação, pode ser provado que do outro lado o mesmo perigo não exista? Os homens têm cultuado um deus no céu separado deles e de quem eles têm muito medo. Eles nasceram tremendo de medo e por todas as suas vidas eles continuarão a tremer. O mundo ficou melhor com isso? Aqueles que compreenderam e cultuaram um Deus pessoal e aqueles que compreenderam e cultuaram um Deus impessoal – quais desses foram os grandes trabalhadores do mundo? De que lado estão os trabalhadores gigantescos, os poderes morais gigantescos? Com certeza, do lado do impessoal. Como você pode esperar a moralidade desenvolver-se pelo medo? Nunca poderá. "Quando um vê o outro, quando um ouve o outro, isso é *maya*.[10] Quando um não vê o outro, quando um não ouve o outro, quando tudo se torna *Atman*, quem vê quem, quem percebe quem?" É tudo ele e tudo eu ao mesmo tempo. A alma tornou-se pura. Só então entendemos o que é o amor. O amor não pode superar o medo. Sua base é a liberdade. Quando começamos a amar o mundo, entendemos o que quer dizer a fraternidade ou humanidade, não antes disso.

Então, não está certo dizer que a idéia da vontade impessoal levará a uma quantidade tremenda de mal no mundo, como se a outra doutrina nunca levasse a trabalhos do mal; como se não levasse ao sectarismo, alagando o mundo com sangue e fazendo os homens rasgarem-se em pedaços. "Meu Deus é o Deus maior; se alguém discorda, vamos decidir com uma luta livre" – esse é o resultado do dualismo por todo o mundo. Saiam para a plena e clara luz do dia; saiam dos pequenos caminhos estreitos. Pois como a alma infinita pode descansar satisfeita em viver e morrer em pequenas rotinas? Saiam para o universo da luz. Tudo no Universo é de vocês. Estiquem seus braços e abrace-o com amor. Se vocês já quiseram fazer isso, vocês sentiram Deus.

Vocês se lembram daquela passagem no sermão de Buda: como ele mandou um pensamento de amor em direção ao sul, ao norte, ao leste e a oeste, acima e abaixo, até que todo o Universo estivesse repleto com esse amor, tão formidável, grande e infinito. Quando vocês têm aquele sentimento, têm uma personalidade verdadeira; pois o Universo todo é uma Pessoa. Deixem as coisas pequenas. Troquem o pequeno pelo infinito; troquem os pequenos desfrutes pela felicidade infinita. É tudo de vocês, pois o impessoal inclui o pessoal. Então, Deus é pessoal e impessoal ao mesmo tempo. E o homem – o homem infinito e impessoal – manifesta-se como uma pessoa. Nós, o infinito, nos limitamos, digamos, a pequenas partes.

O Vedanta diz que a infinidade é nossa natureza verdadeira; ela nunca desaparecerá; ela continuará para sempre. Mas nós nos limitamos por nosso carma, que como uma corrente ao redor de nossos pescoços nos atraiu a essa limitação. Quebre essa corrente e seja livre. Pise a lei com seus pés. Nenhuma lei pode prender a natureza verdadeira do homem – nenhum destino, nenhuma sina. Como pode haver lei na infinidade? A liberdade é nosso lema. A liberdade é sua natureza, seu direito nato. Sejam

---

[10] Ilusão cósmica em relação à qual Um aparece como muitos.

livres e então tenham quantas personalidades vocês quiserem. Então nós vamos representar como o ator que sobe no palco e faz o papel de um mendigo. Contraste-o com o mendigo real andando nas ruas. A cena talvez seja a mesma em ambos os casos; as palavras talvez sejam as mesmas; mas, mesmo assim, que diferença! Um aprecia sua mendicância, enquanto o outro está sofrendo angústias com ela. E o que faz essa diferença? Um é livre e o outro é preso. O ator sabe que sua mendicância não é verdadeira, mas que ele a assumiu para a peça, enquanto o mendigo real pensa que ela é seu estado natural e ele deve agüentá-la quer ele queira quer não; pois essa é a lei.

Enquanto nós não tivermos conhecimento de nossa natureza real, somos mendigos, empurrados por toda força na natureza e escravos de tudo na natureza. Nós clamamos por todo o mundo por ajuda, mas a ajuda nunca aparece. Nós clamamos a seres imaginários e mesmo assim ela nunca aparece. Mas nós ainda esperamos que a ajuda apareça e, desse modo, lamentando, chorando e esperando, passamos essa vida e a mesma peça continua.

Seja livre. Não espere nada de ninguém. Estou certo de que se vocês olharem para trás em suas vidas, descobrirão que estiveram sempre tentando conseguir ajuda de outros em vão. Toda a ajuda que sempre veio foi de dentro de vocês. Vocês colheram os frutos que vocês mesmos trabalharam para conseguir e mesmo assim vocês esperavam o tempo todo por ajuda dos outros. A sala de um rico está sempre cheia, mas se você perceber, não encontra as mesmas pessoas lá. Os visitantes sempre esperam conseguir alguma coisa do homem rico, mas nunca conseguem. Então nós passamos nossas vidas a esperar, esperar, esperar, sem fim. Desista da esperança, diz o Vedanta. Por que esperar? Vocês têm tudo, não, vocês são tudo. O que vocês estão esperando? Se um rei enlouquece e anda de um lado para o outro tentando encontrar o rei de seu país, ele nunca encontrará, porque ele mesmo é o rei. Ele pode entrar em todas as vilas e cidades de seu país, procurando em toda casa, lamentando e queixando-se, mas ele nunca o encontrará, pois ele é o rei. É melhor nós sabermos que somos Deus e assim desistimos de nossa busca tola atrás dele. Sabendo que somos Deus, ficamos alegres e contentes.

Desistam de todas essas buscas loucas e desempenhem seu papel no Universo como um ator no palco. Toda a cena mudará e em vez de uma prisão eterna, esse mundo parecerá um parque de diversões; em vez de uma terra de competição, será uma terra de felicidade, onde existe a primavera perpétua, as flores desabrocham e as borboletas voam. Esse mundo, que antes era o inferno, será o céu. Aos olhos do preso é um lugar tremendo de tormento, mas aos olhos do liberto é o contrário. Essa vida é a vida universal. O céu e todos aqueles lugares estão aqui; todos os deuses estão aqui, os chamados protótipos do homem. Os deuses não criaram o homem à sua imagem, mas o homem criou os deuses. E aqui estão os protótipos; aqui está Indra, Varuna e todos os deuses do Universo. Nós projetamos nossos pequenos duplos e somos os originais desses deuses; nós somos os deuses reais e únicos a ser cultuados.

Essa é a visão do Vedanta e isso é sua praticalidade. Quando nos libertamos, precisamos não enlouquecer e desistir da sociedade e morrer na floresta ou em uma caverna. Nós devemos permanecer onde estamos, apenas devemos entender a coisa toda. O mesmo fenômeno continuará, mas com um novo significado.

Nós não conhecemos o mundo ainda; é apenas pela liberdade que veremos o que ele é e entenderemos sua natureza. Veremos que a chamada lei, ou sina, ou destino, tocava apenas uma parte pequena da nossa natureza. Ela estava apenas em um lado, mas do outro lado havia liberdade o tempo todo. Nós não sabíamos disso e essa é a razão pela qual tentamos nos salvar do mal escondendo nossa face no chão, como lebres caçadas. Pela ilusão nós tentamos esquecer nossa natureza e, mesmo assim, não podíamos; ela estava sempre nos chamando e toda nossa busca por Deus, deuses ou pela liberdade externa era uma busca pela nossa natureza real. Nós nos enganamos com a voz. Pensamos que ela vinha do fogo ou de um deus, do Sol, da Lua ou das estrelas. Mas, enfim, nós descobrimos que ela vinha de dentro de nós. Dentro de nós está a voz eterna falando da liberdade eterna; sua música toca por toda a eternidade. Parte dessa música da alma se tornou a Terra, a lei, este Universo; mas ela foi sempre nossa e sempre será.

Em uma palavra, o ideal do Vedanta é conhecer o homem como ele é e essa é sua mensagem: se você não pode cultuar seu irmão, o Deus manifesto, como você pode cultuar um Deus que não é manifesto? Vocês não lembram o que a Bíblia diz: "Se não pode amar seu irmão que você vê, como você pode amar Deus, que você não vê?" Se vocês não podem ver Deus na face humana, como podem vê-lo nas nuvens ou nas imagens feitas de matéria fraca e morta ou nas meras ficções do cérebro? Eu os chamo de religiosos desde o dia que vocês começam a ver Deus em homens e mulheres. Então você entenderá o que significa dar a face esquerda ao homem que bate na face direita. Quando você vê o homem como Deus, tudo, até o tigre, será bem-vindo. O que vem até nós é o Senhor, o eterno, o abençoado, aparecendo para nós de várias formas – como nosso pai, nossa mãe, amigo e filho. Eles são nossa alma brincando conosco.

Como nossos relacionamentos humanos podem ser desse modo divinos, então nosso relacionamento com Deus pode tomar qualquer uma dessas formas e podemos olhar para Ele como nosso pai, nossa, mãe, nosso amigo ou amado. Chamar Deus de mãe é um ideal mais elevado do que chamá-Lo de pai e chamá-Lo de amigo é ainda mais elevado, mas o mais elevado é considerá-Lo como o amado. A culminância de tudo é não ver qualquer diferença entre amante e amado. Vocês devem se lembrar, talvez, da velha história persa de como um amante apareceu e bateu à porta da amada, que perguntou "Quem é você?". Ele respondeu "Sou eu", e não houve resposta. Ele veio uma segunda vez e exclamou "Eu estou aqui", mas a porta não abriu. Ele veio uma terceira vez e uma voz perguntou de dentro "Quem está aí?" Ele respondeu "Eu sou tu, minha amada", e a porta abriu. Assim é a relação entre nós e Deus. Ele está em tudo e é tudo. Todo homem e toda mulher são o Deus vivo, alegre e palpável. Quem diz que Deus é desconhecido? Quem disse que devemos procurar por Ele? Nós conhecemos Deus por toda a eternidade. Nós vivemos n'Ele por toda a eternidade. Em todo lugar Ele é conhecido, cultuado para sempre.

Surge, então, outra idéia: que outras formas de cultos não estão erradas. Esse é um dos grandes pontos a ser lembrado: aqueles que cultuam Deus com cerimoniais e formas, por mais brutos que nós os consideremos, não estão errados. É uma jornada de verdade para verdade, da verdade inferior à superior. A escuridão significa menos luz; o mal significa menos bem; a impureza significa menos pureza. Deve ser sempre levado em conta que nós devemos ver os outros com olhos de amor, com simpatia, sabendo que eles vão pelo mesmo caminho por onde nós pisamos. Se vocês são livres, devem saber que tudo o mais será cedo ou tarde; se vocês são livres, como podem ver alguém na prisão? Se vocês são puros mesmo, como podem ver os impuros? Pois o que está dentro está fora. Nós não podemos ver a impureza sem tê-la dentro de nós.

Esse é um dos lados práticos do Vedanta e eu espero que nós todos tentemos levá-lo para nossas vidas. Nossa vida toda aqui é uma oportunidade para colocar isso em prática. Mas nosso maior ganho é que nós devemos trabalhar com satisfação e contentamento em vez de descontentamento e insatisfação; pois sabemos que a verdade está dentro de nós, nós a temos como nosso direito nato e devemos apenas manifestá-la e torná-la tangível.

De *Vedanta e Privilégio* (Proferido em Londres, 1896)

Há uma tela aqui e uma bela vista lá fora. Há um pequeno buraco na tela pelo qual nós podemos ver apenas um vislumbre dela. Suponha que esse buraco aumente, na medida em que cresce cada vez mais, mais da vista aparece e quando a tela desaparece, nós ficamos cara a cara com toda a vista. Esse cenário lá fora é a alma e a tela entre nós e a vista é *maya* – tempo, espaço e causalidade. Há um buraco pequeno em algum lugar, pelo qual eu posso ter apenas um vislumbre da alma. Com o buraco aumentando, eu vejo cada vez mais e, quando a tela desaparece, eu sei que eu sou a alma.

Então as mudanças no Universo não estão no Absoluto, mas na natureza. A natureza evolui cada vez mais até que o Absoluto se manifeste por completo. Ele existe em todos; em alguns é mais manifestado do que em outros. Todo o Universo é na verdade um só. Do ponto de vista da alma, dizer que um é superior ao outro é insignificante. Do mesmo ponto de vista, afirmar que o homem é superior ao animal ou à planta é insignificante. Nas plantas, o obstáculo à manifestação da alma é muito grande; nos animais, é um pouco menor; no homem, é ainda menor; em homens cultos e espirituais é menor ainda e em homens perfeitos ela desapareceu por completo. Todas as nossas lutas, exercícios, dores, prazeres, lágrimas e sorrisos – tudo que fazemos e pensamos – tendem a um objetivo: a retirada da tela ao fazer o buraco ficar maior, o adelgaçamento das camadas que permanecem entre a manifestação e a realidade por trás. Nosso trabalho, portanto, não é libertar a alma, mas nos livrarmos da prisão. O Sol é coberto por camadas de nuvens, mas permanece não afetado por elas. O trabalho do vento é afugentar as nuvens e, quando as nuvens desaparecem, a luz do Sol aparece. Não há mudança de qualquer tipo na alma – infinita, absoluta, conhecimento eterno, felicidade e existência.

Não pode ainda haver nascimento ou morte para a alma. Morrer e nascer, reencarnar e ir para o céu não se aplica à alma. Essas são aparências diferentes, miragens diferentes, sonhos diferentes. Se um homem que sonha com este mundo de agora, sonha com pensamentos e ações imorais, após certo tempo a lembrança daquele sonho produzirá o próximo sonho; ele sonhará que está em um lugar horrível, sendo torturado. O homem que sonha com bons pensamentos e boas ações, depois desse período de sonho, sonhará que ele está em um lugar melhor. E assim por diante, de sonho em sonho.

Mas chegará um tempo em que todo esse sonho desaparecerá. Para todos nós deve vir um tempo quando todo o Universo descobrirá ter estado em um sonho, quando nós descobriremos que a alma é infinitamente mais real do que seus arredores. Nessa luta pelo que chamamos nossos ambientes, surgirá um tempo em que nós descobriremos que esses ambientes eram quase o zero em comparação do poder da alma. É apenas questão de tempo, e tempo é nada comparado ao infinito. É uma gota no oceano. Nós podemos nos dar ao luxo de esperar e ficar calmos.

Consciente ou inconscientemente, portanto, o Universo segue em direção àquele objetivo. A Lua luta para sair da esfera de atração de outros corpos e sairá dela a longo prazo. Mas aqueles que se esforçam com consciência para ficarem livres encurtam o tempo. Um benefício prático dessa teoria, vamos ver, é que a idéia de um amor universal real é possível apenas desse ponto de vista. Todos são nossos companheiros de viagem. Todas as coisas vivas – plantas, animais e homens; não apenas meu irmão homem, mas meu irmão bruto, meu irmão planta; não apenas meu irmão, o homem bom, mas também meu irmão, o homem mau, meu irmão, o homem espiritual e meu irmão, o imoral – eles seguem para o mesmo objetivo. Todos estão no mesmo rio; cada um corre em direção àquela liberdade infinita. Nós não podemos parar o curso; ninguém pode pará-lo, ninguém pode voltar atrás, por mais que tente; ele será levado adiante e enfim alcançará a liberdade. O processo cósmico significa a luta para voltar à liberdade, o centro de nosso ser, de onde nós fomos expulsos, digamos. O fato de estarmos aqui mostra que nós vamos em direção ao centro e a manifestação dessa atração em direção ao centro é o que chamamos amor.

Uma pergunta é feita: de onde vem este Universo, onde ele permanece e para onde ele retorna? E a resposta é: ele vem do amor, permanece no amor e volta ao amor. Portanto, nós estamos em uma posição para entender que, quer queira quer não, não é retenção para ninguém. Todos devemos chegar ao centro, por mais que lutemos para ficar para trás. Mesmo se nós lutarmos com consciência, sabendo, o amor suavizará a passagem, diminuirá a disputa e adiantará o tempo.

Outra conclusão à qual chegamos é que todo conhecimento e todo poder estão dentro e não fora. O que chamamos de natureza é um vidro refletor, o único uso dela é refletir e todo conhecimento é esse reflexo do interno no vidro da natureza. O que chamamos de segredos da natureza e os poderes estão todos dentro. No mundo externo está apenas uma série de mudanças. Não há conhecimento na natureza, todo conhecimento vem da alma humana. O homem manifesta conhecimento – descobre-o dentro de si – que existiu pela eternidade. Todos são a personificação do conhecimento, todos são a personificação da felicidade eterna e a existência eterna.

O efeito dessa teoria é o mesmo, como já vimos em outro lugar, em relação à igualdade. A idéia de privilégio é a perdição da vida humana. Duas forças, por assim dizer, agem de maneira constante, uma fazendo castas e a outra quebrando castas; em outras palavras, uma fazendo privilégio e a outra quebrando o privilégio. Sempre que o privilégio for quebrado, mais luz e progresso aparecem para uma raça. Essa luta nós vemos ao redor de nós. É claro que há primeiro a idéia brutal do privilégio: do forte sobre o fraco. Esse é o privilégio da riqueza: se um homem tem mais dinheiro do que outro, ele quer um pouco de privilégio sobre aqueles que têm menos. Há ainda o privilégio mais sutil e poderoso do intelecto: por um homem conhecer mais do que outros, ele reivindica mais privilégio. E o último de todos, e pior, por ser o mais tirânico, é o privilégio da espiritualidade: se algumas pessoas pensam que sabem mais sobre espiritualidade, de Deus, eles reivindicam um privilégio sobre todos os outros; eles dizem "Cedam e nos cultuem, rebanho comum; nós somos os mensageiros de Deus e vocês devem nos cultuar."

Ninguém pode ser vedantista e ao mesmo tempo autorizar o privilégio para alguém, mental, físico ou espiritual. O mesmo poder está em todo homem, um manifestando mais, outro menos; a mesma potencialidade está em tudo. Onde, então, está a reivindicação ao privilégio? Todo conhecimento está em toda alma, até na mais ignorante; ele não o manifestou, mas talvez ele não tenha tido a oportunidade; seu ambiente não era, talvez, apropriado para ele; quando tiver oportunidade, ele a manifestará. A idéia de que um homem nasce superior a outro não tem significado no Vedanta, assim como não tem significado a idéia de que entre duas nações uma é superior e a outra inferior. Coloque-as nas mesmas circunstâncias e veja se a mesma inteligência aparece ou não. Antes disso, vocês não têm o direito de dizer que uma nação é superior à outra.

Assim como com a espiritualidade, nenhum privilégio deve ser reivindicado. É um privilégio servir à humanidade, pois esse é o culto de Deus. Deus está aqui em todas essas almas humanas. Ele é a alma do homem; que privilégio os homens podem pedir? Não há mensageiros especiais de Deus, nunca existiu e nunca existirá. Todos os seres, grandes ou pequenos, são manifestações iguais de Deus; a diferença está apenas no grau da manifestação. A mesma mensagem eterna, que foi enviada, chega a todos eles. A mensagem eterna foi escrita no coração de todo ser; ela já está lá e todos lutam para expressá-la. Alguns, em circunstâncias propícias, a expressam um pouco melhor do que outros; mas, como portadores da mensagem, eles são todos um só. Que reivindicação de superioridade existe? O homem mais ignorante, a criança mais ignorante é um mensageiro de Deus tão importante quanto qualquer outro que existiu e tão importante quando qualquer um que existirá. Pois a mensagem infinita está impressa para sempre no coração de todo ser. Onde tiver um ser, esse ser contém a mensagem infinita do Mais Elevado. Ela está lá.

A tarefa da *Advaita* [filosofia do não-dualismo], portanto, é quebrar todos esses privilégios. É o trabalho mais duro de todos e, o mais curioso, é que na sua terra natal a *Advaita* tem sido menos ativa do que em outros lugares. Se há alguma terra de privilégio é a terra onde nasceu essa filosofia – privilégio tanto para o homem espiritual como para o aristocrata. Na Índia não há muito o privilégio do dinheiro (esse é um dos benefícios, eu acho), mas o privilégio do nascimento e da espiritualidade está em todo lugar.

Uma vez, uma tentativa gigante foi feita na Índia para pregar a ética vedântica que foi bem-sucedida até certo ponto por vários séculos; e nós sabemos, pela História, que aqueles anos foram os melhores tempos para o país. Eu quero dizer a tentativa budista para quebrar o privilégio. Alguns dos mais lindos epítetos endereçados a Buda que eu lembro são: "Vós sois o transgressor das castas, o destruidor dos privilégios, pregador da igualdade a todos os seres." Ele pregou essa idéia da igualdade. Seu poder foi mal compreendido até certo ponto na irmandade dos Shramanas, na qual descobrimos que centenas de tentativas foram feitas para reuni-los em uma igreja, com superiores e inferiores. Você não pode considerar muito bem uma igreja quando conta às pessoas que elas são todas deuses. Um dos efeitos positivos do Vedanta foi a liberdade do pensamento religioso, que a Índia desfrutou durante toda sua história. É algo a se vangloriar que ela seja a terra onde nunca houve uma perseguição religiosa, onde se permite às pessoas a liberdade perfeita na religião.

Esse lado prático da moralidade vedântica é tão necessário hoje como sempre foi – mais necessário, talvez, do que sempre foi; pois toda essa reivindicação de privilégio foi muito intensificada com a ampliação de conhecimento. A idéia de Deus e do Demônio, ou *Ahura Mazda* e *Ahriman*, tem uma grande quantidade de poesia. A diferença entre Deus e o Demônio não está em nada, exceto em altruísmo e egoísmo. O Demônio conhece tanto quanto Deus, é tão poderoso quanto Deus, ele só não tem santidade: isso o faz Demônio. Aplique a mesma idéia ao mundo moderno: excesso de conhecimento e poder, sem santidade, tornam os seres humanos demônios. O poder tremendo é adquirido pelas máquinas e outros dispositivos e o privilégio é reivindicado hoje por aqueles no poder como nunca foi reivindicado na história do mundo. É por isso que o Vedanta quer pregar contra isso, quebrar essa tirania sobre as almas dos homens.

Aqueles de vocês que estudaram o *Gita* lembrarão as passagens memoráveis: "Ele que olha com respeito o brâmane douto, a vaca, o elefante, o cachorro ou aquele expulso da casta, com o mesmo olho, ele na verdade é o homem instruído e sábio. Até nessa vida ele conquistou uma existência relativa cuja mente está fixa com firmeza na identidade; pois o Senhor é único e o mesmo para todos e o Senhor é puro. Portanto, aqueles que sentem essa identidade por todos e são puros vivem em Deus." Essa é a essência da moralidade vedântica, essa identidade por tudo. Nós vimos que esse é o mundo subjetivo que governa o objetivo. Mude o sujeito e o objeto está determinado a mudar; purifique-se e o mundo está determinado a ser purificado. Isso precisa ser mais ensinado agora do que já foi antes. Nós estamos ficando cada vez mais ocupados com nossos vizinhos e cada vez menos conosco. O mundo mudará se nós mudarmos; se somos puros, o mundo se tornará puro. A questão é por que eu devo ver o mal nos outros. Eu não posso ver o mal a não ser que eu seja mal. Eu não posso ser infeliz a menos que eu seja fraco. As coisas que me faziam infeliz quando eu era criança não fazem isso agora. O sujeito mudou e assim o objeto está determinado a mudar – assim diz o Vedanta. Nós deveremos rir de todas essas coisas que chamamos causas de infelicidade e mal quando chegarmos ao maravilhoso estado da igualdade, da identidade.

Isso é o que é chamado no Vedanta de alcançar a liberdade. O sinal da aproximação da liberdade é a percepção cada vez maior dessa identidade e igualdade. A mesma na infelicidade e na felicidade, a mesma no sucesso e no fracasso – essa é a mente perto do estado de liberdade.

Mas a mente não pode ser conquistada de uma maneira fácil. As mentes que ascendem em ondas com a aproximação de cada pequena coisa, na menor provocação ou perigo, em que estado elas devem estar! Como falar de grandiosidade ou espiritualidade quando essas mudanças vêm à nossa mente? Essa condição instável da mente deve mudar. Nós devemos nos perguntar quanto podemos ser influenciados pelo mundo externo e quanto nós podemos ficar de pé apesar de todas as forças fora de nós. Quando nós formos bem-sucedidos em impedir que todas as forças no mundo nos tirem de nosso equilíbrio, só então teremos alcançado a liberdade, e não antes. Isso é salvação. Ela acontece aqui e em nenhum outro lugar, neste exato momento.

Fora dessa idéia, fora dessa nascente, duas lindas correntes de pensamento fluíram no mundo, em geral mal compreendidas em sua expressão, contradizendo uma a outra na aparência. Nós encontramos inúmeras almas espirituais maravilhosas e corajosas, em todas as nações, entrando em cavernas ou florestas para meditar, rompendo sua conexão com o mundo exterior. Essa é uma idéia. Por outro lado, nós encontramos seres brilhantes e ilustres aparecendo na sociedade, tentando elevar seus companheiros, os pobres, os infelizes. Aparentemente, esses dois métodos são contraditórios. O homem que vive em uma caverna, separado de seus companheiros, sorri com desdém daqueles que trabalham pela regeneração dos outros. "Como são todos!" diz ele. "Que trabalho há para fazer? O mundo de maya sempre lembrará o mundo de maya; ele não pode mudar."

Se eu perguntar a um de nossos sacerdotes na Índia "Você acredita no Vedanta?" ele dirá: "Essa é minha religião, acredito com certeza. Essa é minha vida." "Muito bem, você admite a igualdade de todas as vidas, a identidade de tudo?" "Com certeza, sim." No momento seguinte, quando um homem de uma casta inferior se aproxima desse sacerdote, ele corre para o outro lado da rua para evitar esse homem. "Por que você correu?" "Por que até o toque dele pode me contaminar." "Mas você estava dizendo agora mesmo que somos todos iguais e que você admite não haver diferença entre as almas." Ele diz, "Oh, isso não se aplica a chefes de família; quando me tornar monge, então eu olharei para todos como iguais." Vocês perguntem a um dos grandes homens da Inglaterra, ricos e bem-nascidos, se ele acredita, como um cristão, na fraternidade da humanidade, visto que todos vieram de Deus. Ele responderá na afirmativa, mas em cinco minutos gritará algo indelicado sobre o populacho. Portanto, ela foi teoria por vários milhares de anos e nunca foi levada à prática. Todos a entendem, consideram-na verdade, mas quando você pede a eles para praticá-la, eles dizem que isso demorará milhões de anos.

Havia certo rei que tinha um grande número de cortesãos e cada um deles declarou que estava pronto a sacrificar sua vida por seu mestre e que ele era o ser mais sincero que já existiu. No decorrer do tempo, um *sannyasin* aproximou-se do rei. O rei disse a ele que nunca houve um rei que tivesse cortesãos tão sinceros como ele tinha. O *sannyasin* sorriu e disse não acreditar nisso. O rei disse que ele podia testar se quisesse. Então o *sannyasin* declarou que faria um grande sacrifício pelo qual o reinado do rei duraria muito tempo; como um acessório do sacrifício, ele queria um pequeno lago no qual, na escuridão da noite, cada um de seus cortesãos deveria derramar um jarro de leite. O rei sorriu e disse: "É esse o teste?" Ele pediu a seus cortesãos que se aproximassem dele e contou-lhes o que era para ser feito. Todos expressaram seu alegre consentimento à proposta e voltaram. Nas altas horas da noite, vieram e esvaziaram seus jarros no tanque. Mas, pela manhã, encontraram-no cheio apenas de água. Os cortesãos foram reunidos e questionados sobre o assunto. Cada um deles pensou que haveria tantos jarros de leite que sua água não seria detectada. Infelizmente a, maioria de nós tem a mesma idéia e nós fazemos a nossa parte como fizeram os cortesãos na história.

Há tanta conversa sobre igualdade, diz o sacerdote, que meu pequeno privilégio não será detectado. Assim também falam nossos homens ricos; assim falam os tiranos de todos países. Há mais esperança para os tiranizados do que para os tiranos. Demorará muito tempo para que os tiranos atinjam a liberdade, mas menos tempo para os outros. A crueldade da raposa é muito mais terrível do que a crueldade do leão. O leão dá um golpe e fica quieto por algum tempo depois, mas a raposa, perseguindo com persistência sua presa, nunca perde uma oportunidade de acossá-la. O sacerdócio é por natureza cruel e sem coração. Essa é razão pela qual a religião se deteriora quando surge o sacerdócio. O Vedanta diz que nós devemos desistir da idéia do privilégio, e então a religião virá. Antes disso, não há religião.

Vocês aceitam o que Cristo diz? "Vai, vende tudo o que tens e dá aos pobres." A igualdade prática – não tentar torturar os textos, mas tomando a verdade como ela é. Não tente torturando os textos. Eu ouvi dizer que isso era pregado apenas ao punhado de judeus que ouviam Jesus. O mesmo argumento também se aplica a outras coisas. Não torture os textos. Ouse encarar a verdade como ela é. Se nós não podemos alcançá-la, confessemos nossa fraqueza, mas não destruamos o ideal. Esperemos alcançá-lo algum dia e vamos nos esforçar para isso. Lá está: "Vende tudo que tens, dá aos pobres e sigas-me." Desse modo, pisando em todo privilégio e tudo em nós que age pelo privilégio, vamos trabalhar por aquele conhecimento que trará o sentimento de identidade em relação a toda a humanidade. Vocês pensam que, por usarem uma linguagem mais polida, são superiores ao homem na rua. Lembrem-se que, quando pensam nisso, vocês não estão indo em direção à liberdade, mas forjando uma nova corrente para seus pés. E acima de tudo, se o orgulho da espiritualidade entrar em vocês, ai de vocês. É a prisão mais terrível que já existiu. Nem a riqueza ou qualquer outra prisão do coração humano pode prender a alma desse jeito. "Eu sou mais puro que os outros" é a idéia mais terrível que pode entrar no coração. Em que sentido vocês são puros? O Deus em vocês é o Deus em todos. Se vocês não sabem disso, nada sabem. Como pode haver diferença? É tudo uma coisa só. Todo ser é o templo do Mais Elevado, se vocês podem ver isso, bom; se não, a espiritualidade ainda vai chegar para vocês.

Swami Vivekananda, São Francisco, 1900.

4

Grandes Professores Espirituais do Mundo

Os Grandes Professores do Mundo
(Proferido no Shakespeare Club, Pasadena, Califórnia, 3 de fevereiro de 1900)

    O Universo, de acordo com a teoria filosófica dos hindus, move-se em ciclos de ondas. Ele ascende, alcança seu zênite, cai e permanece em uma depressão, digamos assim, por algum tempo. Mais uma vez ascende e assim por diante, onda após onda. O que é verdadeiro no Universo é verdadeiro em toda parte dele. A marcha dos assuntos humanos é assim, a história das nações é assim: ascendem e caem. Após a ascensão vem uma queda; de novo, depois da queda vem uma ascensão, com um poder maior. Esse movimento acontece sempre.
    No mundo religioso existe o mesmo movimento. Na vida espiritual de toda nação há uma queda e uma ascensão. A nação decai e tudo parece se despedaçar. Então, ela ganha força de novo e ascende. Vem uma onda enorme – às vezes uma grande onda e sempre na crista dessa onda está uma alma brilhante, um mensageiro. Ora criador ora criado, ele é o ímpeto que faz a onda subir, a nação ascender; ao mesmo tempo, ele é criado pelas mesmas forças que fazem a onda, ora agindo ora interagindo. Ele exerce um poder tremendo sobre a sociedade e a sociedade faz dele o que ele é. Esses são os grandes pensadores mundiais, esses são os profetas, os mensageiros, as encarnações de Deus.
    Os homens têm uma idéia de que pode haver apenas uma religião, que só pode haver um profeta, que pode haver apenas uma encarnação, mas essa idéia não é verdadeira. Estudando-se as vidas de todos esses grandes mensageiros, descobrimos que cada um estava destinado a desempenhar um papel, a harmonia consiste na soma total e não em uma

nota. Acontece o mesmo na vida das raças: nenhuma raça nasce para desfrutar do mundo sozinha. Ninguém ousa dizer isso. Cada raça tem um papel para desempenhar nessa harmonia divina das nações, cada raça tem sua missão para cumprir, sua tarefa para completar. A soma total é a grande harmonia.

Então, nenhum desses profetas nasceu para governar o mundo para sempre. Nenhum ainda foi bem sucedido e nenhum o será no futuro. Cada um apenas contribui com uma parte e ele controlará o mundo e seus destinos no concernente a essa parte.

Muitos de nós nascemos acreditando em um Deus pessoal. Nós falamos de princípios, pensamos em teorias e está tudo bem, mas todo pensamento e todo movimento, todas as nossas ações, mostram que nós só podemos entender um princípio quando ele nos é passado por uma pessoa. Nós só podemos compreender uma idéia quando ela nos é transmitida por uma pessoa ideal concreta. Nós só podemos entender o preceito pelo exemplo. Quisera Deus que todos nós fôssemos tão desenvolvidos que não precisássemos de qualquer exemplo, não precisássemos de qualquer pessoa. Mas não somos assim e é claro que a vasta maioria da humanidade colocou suas almas aos pés dessas personalidades extraordinárias, os profetas, as encarnações de Deus – encarnações cultuadas pelos cristãos, pelos budistas e pelos hindus. Os muçulmanos, desde o início, declararam-se contra quaisquer desses cultos. Eles não teriam nada a ver com cultuar os profetas ou mensageiros, ou prestar qualquer homenagem a eles, mas, na prática, em vez de um profeta, milhares e milhares de santos são cultuados. Nós não podemos ir contra os fatos. Nós tendemos a cultuar personalidades e isso é bom. Lembre a resposta de seu grande profeta à oração "Senhor, mostrai-nos o Pai" – "Aquele que me viu, viu o Pai." Quais de nós pode ter uma idéia melhor de Deus do que a que ele pode ser um homem? Nós podemos vê-lo apenas na humanidade e por ela. A vibração de luz está em todo lugar nesta sala, por que não podemos vê-la em todo lugar? Vocês podem vê-la apenas na lâmpada. Deus é um princípio onipresente – está em todo lugar –, mas nós somos constituídos de uma maneira que no presente nós podemos vê-lo, senti-lo, apenas por intermédio de um Deus humano.

Quando essas grandes luzes aparecem, o homem percebe Deus. E elas vêm de um caminho diferente daquele que nós viemos. Nós viemos como mendigos, elas vieram como imperadores. Nós viemos aqui como órfãos, como pessoas que perderam seu caminho e não sabem disso. O que devemos fazer? Nós não sabemos qual o significado de nossas vidas. Nós não podemos percebê-lo. Hoje fazemos uma coisa, amanhã outra. Nós somos como pequenos pedaços de palha flutuando de um lado para o outro na água, como plumas espalhadas em um furacão. Mas na história da humanidade você descobrirá que esses mensageiros aparecem e que, desde seu nascimento, sua missão é estabelecida e planejada. O plano todo está lá, formulado, e você não os vê desviar nem um centímetro dele.

Porque eles vêm com uma missão, vêm com uma mensagem. Eles não querem justificar. Vocês já ouviram ou leram esses grandes professores ou profetas justificarem o que ensinaram? Não, nenhum deles fez isso. Eles falam diretamente. Por que deveriam justificar? Eles vêem a verdade. E não apenas vêem, mas também mostram. Se vocês me perguntarem "Existe um Deus?" e eu disser "Sim", vocês vão perguntar de imediato minhas justificativas para dizer isso e pobre de mim que tenho de exercitar todos meus poderes para fornecer-lhes uma justificativa. Se vocês procurassem Cristo e dissessem "Existe um Deus?", ele teria respondido "Sim" e se vocês perguntassem "Existe alguma prova?", ele teria respondido "Contempla o Senhor!" E desse modo, essa é uma percepção direta e não o raciocínio da lógica. Não há um tatear no escuro, mas sim a força da visão direta. Eu vejo esta mesa, nenhuma quantia de razão pode tirar essa fé de mim. É uma percepção direta. Assim é sua fé – fé em seus ideais, fé em sua missão, acima de tudo fé neles mesmos. Os grandes iluminados acreditam em si mesmo como ninguém mais acreditaria.

As pessoas dizem, "Você acredita em Deus? Você acredita em uma vida futura? Você acredita nessa doutrina ou naquele dogma?" Mas aqui a base é querer essa crença em si mesmo. Oh! O homem que não pode acreditar nele mesmo, como se pode esperar que ele acredite em qualquer outra coisa? Eu não tenho certeza da minha própria existência. Em um momento eu acho que existo e nada pode me destruir, no momento seguinte eu tremo de medo da morte. Em um minuto, eu acho que sou imortal, no minuto seguinte um fantasma aparece e eu não sei o que sou ou onde estou. Eu não sei se estou vivo ou morto. Em um momento eu acho que sou espiritual, que sou moral, e no momento seguinte, um golpe é dado e eu sou jogado de costas no chão. E por quê? Eu perdi a fé em mim mesmo, minha espinha moral está quebrada.

Mas nesses grandes professores vocês sempre encontrarão esse sinal: que eles têm uma fé intensa em si mesmos. Essa fé intensa é única e nós não podemos entendê-la. Isso porque tentamos explicar de várias maneiras o que esses professores falam de si mesmos e as pessoas inventam vinte mil teorias para explicar o que eles dizem sobre sua percepção. Não pensamos sobre nós da mesma maneira e não podemos entendê-los.

Então, de novo, quando eles falam, o mundo está determinado a escutar. Quando eles falam, cada palavra é direta, ela explode como uma granada. O que há na palavra a não ser que ela tenha esse poder por trás? O que importa qual língua você fala e como você arranja sua linguagem? O que importa se você fala ou não com gramática correta e ótima retórica? O que importa se sua linguagem é ornamental ou não? A questão não é se você tem ou não algo para dar. É uma questão de dar e receber, não de ouvir. Você tem algo para dar? – essa é a primeira questão. Se você tiver, então dê. As palavras apenas propagam a dádiva, elas são apenas um dos muitos modos de fazê-lo.

Às vezes, eles não falam. Há um velho verso sânscrito que diz "Eu vi o professor sentado sob uma árvore. Ele era um jovem de dezesseis anos e o discípulo era um velho de oitenta. A pregação do professor era em silêncio e as dúvidas do cético, dissipadas." Desse modo, embora eles não falem, ainda assim podem transmitir a verdade de mente para mente. Eles vêem para dar. Eles comandam – eles, os mensageiros, você deve obedecer. Vocês não se lembram em suas escrituras da autoridade com a qual Jesus fala? "Ide, portanto, fazei discípulos de todas as nações... Ensinando-os a observar todas as coisas para as quais eu os comandei." Essa fé tremenda em sua própria mensagem percorre todas as suas declarações; fé essa que você encontra na vida de todos esses grandes gigantes que o mundo culta como seus profetas.

Esses grandes professores são os deuses vivos nesta terra. Quem mais deveríamos cultuar? Eu tento ter uma idéia de Deus na minha mente e descubro que falsidade eu concebo, seria pecado cultuar isso como Deus. Eu abro meus olhos e olho para a vida real dessas pessoas importantes da Terra. Eles são superiores a qualquer conceito de Deus que eu poderia formar. Pois que idéia de misericórdia pode ser formada por um homem como eu, que perseguiria um homem se ele roubasse qualquer coisa de mim e o mandaria para a cadeia? E qual pode ser a minha idéia mais elevada de perdão? Nada além de mim mesmo. Quais de vocês podem pular para fora de seu próprio corpo? Quais de vocês podem pular para fora de sua própria mente? Nenhum de vocês. Que idéia de amor divino vocês podem formular a não ser aquela que vocês sentem? Não podemos formular idéia alguma sobre o que nunca experimentamos. Então, todas as minhas melhores tentativas em formular uma idéia de Deus falharão em qualquer caso. E aqui são fatos simples e não idéias – fatos reais de amor, misericórdia, pureza, os quais eu não posso nem conceber. É de admirar que eu caia aos pés desses homens e os cultue como Deus? E o que mais alguém pode fazer? Eu gostaria de ver o homem que pode fazer qualquer coisa, por mais que ele fale. Falar não é realidade. Falar sobre Deus e o impessoal, isso e aquilo, é tudo muito bom, mas esses homens-deuses são os deuses reais de todas as nações e raças. Esses homens divinos foram e serão cultuados enquanto o homem for homem. Nisso está nossa fé, nisso está nossa esperança. Para que serve um mero princípio místico?

O propósito e a intenção do que eu disse a vocês é este: que eu achei possível na minha vida cultuar todos eles e estar pronto para todos que ainda estão por vir. Uma mãe reconhece seu filho em qualquer roupa que ele possa usar diante dela e, se ela não faz isso, estou certo de que ela não é a sua mãe. Agora, quanto àqueles de vocês que acreditam entender a verdade, a divindade e Deus em apenas um profeta no mundo e não em outro, a conclusão à qual eu chego é que vocês não entendem a divindade em quem quer que seja, vocês apenas engoliram palavras e identificaram-se com uma seita, como vocês fariam com partidos políticos, como uma questão de opinião.

Mas isso não é religião. Há alguns tolos neste mundo que usam água salgada, embora haja água doce perto, porque, dizem eles, o poço de água salgada foi cavado por seu pai. Agora, em minha pouca experiência, eu reuni esse conhecimento: que por toda a diabrura pela qual a religião é culpada, a religião não é minha culpa. Nenhuma religião jamais perseguiu homens, nenhuma religião jamais queimou bruxas, nenhuma religião fez qualquer uma dessas coisas. O que então incitava as pessoas a fazer isso? A política, mas nunca a religião, e se essa política toma o nome da religião, de quem é a culpa por isso?

Então, quando cada homem se levanta e diz "Meu profeta é o único profeta verdadeiro," ele não está certo, ele não conhece o ABC da religião. A religião não é nem conversa, nem teoria, nem consenso intelectual. É a percepção, em nosso coração de corações, é tocar Deus, é sentir, perceber que eu sou um espírito relacionado ao espírito universal e todas as suas grandes manifestações. Se você entrou de verdade na casa do Pai, como você pode ter visto seus filhos e não os conheceu? E se você não os reconheceu, você não entrou na casa do Pai. A mãe reconhece seu filho vestido em qualquer roupa e o conhece mesmo disfarçado. Reconheçam todos os grandes homens e mulheres espirituais em toda idade e país e vejam que eles não brigam uns com os outros. Onde quer que haja religião verdadeira – esse toque do divino, a alma entrando em contato direto com o divino – sempre haverá uma ampliação da mente que a possibilitará ver a luz em todo lugar.

Lado a lado com a teoria moderna da evolução, há outra coisa: atavismo. Há uma tendência em nós para retroceder às idéias antigas na religião. Pensemos em algo novo, mesmo que esteja errado. É melhor fazer isso. Por que nós não tentamos acertar o alvo? Nós ficamos mais sábios com os fracassos. O tempo é infinito. Olhem para a parede. A parede já contou uma mentira? Ela é sempre a parede. O homem conta uma mentira – e torna-se um deus também. É melhor fazer alguma coisa, não ligue se isso se provar errado. É melhor do que não fazer nada. A vaca nunca conta uma mentira, mas permanece uma vaca o tempo todo. Façam algo. Pensem em algo, não importa se vocês estão certos ou errados. Mas pensem em algo. Porque meus ancestrais não pensavam desse modo, eu devo me sentir quieto e aos poucos perder meu sentido do tato e minha capacidade de pensamento? Eu posso estar morto. E o que a vida vale se não tivermos idéias vivas, nenhuma convicção nossa sobre a religião? Há alguma esperança para os ateus, porque embora eles difiram dos outros, eles pensam por si mesmos. As pessoas que nunca pensam nada por si mesmas ainda não nasceram para o mundo da religião, elas têm uma mera existência molenga. Elas não pensarão, não se importarão com a religião. Mas o descrente, o ateu, importa-se e ele luta. Então, pensem em algo. Lutem para Deus. Não se importem se falharem, não se importem se vocês chegarem a uma teoria estranha. Se vocês estão com medo de serem chamados de estranhos, mantenham essa teoria na cabeça, vocês não precisam sair e pregar aos outros. Mas façam algo. Lutem para Deus. A luz surgirá. Se um homem me alimenta todos os dias da minha vida, a longo prazo eu perderei o uso das minhas mãos. A morte espiritual é o resultado de seguir os outros como se estivesse em um rebanho de ovelhas. A morte é o resultado da inação. Sejam ativos, e onde quer que haja atividade, deve haver diferença. A diferença é o molho da vida, é a beleza, a arte de tudo: ela torna todos lindos aqui. A variedade é que é a fonte da vida, o signo da vida. Por que deveríamos ter medo dela?

Agora, chegamos a uma posição de entender os profetas. Vemos que a evidência histórica é – à parte a aceitação passiva de dogmas – a de que onde há qualquer pensamento real, qualquer amor de Deus, a alma cresce em direção a Ele e consegue, digamos, um vislumbre em alguns momentos, alcançando a percepção direta, mesmo que por um segundo, até mesmo uma vez na vida. De imediato "todas as dúvidas desaparecem, para sempre, toda a deformidade do coração é arrumada, toda a prisão desaparece e os resultados das ações passadas escapam, pois aquele que é visto é o mais próximo do próximo e o mais distante do distante." Isso é religião, isso é tudo da religião. O resto é mera teoria, dogma, tantos caminhos para chegar àquele estado da percepção direta. Agora nós lutamos pela cesta e as frutas caíram no fosso.

Se dois homens discutem sobre religião, apenas faça a eles a pergunta: "Vocês viram Deus? Vocês viram coisas espirituais?" Um homem diz que Cristo é o único profeta. Bem, ele viu Cristo? "Seu pai o viu?" "Não, senhor." "Seu avô o viu?" "Não, senhor." "Você o viu?" "Não, senhor." "Então por que vocês estão discutindo? As frutas caíram no fosso e vocês estão brigando pela cesta!" Homens e mulheres sensíveis deveriam se envergonhar de discutir desse jeito.

Esses mensageiros e profetas eram ótimos e verdadeiros. Por quê? Porque cada um veio pregar uma grande idéia. Veja os profetas da Índia, por exemplo. Eles são os mais antigos fundadores da religião. Nós temos, primeiro, *Krishna*. Vocês que leram o *Gita* sabem que uma idéia que permeia o livro é a independência. Fique independente. O amor do coração é para apenas um. Para quem? Para aquele que nunca muda. Quem é esse? Ele é Deus. Não cometa o erro de dar o coração a qualquer coisa que muda, porque isso é a infelicidade. Você pode dá-lo a um homem, mas se ele morre, o resultado é a infelicidade. Você pode dá-lo a um amigo, mas amanhã ele pode tornar-se seu inimigo. Você pode dá-lo a seu marido, mas ele pode um dia brigar com você. Você pode dá-lo à sua esposa, e ela pode morrer depois de amanhã. Agora, isso é o que acontece no mundo. Assim diz *Krishna* no *Gita*. O Senhor é o único que nunca muda. Seu amor nunca falha. Onde quer que estejamos e o que quer que façamos, ele será sempre o mesmo espírito misericordioso e amoroso. Ele nunca muda, ele nunca se zanga com o que quer que nós fizermos.

Como Deus pode zangar-se conosco? Seu bebê faz coisas erradas: você se zanga com seu bebê? Deus não sabe o que seremos? Ele sabe que nós todos seremos perfeitos cedo ou tarde. Ele tem paciência, uma paciência infinita. Nós devemos amá-lo e todos vivem apenas n'Ele e por Ele. Essa é a idéia principal. Você deve amar sua esposa, mas não pelo amor de sua esposa. "Nunca, ó amado, é o marido amado por causa do marido, mas porque o Senhor está no marido." A filosofia do Vedanta diz que até no amor de marido e mulher, embora a mulher pense que ela ama o marido, a atração real é o Senhor, que está presente nele. Ele é a única atração, não há outra. Mas a mulher, em muitos casos, não sabe disso, e mesmo sem saber ela faz a coisa certa, que é amar o Senhor. Só que, quando alguém o faz sem saber, isso pode trazer dor. Se alguém o fizer sabendo, essa é a salvação. Isso é o que dizem nossas escrituras. Onde estiver o amor, onde estiver uma centelha de alegria, saiba que isso é uma centelha de Sua presença, porque Ele é alegria, benção e amor. Sem Ele não pode existir amor.

Essa é a tendência da instrução de *Krishna* durante todo o livro. Ele implantou isso em sua raça, portanto, quando um hindu faz qualquer coisa, até quando bebe água, ele diz "Se há virtude nisso, deixe ir ao Senhor". O budista diz, se ele faz alguma boa ação "Deixe o mérito da boa ação pertencer ao mundo, se há alguma virtude no que eu faço, deixe ir ao mundo e deixe os males do mundo virem a mim." O hindu – Ele é o grande crente em Deus – o hindu diz que Deus é onipotente e que ele é a alma de todas as almas em todo lugar. Ele diz "Se eu der todas as minhas virtudes para Ele, esse é o maior sacrifício, e elas irão para todo o Universo."

Agora, essa é uma mensagem. E qual é a outra mensagem de Krishna? "Quem vive no meio do mundo, e trabalha, entregando todos os frutos de sua ação para o Senhor, nunca será tocado pelos males do mundo. O lótus, nascido sob a água, emerge e desabrocha sobre a água, assim como o homem comprometido com as atividades do mundo, entregando todos os frutos de suas atividades para o Senhor."

Krishna ainda diz outra coisa como um professor de atividade intensa. Trabalhe, trabalhe, dia e noite, diz o *Gita*. Você pode perguntar: "Então onde está a paz? Se durante toda a minha vida eu devo trabalhar como um burro de carga e fazer isso até morrer, para que estou aqui?" *Krishna* diz: "Sim, você encontrará a paz. Fugir do trabalho nunca é a maneira de encontrar a paz." Livre-se de suas obrigações se puder e vá ao topo de uma montanha, até mesmo lá a mente continua a trabalhar – girando, girando, girando. Alguém perguntou a um *sannyasin*: "Senhor, você encontrou um lugar agradável? Quantos anos você viajou pelo Himalaia?" "Por 40 anos", respondeu o *sannyasin*. "Há lugares muito bonitos para escolher e se instalar, por que você não fez isso?" "Porque durante nesses 40 anos minha mente não me deixou fazer isso." Nós todos diremos "Vamos encontrar a paz", mas a mente não nos deixará fazer isso.

Vocês conhecem a história do homem que capturou um tártaro. Um soldado estava fora da cidade e gritou, quando chegou perto das tendas, "Eu capturei um tártaro." Uma voz falou "Traga-o." "Ele não quer entrar, senhor." "Então entre você." "Ele não me deixa entrar, senhor!" Então, na nossa mente, nós "capturamos um tártaro": nós não podemos nem nos acalmar nem ela nos deixará ficar calmos. Nós todos "capturamos tártaros". Nós todos diremos: fique quieto e calma e tal. Mas todo bebê pode dizer isso e pensar que pode ficar. Porém, isso é muito difícil. Eu tentei. Eu abandonei minhas obrigações e fugi para os topos das montanhas, eu vivi em cavernas e densas florestas, mas mesmo assim, eu "capturei um tártaro", porque eu tinha o meu mundo comigo o tempo todo. O "tártaro" é o que eu tenho na minha cabeça, então nós não devemos culpar as pobres pessoas. "Essas circunstâncias são boas e essas são más", assim dizemos, enquanto o "tártaro" está aqui dentro. Se nós o acalmarmos, ficaremos bem.

Portanto, *Krishna* ensina-nos a não nos esquivarmos das nossas obrigações, mas encará-las com coragem, não pensando no resultado. O servo não tem direito de questionar. O soldado não tem direito de discutir. Siga em frente e não preste muita atenção à natureza do trabalho que você deve realizar. Pergunte à sua mente se você é altruísta. Se você for, não se importe com nada, nada resiste a você. Mergulhe de cabeça. Pegue a obrigação pela mão. E quando fizer isso, aos poucos você perceberá a verdade: "Quem estiver no meio de uma atividade intensa encontra uma paz intensa, quem estiver no meio da maior paz encontra a maior atividade, ele é um *yogue*, ele é uma grande alma, ele atingiu a perfeição."

Agora vocês podem ver que o resultado de seu ensinamento é que todas as obrigações do mundo são santificadas. Não há obrigação neste mundo que temos direito de considerar sem interesse e o trabalho de cada homem é tão bom quanto o do imperador em seu trono.

Ouçam a mensagem de Buda – uma mensagem tremenda. Ela tem um lugar no nosso coração. Buda diz: extirpe todo o egoísmo e tudo que o faz egoísta. Não tenha esposa, filho, nem família. Não seja do mundo, torne-se altruísta. Um homem mundano pensa que ele será altruísta, mas quando ele olha no rosto de sua esposa, fica egoísta. A mãe pensa que ela será altruísta, mas ela olha para seu bebê e se torna egoísta. Assim é com tudo neste mundo. Enquanto desejos egoístas aparecerem no homem, enquanto ele perseguir algum propósito egoísta, o homem real desaparece de imediato, ele torna-se como um bruto, ele é um escravo, esquece seus companheiros. Ele não diz mais "Você antes de mim", mas sim "Eu primeiro e deixe todos os outros cuidarem de si."

Nós descobrimos que a mensagem de *Krishna* tem um lugar para nós. Sem aquela mensagem, nós não podemos nos mover. Nós não podemos com consciência e com paz, alegria e felicidade começar qualquer obrigação de nossas vidas sem ouvir a mensagem de *Krishna*: "Não tenha medo mesmo se houver mal em seu trabalho, pois não há trabalho que não tenha mal." "Deixe-o para o Senhor e não se preocupe com os resultados."

Por outro lado, há um canto no coração para a outra mensagem: o tempo voa. Esse mundo é finito e tudo é miséria. Com sua boa comida, suas roupas boas e sua casa confortável, Ó homem e mulher adormecidos, vocês pensam nos milhões que passam fome e morrem? Pensem no grande fato de que é tudo miséria, miséria, miséria! Note a primeira fala de uma criança: quando ela chega ao mundo, ela chora. Esse é o fato: a criança chora. Esse é um lugar para choro. Se ouvirmos Buda, não seremos egoístas.

Veja outra mensagem, daquele de Nazaré. Ele ensina: "Esteja pronto, pois o reino dos céus está próximo." Eu ponderei sobre a mensagem de *Krishna* e estou tentando trabalhar sem dependência, mas às vezes eu esqueço. Então, de repente, vem a mim a mensagem de Buda: "Cuidado, pois tudo no mundo é evanescente e sempre há miséria nesta vida." Eu ouço isso e não sei qual aceito. Então vem de novo a mensagem, como um raio: "Esteja pronto, pois o reino dos céus está próximo. Não atrase um momento. Nada deixe para amanhã. Esteja pronto para esse evento final, que pode surpreendê-lo de imediato, até mesmo agora." Essa mensagem também tem um lugar e nós o reconhecemos. Nós saudamos o Cristo, nós saudamos o Senhor.

Então vem Maomé, o mensageiro da igualdade. Maomé foi o profeta da igualdade, da fraternidade do homem, a fraternidade de todos os muçulmanos.

Nós vemos que cada profeta, cada mensageiro tem uma mensagem particular. Quando você ouve primeiro essa mensagem e depois olha para sua vida, você vê sua vida inteira ser explicada, radiante.

Agora, tolos ignorantes começam 20 mil teorias e apresentam, de acordo com seu próprio desenvolvimento mental, explicações para satisfazer suas idéias e as atribui a esses grandes professores. Eles pegam seus ensinamentos e fazem uma má interpretação delas. Com todo grande profeta, sua vida é o único comentário. Veja essa vida: o que ele fez irá corroborar os textos. Leia o *Gita* e você descobrirá que ele nasceu da vida do professor.

Maomé, com sua vida, mostrou que entre os muçulmanos deveria haver igualdade e fraternidade perfeitas. Não há questão de raça, casta, credo, cor ou sexo. O sultão da Turquia pode comprar um negro do mercado da África e levá-lo acorrentado para a Turquia, mas se ele se tornar muçulmano e tiver mérito e habilidades suficientes, ele pode até se casar com a filha do sultão. Compare isso à maneira com que os negros e os índios americanos são tratados nesse país. O que fazem os hindus? Se um de nossos missionários por acaso tocar a comida de uma pessoa ortodoxa, ele a jogará fora. Apesar da nossa grande filosofia, vocês notam nossa fraqueza na prática, mas vejam a grandiosidade do Islã além das outras fés, mostrando-se em igualdade, igualdade perfeita, não importando a raça ou a cor.

Virão outros e maiores profetas? Com certeza eles virão a este mundo. Mas não anseie por isso. Eu gostaria que cada um de vocês se tornasse um profeta desse Novo Testamento real, que é feito com todos os Antigos Testamentos. Pegue todas as mensagens antigas, junte a elas suas próprias percepções e torne-se um profeta. Cada um desses professores foi grande, cada um deixou algo para nós. Eles foram nossos Deuses. Nós os saudamos, nós somos seus servos. E ao mesmo tempo nós nos saudamos, pois se eles foram profetas e filhos de Deus, nós somos profetas também. Eles alcançaram a perfeição e nós vamos alcançar a nossa agora. Lembrem-se das palavras de Jesus: "O reino dos céus está próximo". Esse momento permite-nos fazer uma resolução firme: "Eu serei um profeta, eu serei um mensageiro da luz, eu serei um filho de Deus, mais ainda, eu serei Deus."

Cristo, o Mensageiro
(Proferido em Los Angeles, Califórnia, 1900)

Uma onda cresce no oceano e depois há um vazio. De novo outra onda cresce, talvez maior que a primeira, apenas para quebrar de novo e de novo cresce, avançando. Da mesma maneira, com o tempo, nós notamos a mesma ascensão e queda, mas em geral nós olhamos para a ascensão, esquecemos da queda. Ambas são necessárias e ótimas. Essa é a natureza do Universo. Seja no mundo dos nossos pensamentos ou no mundo das nossas relações, na sociedade ou em nossos assuntos espirituais, acontece essa mesma sucessão de movimentos, de ascensões e quedas. Por essa razão, com o tempo, idéias liberais aparecem, para sumir com o intuito de reunir força para mais uma nova e maior ascensão.

A história das nações, também, sempre foi assim. A grande alma, o mensageiro, que nós estudaremos esta tarde, veio em um período na história de sua raça que podemos designar como uma grande queda. Nós conseguimos apenas pequenos vislumbres aqui e acolá dos relatos esporádicos que foram feitos com suas palavras e ações, pois foi bem dito que as palavras e ações dessa grande alma encheriam o mundo, se todas elas pudessem ter sido escritas. E os três anos de seu ministério foram como uma era comprimida e concentrada, que demorou mais 1900 anos para ser esclarecida, e pode ainda demorar quem sabe quanto tempo mais. Homens pequenos como vocês e eu somos os reservatórios de apenas um pouco da energia. Poucos minutos, poucas horas, poucos anos, na melhor das hipóteses, são o suficiente para gastá-la toda, para esgotá-la, digamos, até sua força total, e partimos para sempre. Mas note esse gigante. Passam séculos e eras e ainda assim a energia que ele deixou no mundo não está esgotada, ainda não foi gasta. Ela continua a ganhar um vigor novo enquanto as eras passam.

Agora o que vocês vêem na vida de Cristo é a vida de todo o passado. A vida de todo homem é, de certa maneira, a vida do passado. Ela aparece para ele pela hereditariedade, por seu meio, pela educação, por sua própria reencarnação – o passado de toda a raça. De uma maneira o passado da Terra, o passado de todo o mundo, permanece impresso em toda alma. O que somos, no presente, senão um resultado, um efeito, do passado infinito do mundo? O que somos senão ondas oscilantes na corrente eterna dos eventos, movendo-se de um lado para o outro e incapaz de descansar? Mas vocês e eu somos apenas coisas pequenas, bolhas. Há sempre algumas ondas gigantes no oceano do mundo. Em vocês e em mim a vida passada da raça pode ter sido personificada apenas um pouco, mas há gigantes que personificam, digamos, quase todo o passado e também esticam suas mãos para o futuro. Eles são os postes, aqui e acolá, guiando a marcha da humanidade, eles são em verdade os gigantes, suas sombras cobrem a Terra, eles permanecem imortais, eternos. Como foi dito pelo mensageiro: "Nenhum homem viu Deus em tempo algum, mas viu pelo Filho." É verdade. Pois onde nós vemos Deus, senão no Filho? É verdade que vocês e eu e os mais pobres e maus de nós personificam esse Deus, até refletem esse Deus. A vibração de luz está em todo lugar, onipresente, mas nós a vemos mais vívida em uma lâmpada. Da mesma maneira, Deus é onipresente, mas ele pode ser visto de maneira mais vívida quando refletido em alguma dessas lâmpadas gigantes da Terra – os profetas, os Deuses-homens, as encarnações, as personificações de Deus.

Nós todos sabemos que Deus existe, e mesmo assim não o vemos, nós não o entendemos. Veja um desses grandes mensageiros de luz e compare seu caráter com o ideal mais elevado de Deus que você já teve, e você descobrirá que seu ideal não corresponde a ele e o caráter do profeta excede sua imaginação. Vocês não podem nem imaginar um ideal mais elevado de Deus do que aquele que ele personificou, realizou na prática e colocou diante de nós como um exemplo. É errado, portanto, cultuá-lo como Deus? É um pecado cair aos pés desses homens-deuses e cultuá-los como os únicos seres divinos no mundo? Se eles forem na realidade mais elevados do que todas as nossas concepções de Deus, que mal tem em cultuá-los? Não somente não há mal, como também é a única possibilidade e o modo positivo de culto. Por mais que você tente, por luta, por abstração, por qualquer método que quiser, enquanto você for um homem no mundo dos homens, seu mundo é humano, sua religião é humana e seu Deus é humano. E assim deve ser. Quem não é prático o suficiente para seguir uma coisa existente e abandonar uma idéia que é apenas uma abstração que ele não pode compreender e que é difícil de se aproximar exceto por um meio concreto? Portanto, essas encarnações de Deus foram cultuadas em todas as eras e em todos os países.

Nós iremos estudar agora um pouco da vida de Cristo, a encarnação dos judeus. Quando Cristo nasceu, os judeus estavam em um estado que chamo de condição de queda entre duas ondas: um estado de conservadorismo, movendo-se para frente e tomando conta do que já ganhou, um estado no qual a atenção pende mais para particularidades, para detalhes do que para os grandes e vitais problemas da vida; um estado de estagnação, em vez de avanço, um estado de sofrer mais do que conquistar. Ouçam, eu não culpo esse estado das coisas, nós não temos direito de criticar. Porque se não fosse por essa queda, a próxima ascensão, personificada em Jesus de Nazaré, seria impossível. Os fariseus e os saduceus não devem ter sido sinceros, eles devem ter feito coisas que não deveriam, eles devem ter sido até hipócritas, mas o que quer que eles tenham sido, esses fatores foram a causa para a qual o mensageiro foi o efeito. Os fariseus e os saduceus, por um lado, foram o ímpeto que resultou do outro lado como o cérebro gigantesco de Jesus de Nazaré.

A atenção às formas, fórmulas, aos detalhes cotidianos da religião e a rituais pode muitas vezes ser ridicularizada, mas apesar disso, dentro deles, tem força. Muitas vezes em nossa precipitação perdemos muito vigor. É fato que o homem fanático é mais forte do que o liberal. Até o fanático, portanto, tem uma grande virtude: ele conserva energia, uma quantidade tremenda dela. Tal qual o indivíduo, assim é com a raça: a energia é reunida para ser conservada. Cercada por inimigos externos, reconduzidos ao seu próprio centro pelo poder romano, pelas tendências helênicas no mundo do intelecto, por correntes de pensamento da Pérsia, Índia e Alexandria – cercada no psicológico, no mental e na moral – encontra-se a raça judaica, com uma força inerente, conservadora e tremenda, que seus descendentes não perderam até hoje. Essa raça foi forçada a concentrar e focar todas suas energias sobre Jerusalém e o Judaísmo; e, como todo poder quando reunido, ele não pode permanecer reunido, ele deve se expandir e ser gasto. Não há poder na Terra que possa ser mantido por muito tempo dentro de um limite estreito. Nenhum poder pode ser mantido comprimido por muito tempo sem uma expansão em um período subseqüente.

Foi a energia concentrada da raça judaica que encontrou expressão, no período seguinte, na ascensão do Cristianismo. Os menores córregos transformaram-se em rios. Aos poucos, todos os rios se juntaram e se tornaram um rio vasto e caudaloso. No topo de uma de suas ondas poderosas, nós vemos Jesus de Nazaré. Nesse sentido, todo profeta é a criação de seu tempo, criado pelo passado de sua raça, ele mesmo é o criador do futuro. O movimento de hoje é o efeito do passado e a causa do futuro. Nessa posição fica o mensageiro. Nele está personificado tudo que é melhor e maior em sua raça – o significado, a vida pela qual a raça lutou por eras – e ele mesmo é o ímpeto para o futuro, não apenas de sua raça, mas também de inúmeras outras raças do mundo.

Nós devemos considerar outro fato: que minha visão do profeta de Nazaré é do ponto de vista do Oriente. Muitas vezes vocês esquecem que o nazareno era um oriental dos Orientais. Apesar de todas as suas tentativas de pintá-lo com olhos azuis e cabelo louro, o nazareno ainda é um oriental. Todos os símiles, todas as imagens das quais a Bíblia está repleta –

as cenas, as locações, as atitudes, os grupos, a poesia e o simbolismo – falam para vocês do Oriente: do céu brilhante, do calor, do Sol, do deserto, dos homens e animais sedentos, das mulheres andando com jarros na cabeça para enchê-los nos poços, dos rebanhos, dos camponeses, dos cultivos que acontecem em todo lugar, do moinho de água e da roda do moinho, das pedras de moinho. Tudo isso é visto ainda hoje na Ásia.

A voz da Ásia é a voz da religião, a voz da Europa é a voz da política. Cada uma é grande em sua esfera. A voz da Europa é a voz da Grécia Antiga. Para a mente do grego, sua sociedade imediata era geral, além dela viviam os bárbaros. Ninguém, senão os gregos, tinha o direito de viver. Tudo o que os gregos faziam era certo e correto, o que mais existisse no mundo não era nem certo nem correto, nem deveria ser permitido viver. Aqui havia uma mente muito humana em suas simpatias, muito natural e, portanto, muito artística. O grego vivia completamente nesse mundo. Ele não ligava para sonhos. Até sua poesia era prática. Seus deuses e deusas não eram apenas seres humanos, mas muito humanos, com quase as mesmas paixões e sentimentos humanos que nós temos. Ele amava o que era belo, mas vejam só, era sempre natureza externa. A beleza das montanhas, da neve, das flores, a beleza das formas e figuras, a beleza no rosto humano e na forma humana – isso era o que os gregos amavam. E por serem os gregos os professores de todos os europeus subseqüentes, a voz da Europa é grega.

Há outro tipo na Ásia. Pense naquele vasto continente, cujos topos das montanhas sobem além das nuvens, quase tocando o azul da abóbada celeste; cujos desertos se espalham por milhas e milhas, onde nenhuma gota de água pode ser encontrada, nem uma folha de grama pode crescer; pense em suas florestas intermináveis e em seus rios gigantescos correndo para o mar. No meio dessas vizinhanças, o amor oriental pelo belo e pelo sublime desenvolveu-se em outra direção. Ele olhava para dentro e não para fora. Aqui também havia a mesma sede por natureza, a mesma sede por poder, havia a mesma sede por excelência – a idéia comum do grego e do oriental. Mas aqui ela se estendia sobre um círculo maior. Na Ásia, até hoje, apenas nascimento, cor e língua não fazem uma raça. O que faz uma raça é sua religião: nós somos todos cristãos, nós somos todos muçulmanos, somos todos hindus ou todos budistas. Não importa se os budistas são da China e da Pérsia, eles se considerarão irmãos, porque professam a mesma religião. A religião é o laço supremo na união da humanidade. Então, de novo, o oriental, pela mesma razão, é um visionário, um sonhador nato. Os murmúrios das cachoeiras, as canções dos pássaros, as belezas do Sol, da Lua, das estrelas e de toda a Terra são agradáveis o suficiente, mas não são suficientes para o oriental. Ele quer ter um sonho do além. Ele quer ir além do presente. O presente é, digamos, nada para ele.

O Oriente foi o berço da raça humana por eras e todas as vicissitudes da fortuna estavam lá: reinos sucedendo reinos, impérios sucedendo impérios; poder humano, glória e riqueza, todos se espalhando pelo chão – um Gólgota de poder e aprendizado. Isso é o Oriente, um Gólgota de poder, reinos, aprendizado. Não é de se admirar que a mente oriental olhe com desprezo para as coisas deste mundo e busque ver algo que não mude, algo que não morra, algo que, no meio deste mundo de miséria e morte, seja eterno, feliz, imortal. Um profeta oriental nunca se cansa de insistir nesses ideais e, considerando os profetas, você deve se lembrar também que, sem exceção, todos eram orientais.

Nós vemos, portanto, na vida desse grande mensageiro de luz, o primeiro lema: "Não essa vida, mas algo maior." E como um filho verdadeiro do Oriente, ele é prático nisso. Vocês do Ocidente são práticos em seu próprio departamento, nos assuntos militares e em administrar a política e outras coisas similares. Talvez o oriental não seja prático nesses assuntos, mas ele é prático em seu próprio campo, ele é prático na religião. Se ele prega uma filosofia, amanhã haverá centenas que lutarão ao máximo para praticá-la em suas vidas. Se um homem prega que ficar em um pé só o levará à salvação, ele conseguirá de imediato quinhentas pessoas para ficar em um pé só. Vocês podem achar isso ridículo, mas veja bem, por baixo, está o segredo da religião: a intensa natureza prática. No Ocidente, planos de salvação significam ginástica intelectual, planos que nunca são executados, nunca são levados para a vida prática. No Ocidente, o pregador que falar melhor é o melhor pregador.

A princípio, nós descobrimos que Jesus de Nazaré é um filho verdadeiro do Oriente, bem prático. Ele não tem fé neste mundo evanescente e em seus vários pertences. Não há necessidade de tortura textual, como é moda no Ocidente nos tempos atuais, não há necessidade de esticar nossos textos até que eles não estiquem mais. Os textos não são de borracha e até eles têm seus limites. Agora, por favor, não deixem a religião servir à vaidade dos dias atuais! Vamos todos ser honestos. Se não pudermos seguir o ideal, confessemos nossa fraqueza, mas não o degrademos. Vamos tentar não rebaixá-lo. Irritam os diferentes relatos da vida do Cristo que os ocidentais dão. Eu não sei o que ele era ou o que ele não era! Uns fazem dele um grande político, outros, talvez, fariam dele um grande general militar, outros, um grande judeu patriota e assim por diante. Há alguma garantia na Bíblia para todas essas suposições? O melhor comentário sobre a vida de um grande professor é sua própria vida. "As raposas têm covis, as aves do céu têm ninhos, mas o Filho do homem não tem onde reclinar a cabeça." Isso é o que Cristo diz ser o único caminho para a salvação. Ele não apresenta qualquer outro.

Vamos confessar "em pano de saco e cinzas" que não podemos fazer isso. Nós ainda gostamos do "eu" e "meu". Nós queremos propriedade, poder, riqueza. Ai de nós! Vamos confessar e não envergonhar esse grande professor da humanidade! Ele não tinha laços familiares. Vocês acham que esse homem tinha idéias físicas? Vocês acham que essa massa de luz, esse

Deus e não homem, veio à Terra para ser um irmão de animais? E mesmo assim as pessoas o fazem pregar todos os tipos de coisas. Ele não tinha idéias sexuais. Ele era a alma – nada além da alma –, trabalhando apenas por meio de um corpo pelo bem dos homens e essa era toda sua relação com o corpo. Na alma não há sexo. A alma desencarnada não tem relação com o animal, não tem relacionamento com o corpo. O ideal pode estar bem distante de nós, mas não se importe, mantenha-se no ideal. Vamos confessar que esse é nosso ideal, mas não podemos nos aproximar dele ainda.

Ele não tinha outra idéia de si, nenhuma outra exceto que ele era espírito. Ele era um espírito desencarnado, desimpedido, solto. E não apenas isso, mas ele, com sua visão maravilhosa, descobriu que todo homem e mulher, seja ele judeu ou gentio, rico ou pobre, santo ou pecador, era a personificação do mesmo espírito imortal que ele. Portanto, o único trabalho de sua vida inteira foi recorrer a eles para compreenderem suas próprias naturezas espirituais. Desistam, ele diz, desses sonhos supersticiosos de que vocês são inferiores e pobres. Não pensem que serão maltratados e tiranizados se vocês forem escravos, pois no interior você nunca pode ser tiranizado, nunca pode ser maltratado, nunca pode ser prejudicado, nunca pode ser morto. Vocês todos são filhos de Deus, espírito imortal. "Sabei," declarou ele, "que o reino dos céus está dentro de vós." "Eu e meu Pai somos um". Ouse não apenas se levantar e dizer "Eu sou o filho de Deus", mas também descubra em seu coração: "Eu e meu Pai somos um". Isso foi o que Jesus de Nazaré disse. Ele nunca fala deste mundo e desta vida. Ele não tem nada a ver com isso, exceto que ele quer tomar o mundo como ele é, encorajá-lo e levá-lo adiante até que o mundo inteiro tenha alcançado a luz resplandecente de Deus, até que todos tenham percebido sua natureza espiritual, até que a morte seja exterminada e a miséria, banida.

Nós lemos as diferentes histórias que foram escritas sobre ele, nós conhecemos os estudiosos, suas obras e as maiores críticas e sabemos que tudo isso foi alcançado com estudo. Não estamos aqui para discutir quanto do Novo Testamento é verdadeiro, não estamos aqui para discutir quanto dessa vida é histórica. Não importa se o Novo Testamento foi escrito após 500 anos de seu nascimento, nem quanto dessa vida é verdadeiro. Mas há algo por trás disso, algo que queremos imitar. Para contar uma mentira, você deve imitar uma verdade e essa verdade é um fato. Você não pode imitar aquilo que nunca existiu. Você não pode imitar aquilo que nunca percebeu. Deve haver um núcleo pelo qual desceu um poder tremendo, uma manifestação maravilhosa de poder espiritual – e é sobre isso que estamos falando. Está lá. Portanto, não temos medo das críticas dos acadêmicos. Se eu, por ser um oriental, devo cultuar Jesus de Nazaré, só há um modo: cultuá-lo como Deus e nada mais. Você quer dizer que nós não temos direito de cultuá-lo desse jeito? Se nós o rebaixarmos ao nosso próprio nível e apenas prestar a ele um pouco de respeito como um grande homem, por que deveríamos cultuá-lo? Nossas escrituras dizem: "Esses grandes filhos de luz, que manifestam a luz, que são a luz, eles, sendo cultuados, tornam-se unos conosco e nós nos tornamos unos com eles."

Pois há maneiras pelas quais o homem percebe Deus. O intelecto subdesenvolvido do homem analfabeto vê Deus como um ser distante, lá em algum lugar nos céus, sentado em um trono como um grande juiz. Ele olha para Deus com medo, com terror. Agora, isso é bom, nada há de mal nisso. Vocês devem se lembrar que a humanidade não progride de erro em erro, mas sim de verdade em verdade – pode ser, se preferir, de verdade inferior em verdade superior, mas nunca de erro para verdade. Suponha que você inicie aqui e viaje em direção ao Sol em uma linha reta. Olhando daqui, ele parece pequeno. Suponha que você siga um milhão de quilômetros para frente, ele com certeza parecerá muito maior. A cada estágio ele será cada vez maior. Suponha que se tirem 20 mil fotografias do mesmo Sol, todas de pontos de vista diferentes, essas fotografias serão com certeza todas diferentes. Mas você pode negar que cada uma seja a fotografia do mesmo Sol? Assim é com todas as formas de religião, superiores ou inferiores, elas estão apenas em estágios diferentes da jornada em direção à luz eterna, que é Deus. Algumas personificam uma visão inferior, outras uma superior e essa faz toda a diferença. Portanto, as religiões das massas analfabetas em todo o mundo ensinam, sempre ensinaram, sobre um Deus que está fora do Universo, que mora no céu, governa daquele lugar, que pune o mau e recompensa o bom, entre outras coisas. Na medida em que o homem avança no espiritual, ele começa a sentir que Deus é onipresente, que Deus deve estar dentro dele, que Ele deve estar em todo lugar, que Ele não é um Deus distante, mas a alma de todas as almas. Enquanto minha alma movimenta meu corpo, é Deus quem move minha alma – a alma dentro da alma. E poucos indivíduos de coração puro e mente bem desenvolvida ainda vão além e, enfim, encontram Deus. Como diz o Novo Testamento: "Bem-aventurados os puros de coração, porque verão a Deus." E eles descobrem, enfim, que eles e o Pai são um só.

Vocês descobrirão que esses estágios são ensinados pelo grande professor no Novo Testamento. Note a oração comum que ele ensinou: "Pai nosso, que estais no céu, santificado seja vosso nome," e por aí vai; uma oração simples, uma oração de criança. É, na realidade, a "oração comum", porque é direcionada às massas analfabetas. Para um círculo mais elevado, àqueles que avançaram um pouco mais, ele deu um ensinamento mais elevado: "Eu estou em meu Pai, e vós em mim, e eu em vós." Vocês lembram-se disso? E então, quando os judeus perguntaram quem ele era, ele declarou que ele e seu Pai eram um e os judeus pensaram que isso era uma blasfêmia. O que ele quis dizer com isso? Mas a mesma coisa foi ensinada pelos profetas judeus: "Vós sois Deus e todos são filhos do Mais Elevado." Notem os mesmos três estágios. Vocês descobrirão que é mais fácil para vocês começarem com a primeira e terminarem com a última.

O mensageiro veio mostrar o caminho: que o espírito não está nas formas, que não é por todas as formas de vexações e problemas complicados de filosofia que você conhece o espírito. É melhor que você não tivesse tido aprendizado, melhor que você nunca tivesse lido um livro na vida. Isso tudo não é necessário para a salvação – nem riqueza, posição, poder, nem mesmo aprendizado. Mas o que é necessário é uma coisa, pureza: "Bem-aventurados os puros de coração," pois o espírito em sua própria natureza é puro. Como ele pode ser outra coisa? Ele é de Deus, ele veio de Deus. Na linguagem da Bíblia, "é o sopro de Deus"; na linguagem do Alcorão, "é a alma de Deus". Vocês querem dizer que o espírito de Deus pode ser impuro? Mas, ele foi coberto, por assim dizer, com a poeira e sujeira de eras, por nossas ações, boas e más, vários trabalhos que não estavam corretos, que não eram verdadeiros, cobriram o espírito com a poeira e a sujeira da ignorância de eras. É necessário apenas limpar a poeira e a sujeira e então o espírito brilha de imediato. "Bem-aventurados os puros de coração, pois eles verão a Deus." "O reino dos céus está dentro de vós." Onde fostes para buscar o reino de Deus – Jesus de Nazaré pergunta –, quando ele está lá dentro de vós? Limpem seus espíritos e o encontrem lá. Ele já é de vocês. Como vocês podem pegar o que não é de vocês? É de vocês por direito. Vocês são os herdeiros da imortalidade, os filhos do Pai eterno.

Essa é a grande lição do mensageiro; uma outra lição, formando a base de todas as religiões, é a renúncia. Como vocês podem tornar seus espíritos puros? Pela renúncia. Um jovem rico perguntou a Jesus, "Bom mestre, que farei para herdar a vida eterna?" E Jesus disse a ele, "Uma coisa só te falta: vá, vende que tens, dá aos pobres e terás um tesouro no céu: e vem, pegue sua cruz, e segue-me." E o homem ficou triste com o que ele disse, e foi embora angustiado, pois ele tinha grandes bens. Nós somos mais ou menos assim. A voz fala em nossos ouvidos dia e noite. No meio de nossas alegrias e prazeres, no meio das coisas mundanas, no meio da desordem do mundo, nós nos esquecemos dela, então vem uma pausa e a voz fala em nossos ouvidos: "Desista de tudo que tens e segue-me. Aquele que quiser salvar a sua vida, vai perdê-la, e aquele que perder sua vida por causa de mim, vai encontrá-la." Pois aquele que desiste de sua vida por causa dele encontra a vida imortal. No meio de todas as nossas fraquezas há um momento de pausa e a voz fala: "Desista de tudo que tens, dá aos pobres e segue-me." Esse é o ideal que ele prega e isso foi o ideal pregado por todos os grandes profetas do mundo: renúncia. O que quer dizer renúncia? Altruísmo. Esse é o único ideal na moralidade. O ideal é o altruísmo perfeito. Quando alguém bate em um homem na face direita, ele deve oferecer a esquerda também. Quando a capa de um homem é retirada, ele deve dar seu hábito também.

Nós devemos trabalhar da melhor maneira que pudermos, sem rebaixar o ideal. Eis o ideal: quando um homem não tem nada mais de si mesmo nele, nenhuma posse, nada para chamar "eu" ou "meu", entregou-se a

Deus, destruiu-se, digamos assim – nesse homem Deus está manifesto, pois nele a vontade própria se foi, esmagada, aniquilada. Esse é o homem ideal. Nós ainda não podemos alcançar esse estado; entretanto, cultuemos o ideal e lutemos devagar para alcançá-lo, embora seja com passos vacilantes. Pode ser amanhã ou daqui a mil anos, mas o ideal deve ser alcançado. Pois não é apenas o fim, mas também o meio. Ser altruísta, abnegado é a salvação, pois o homem de dentro morre e apenas Deus permanece.

Mais um ponto. Todos os professores da humanidade são altruístas. Suponha que Jesus de Nazaré estivesse ensinando e um homem viesse e falasse para ele: "O que você ensina é lindo. Eu acredito que é o caminho para a perfeição que eu estou pronto a seguir, mas eu não me importo em cultuá-lo como o único filho de Deus." Qual seria a resposta de Jesus de Nazaré? "Muito bem, irmão, segue o ideal e avança em seu próprio caminho. Eu não me importo se me dás o crédito pelo ensinamento ou não. Eu não sou dono de loja, não negocio religião. Eu ensino a verdade apenas e a verdade não tem dono. Ninguém pode patentear a verdade. A verdade é Deus. Segue adiante." Mas o que os discípulos diriam hoje é: "Não importa se você pratica os ensinamentos ou não, você dá crédito ao homem? Se você crê no mestre, será salvo, se não, não há salvação para você." E desse modo todo o ensinamento do mestre se degenerou e toda a luta e briga é sobre a personalidade do homem. Eles não sabem que, ao enfatizar essa diferença, eles estão envergonhando o homem que eles querem honrar, o homem que se encolheria de vergonha dessa idéia. Por que ele se importava se havia um homem no mundo que se lembrasse dele ou não? Ele tinha que transmitir sua mensagem e ele a apresentou. Se ele tivesse 20 mil vidas, ele as entregaria todas para o homem mais pobre no mundo. Se ele tivesse que ser torturado milhões de vezes, por um milhão de desprezíveis samaritanos, e se para cada um deles o sacrifício de sua vida fosse a única condição de salvação, ele teria entregado sua vida. Tudo isso sem desejar ter seu nome conhecido nem por uma única pessoa. Quieto, desconhecido, silencioso, ele trabalharia, como o Senhor trabalha. Agora, o que os discípulos dirão? Eles dirão que você pode ser um homem perfeito, altruísta, mas que tudo isso não adianta, a menos que dê crédito a seu professor, a seu santo. Por quê? Qual é a origem dessa superstição, dessa ignorância? O discípulo pensa que o Senhor pode se manifestar apenas uma vez: eis aqui todo o mistério. Deus se manifesta a você no homem. Mas na natureza, o que acontece uma vez já aconteceu antes e deve acontecer no futuro. Nada há na natureza que não seja escravizado pela lei, isso quer dizer que o que aconteceu uma vez deve estar acontecendo desde então.

Na Índia, eles tiveram a mesma idéia da encarnação de Deus. Uma de suas grandes encarnações, *Krishna*, cujo grande sermão, o *Bhagavad Gita*, alguns de vocês devem ter lido, diz: "Embora eu não seja nascido, de natureza imutável, e Senhor dos seres, mesmo subjugando minha *prakriti* [natureza], eu me torno meu próprio maya. Onde a virtude diminui e a imoralidade prevalece, eu encarno. Para a proteção dos bons, para a destruição dos maus e para o estabelecimento do darma, eu assumo um corpo em cada era." Quando o mundo se deteriora, o Senhor vem para ajudá-lo e assim ele vem de era em era, em um lugar atrás do outro. Em outra passagem, ele fala a esse efeito: "Onde encontrares uma grande alma de poder imenso e pureza lutando para elevar a humanidade, sabe que ele é nascido do meu esplendor, que eu trabalho por ele."

Portanto, nós encontramos Deus não apenas em Jesus de Nazaré, mas em todos os grandes professores que o precederam, em tudo que veio depois dele e tudo que ainda está por vir. Nosso culto é livre e solto. Eles são todos manifestações do mesmo Deus infinito. Eles são todos puros e altruístas, eles sofrem e entregam as suas vidas por nós, pobres seres humanos. Cada um deles passa por uma expiação vicarial por cada um de nós e também por aqueles que ainda virão depois.

Em certo sentido, vocês são todos profetas, cada um de vocês é um profeta, carregando o fardo do mundo em seus ombros. Você já viu um homem ou uma mulher que não esteja carregando, em silêncio, com paciência, seu fardo da vida? Os grandes profetas eram gigantes: eles carregavam o mundo inteiro em seus ombros. Comparados a eles nós somos pigmeus, sem dúvida, mas mesmo assim nós realizamos a mesma tarefa. Em nossos círculos pequenos, em nossas casas pequenas, nós carregamos nossas pequenas cruzes. Ninguém há de tão mal, ninguém tão inútil, mas ele deve carregar sua cruz. Mas com todos os nossos erros, com todos os nossos maus pensamentos e ações, há em algum lugar um ponto brilhante, há ainda em algum lugar o fio dourado pelo qual nós estamos sempre em contato com o divino. Pois saiba com certeza que, no momento em que o toque do divino fosse perdido, haveria aniquilação e, porque nada pode ser aniquilado, há sempre um lugar em nosso coração de corações, não importa quão inferiores e degradados nós possamos ser, há um círculo pequeno de luz que está em contato constante com o divino.

Nossas saudações vão a todos os profetas do passado, cujos ensinamentos e vidas nós herdamos, não importa sua raça, região ou credo. Nossas saudações vão para todos aqueles homens e mulheres-deuses que trabalham hoje em dia para ajudar a humanidade, seja qual for sua classe, cor ou raça. Nossas saudações vão àqueles que vêm no futuro – Deuses vivos – para trabalhar de maneira altruísta pelos nossos descendentes.

A Mensagem de Buda ao Mundo
(Proferido em São Francisco, 18 de março de 1900)

O Budismo é, historicamente, a religião mais importante – historica e não filosoficamente – porque foi o movimento religioso mais tremendo que o mundo já viu, a onda espiritual mais gigantesca que já surgiu na sociedade humana. Não há civilização na qual seu efeito não tenha sido sentido de uma maneira ou de outra.

Os seguidores de Buda eram muito interessados e missionários no espírito. Eles foram os primeiros entre os adeptos das várias religiões a não se contentar com a esfera limitada de sua igreja matriz. Eles se espalham por todo o redor, eles viajaram para leste e oeste, norte e sul. Eles chegaram ao escuro Tibete, eles foram para a Pérsia, a Ásia Menor, foram para a Rússia, a Polônia e muitos outros países do mundo ocidental. Eles foram para a China, a Coréia, o Japão, foram para Burma, Sião, as Índias orientais e além. Quando Alexandre, o Grande,* com suas conquistas militares, colocou o mundo mediterrâneo em contato com a Índia, a sabedoria da Índia encontrou um canal pelo qual se espalhou sobre vastas porções da Ásia e Europa. Os sacerdotes budistas foram ensinar entre as nações diferentes, e como eles ensinaram, a superstição e o sacerdócio começaram a desaparecer como névoa diante do Sol.

Para entender esse movimento da maneira certa, vocês devem saber quais condições prevaleciam na Índia quando Buda nasceu, assim como, para entender o Cristianismo, vocês devem compreender o estado da sociedade judaica na época de Cristo. É necessário que você tenha uma idéia da sociedade indiana 600 anos antes do nascimento de Cristo, quando essa civilização já completara seu crescimento.

Quando você a estuda, descobre que ela morreu e reviveu várias vezes, essa é sua peculiaridade. Muitas raças se elevam uma vez e depois entram em decadência para sempre. Há dois tipos de pessoas: aquelas que crescem de modo contínuo e aquelas cujo crescimento acaba. As nações pacíficas, Índia e China, caem, mas crescem de novo. Mas as outras, uma vez que caem, não levantam, morrem. Bem-aventurados os apaziguadores, pois eles desfrutarão da Terra.

Quando Buda nasceu, a Índia necessitava de um grande líder espiritual, um profeta. Já havia um muito poderoso grupo de sacerdotes. Vocês entenderão melhor a situação se lembrarem da história dos judeus – com eles havia dois tipos de líderes religiosos, sacerdotes e profetas: os sacerdotes mantinham as pessoas na ignorância, enfiando superstições em suas cabeças. Os métodos de culto dos sacerdotes prescritos eram apenas um meio pelo qual eles podiam dominar as pessoas. Ao longo do Velho Testamento, você encontra esses profetas desafiando as superstições dos sacerdotes. O resultado dessa luta foi o triunfo dos profetas e a derrota dos sacerdotes.

Os sacerdotes acreditam que existe um Deus, mas que esse Deus pode ser abordado e conhecido apenas por intermédio deles. As pessoas podem entrar no santuário dos santuários apenas com a permissão dos sacerdotes. Você deve pagá-los, cultuá-los, colocar tudo nas mãos deles.

---

* N.E.: Sugerimos a leitura de *O Gênio de Alexandre, O Grande*, de N.G.L Hammond, Madras Editora

Ao longo da história do mundo, esse desejo sacerdotal por poder perseverou, essa sede tremenda por poder, essa sede como a de um tigre parece uma parte da natureza humana. Os sacerdotes dominam vocês, criam mil regras para vocês. Eles descrevem verdades simples de maneira indireta. Eles contam histórias para defender sua própria posição superior. Se você quiser prosperar nesta vida ou ir para o céu depois da morte, deve passar pelas mãos deles. Você deve realizar todos os tipos de cerimônias e rituais. Tudo isso tornou a vida tão complicada e confundiu tanto o cérebro que, se eu lhes transmitir palavras simples, vocês ficarão insatisfeitos. Vocês ficariam bem tontos. Quanto menos você entende, melhor se sente! Os profetas deram avisos contra os sacerdotes e suas superstições e maquinações, mas a vasta massa de pessoas ainda não aprendeu a prestar atenção a esses avisos, eles devem ser educados sobre isso.

Os homens devem ter educação. Nestes dias, eles falam sobre democracia, sobre a igualdade de todos os homens. Mas como um homem saberá que ele é igual a todos? Ele deve ter um cérebro forte, uma mente limpa, livre de idéias absurdas, ele deve atravessar a massa de superstições incrustando em sua mente a verdade pura que está em seu interior. Então ele saberá que todas as perfeições, todos os poderes já estão dentro dele, que eles não foram dados a ele por outros. No momento em que percebe essa verdade, fica livre, consegue igualdade. Também percebe que todos os outros são tão perfeitos quanto ele e que não precisa exercitar qualquer poder – físico, mental ou moral – sobre seus irmãos. Abandona a idéia de que nunca houve um homem que fosse inferior ele. Então ele pode falar de igualdade – não antes disso.

Agora, como lhes dizia, entre os judeus havia uma luta contínua entre os sacerdotes e os profetas e os primeiros queriam monopolizar o poder e o comportamento, até que começaram a perdê-los e as correntes que eles colocaram nos pés das pessoas foram para seus próprios pés. Os mestres sempre se tornam escravos diante da cobiça. O clímax da luta foi a vitória de Jesus de Nazaré. Esse triunfo é a história do Cristianismo, Cristo foi bem-sucedido em derrotar a maioria do sacerdócio. Esse grande profeta matou o dragão do egoísmo sacerdotal, resgatou de suas garras a jóia da verdade e deu essa jóia a todo o mundo, para que quem quisesse possuí-la tivesse liberdade absoluta para isso e não tivesse de esperar pelo favor de qualquer sacerdote.

Os sacerdotes na Índia, os brâmanes, possuíam um grande poder intelectual e psíquico. Foram eles que iniciaram o desenvolvimento espiritual da Índia e eles conquistaram coisas maravilhosas. Mas chegou o tempo em que o espírito livre do desenvolvimento, que a princípio impulsionou os brâmanes, desapareceu. Eles começaram a usurpar poderes e privilégios para si. Se um brâmane matasse um homem, ele não seria punido. O brâmane, por seu nascimento, é o senhor do Universo. Até o brâmane mais perverso deve ser cultuado.

Mas enquanto os sacerdotes estavam florescendo, existiam também os poetas-profetas, chamados *sannyasins*. Todos os hindus, não importava a casta, deveriam, se quisessem conseguir a liberdade, desistir do mundo e se preparar para a morte. O mundo não deve ser de qualquer interesse para eles. Eles devem sair e tornar-se *sannyasins*. Eles nada têm a ver com as duas mil cerimônias que os sacerdotes inventaram – santificando-os com certas palavras de dez, vinte sílabas de comprimento e assim por diante! Todas essas coisas são absurdas.

Esses poetas-profetas da Índia antiga repudiavam os modos dos sacerdotes e declaravam a verdade pura. Eles tentaram quebrar o poder dos sacerdotes e conseguiram um pouco. Mas, em duas gerações, seus discípulos voltaram aos modos supersticiosos e indiretos dos sacerdotes e eles próprios tornaram-se sacerdotes: "Vocês podem saber a verdade apenas por nós." A verdade ficou cristalizada de novo e mais uma vez os profetas chegaram para quebrar as incrustações e libertar a verdade, e assim foi. Sim, sempre deve haver profetas no mundo, do contrário a humanidade perecerá.

Vocês perguntam por que devem existir todos esses métodos indiretos dos sacerdotes. Por que vocês não chegam direto à verdade? Vocês têm vergonha da verdade de Deus para escondê-la atrás de todos os tipos de intrincadas cerimônias e fórmulas? Vocês têm vergonha de Deus de modo que vocês não podem confessar sua verdade diante do mundo? Vocês chamam isso de ser religioso e espiritual? Os sacerdotes são as únicas pessoas aptas à verdade! As massas não estão aptas para isso! A verdade deve ser diluída! Coloquem um pouco de água!

Vejam o Sermão da Montanha e o *Gita*: eles são a simplicidade em pessoa. Até os homens nas ruas os entendem. Que formidáveis! Neles você encontra a verdade revelada de forma simples e clara. Mas não, os sacerdotes não concordarão que a verdade seja encontrada de modo tão direto. Eles falam de dois mil céus e dois mil infernos. Se as pessoas seguirem seus preceitos, elas irão para o céu! Se elas não obedecerem às regras, irão para o inferno!

Mas as pessoas devem conhecer a verdade. Alguns têm medo de que, se a verdade completa for dada a todos, ela os machucará. Não pode ser transmitida a eles a verdade desqualificada, eles dizem. Mas o mundo não está em melhor situação com a verdade condescendente. Pode ser pior do que já é? Apresente a verdade. Se ela for real, fará bem. Quando as pessoas protestam e propõem outros métodos, apenas fazem apologias ao sacerdócio.

A Índia estava cheia disso na época de Buda. Multidões de pessoas eram barradas a todo o conhecimento. Se apenas uma palavra dos *Vedas* entrasse nos ouvidos de um homem de casta inferior, uma punição terrível caía sobre ele. Os sacerdotes fizeram segredo dos *Vedas* – os *Vedas*, que continham as verdades espirituais descobertas pelos antigos hindus!

Enfim, um homem não podia suportar mais. Ele tinha o cérebro, o poder e o coração – um coração tão infinito como o céu aberto. Ele via como as massas eram lideradas pelos sacerdotes e como os sacerdotes glorificavam seu poder, e quis fazer algo sobre isso. Ele não queria qualquer poder sobre alguém, queria romper os grilhões mentais e espirituais dos homens. Seu coração era grande. O coração, muitos dentre nós podem ter e nós também queremos ajudar aos outros. Mas nós não temos o cérebro, não conhecemos os caminhos e os meios pelos quais a ajuda pode ser dada. Mas esse homem tinha o cérebro para descobrir os meios de romper os grilhões das almas. Ele aprendeu por que os homens sofrem e descobriu como sair do sofrimento. Ele era um homem de realizações, ele realizava tudo. Ele ensinava todos sem distinção e os fazia perceber a paz da iluminação. Esse era o homem Buda.

Vocês sabem pelo poema de Arnold *The Light of Asia* [A Luz da Ásia] como Buda nasceu príncipe e como a miséria do mundo o impressionou muito; como, apesar de ter sido criado e de viver no luxo, ele não conseguia encontrar conforto em sua felicidade e segurança pessoal; como ele renunciou ao mundo, deixando sua princesa e seu filho recém-nascido para trás; como ele vagou procurando pela verdade de professor em professor e como ele enfim alcançou a iluminação. Vocês sabem tudo sobre sua longa missão, seus discípulos, suas organizações. Vocês conhecem todas essas coisas.

Buda foi o triunfo na luta que acontecia entre os sacerdotes e os profetas na Índia. Uma coisa pode ser dita sobre esses sacerdotes indianos: eles não eram e não são intolerantes com a religião, eles nunca perseguiram a religião. Qualquer homem podia pregar contra eles – tal era sua magnanimidade. Eles nunca molestaram ninguém por suas visões religiosas. Mas eles sofriam das fraquezas peculiares a todos os sacerdotes: eles buscavam o poder, eles também promulgavam preceitos e regras e tornaram a religião complicada e, por isso, minavam a força daqueles que seguiam sua religião.

Buda eliminou todas essas excrescências. Ele pregava as verdades mais tremendas. Ele ensinava o ponto principal da filosofia dos *Vedas* a todos, sem distinção, ele a ensinava ao mundo, porque uma de suas grandes mensagens era a igualdade dos homens. Os homens são todos iguais. Nenhuma concessão é feita. Buda era o grande exortador da igualdade. Todo homem e mulher tem o mesmo direito de alcançar a espiritualidade – esse era seu ensinamento. Ele aboliu a diferença entre os sacerdotes e as outras castas. Até as mais inferiores tinham o direito às maiores conquistas, ele abriu a porta do nirvana a todos. Seus ensinamentos eram ousados até para a Índia. Nenhuma espécie de pregação poderia chocar a alma indiana, mas era difícil para a Índia engolir a doutrina de Buda. Quão difícil deve ser para vocês!

Sua doutrina era essa: por que há miséria na nossa vida? Porque somos egoístas. Nós desejamos as coisas para nós mesmos – esse é o motivo de haver miséria. Qual é a saída? Desistir do *Self.* O *Self* não existe, o mundo fenomenal, tudo isso que percebemos, é tudo que existe. Não há nada chamado alma oculto no ciclo da vida e da morte. Há a corrente de pensamento, um pensamento atrás de outro em sucessão, cada pensamento aparecendo e ficando não-existente ao mesmo tempo. Isso é tudo. Não há o pensador do pensamento, não há alma. O corpo muda o tempo todo, assim também é com a mente, a consciência. O *Self*, portanto, é uma ilusão. Todo egoísmo surge de agarrar-se ao *Self*, a esse *Self* ilusório. Se soubéssemos a verdade, que não há *Self*, então seríamos felizes e faríamos os outros felizes.

Isso era o que Buda ensinava. E ele não apenas falava, ele estava pronto para abdicar de sua vida pelo mundo. Disse ele "Se sacrificar um animal é bom, sacrificar um homem é melhor," e ofereceu-se como um sacrifício. Disse ele: "Esse sacrifício de animais é outra superstição. Deus e alma são duas grandes superstições. Deus é apenas uma superstição inventada pelos sacerdotes. Se existe um Deus, como pregam os brâmanes, por que há tanta miséria no mundo? Ele é como eu, um escravo da lei da causalidade. Se Ele não está preso pela lei da causalidade, então por que Ele cria? Um Deus assim é nada satisfatório. Se há um governante no céu que governa o Universo de acordo com Sua doce vontade e nos deixa todos aqui para morrer na miséria – Ele nunca tem a gentileza de olhar para nós por um momento. Toda nossa vida é um sofrimento contínuo. Mas isso não é uma punição suficiente: após a morte nós devemos ir para lugares onde temos outras punições. Mesmo assim, continuamos a fazer todos os tipos de ritos e cerimônias para agradar a esse criador do mundo!"

Buda disse: "Essas cerimônias estão todas erradas. Há apenas um ideal no mundo. Destrua todas as ilusões, o que for verdadeiro permanecerá. Assim que as nuvens saírem, o Sol brilhará." Como se deve matar o *Self*? Seja abnegado, esteja pronto para abdicar de sua vida até por uma formiga. Desista de toda superstição, não trabalhe para agradar a Deus, conseguir uma recompensa, mas sim porque você busca sua libertação ao matar seu *Self*. Culto e oração e tudo isso – é tudo absurdo. Vocês todos dirão "Graças a Deus" – mas onde ele vive? Vocês não sabem e mesmo assim estão todos enlouquecendo por causa de sua crença em Deus.

Os hindus podem desistir de tudo, exceto de seu Deus. Negar Deus é como cortar o chão debaixo dos pés da devoção. Os hindus devem se agarrar à devoção e a Deus. Eles nunca podem abdicar disso. E aqui, no ensinamento de Buda, não há Deus nem alma – apenas trabalho. Para quê? Não para o *Self*, pois este é uma ilusão. Nós seremos livres quando essa ilusão desaparecer. Há pouquíssimos no mundo que podem se elevar a essa altura e trabalhar pelo trabalho.

Mesmo assim, a religião de Buda espalhou-se rápido. Era por causa do amor maravilhoso que, pela primeira vez na história da humanidade, encheu um grande coração e devotou-se a serviço não apenas de todos os homens, mas também de todas as coisas vivas – um amor que não se importava com nada, exceto em encontrar uma maneira de libertar todos os seres do sofrimento.

O homem amava Deus e esquecia tudo sobre seu irmão. O homem que em nome de Deus poderia abdicar de sua vida também poderia virar-se e matar seu irmão em nome do mesmo Deus. Esse era o estado do mundo. Os homens sacrificavam seus filhos pela glória de Deus, roubavam nações pela glória de Deus, matavam milhões de seres pela glória de Deus, banhavam a Terra com sangue pela glória de Deus. Buda foi o primeiro a virar suas mentes para o outro Deus – o homem. Era o homem que devia ser amado. Buda colocou em movimento a primeira onda de amor intenso por todos os homens, a primeira onda da sabedoria verdadeira e pura, que, começando da Índia, inundou aos poucos país atrás de país – a norte, sul, leste, oeste.

Esse professor queria fazer a verdade brilhar como verdade. Sem suavizar, sem compromisso, sem satisfazer aos padres e aos reis poderosos. Sem ajoelhar-se diante de tradições supersticiosas, por mais antigas que fossem, sem respeito por formas e livros só porque eles vieram do passado distante. Ele rejeitou todas as escrituras, todas as formas de prática religiosa. Ele rejeitou até a língua, o sânscrito, na qual a religião foi ensinada na Índia, para que seus seguidores não tivessem chance alguma de absorver as superstições que estavam associadas a ela.

Há outra maneira de olhar para a verdade que temos discutido: a maneira hindu. Nós afirmamos que a grande doutrina de Buda sobre a abnegação pode ser melhor entendida se for observada do nosso modo. Nas *Upanishads* já havia a grande doutrina do *Atman* e *Brahman*. *Atman*, *Self*, é o mesmo que *Brahman*, o Senhor. E esse *Self* é tudo que há, é a única realidade. *Maya*, a ilusão, faz-nos vê-lo como diferenciado. Há apenas um *Self*, não muitos. Esse *Self* único brilha de várias formas. O homem é irmão do outro porque todos os homens são um só. Um homem não é apenas meu irmão, diz o *Vedas*, mas ele sou eu. Se eu prejudicar qualquer parte do universo, eu apenas me prejudico. Eu sou o Universo. É uma ilusão pensar que eu sou o sr. isso e aquilo.

Quanto mais você se aproxima de seu *Self*, mais rápido as ilusões desaparecem. Quanto mais todas as diferenças e divisões desaparecerem, mais você percebe tudo como uma única divindade. Deus existe, mas ele não é um homem sentado em uma nuvem. Ele é espírito puro. Onde ele vive? Mais perto de você do que você mesmo. Ele é a alma. Como você pode perceber Deus separado e diferente de vocês? Quando pensam nele como alguém separado, vocês não o conhecem. Ele é você. Essa era a doutrina dos profetas da Índia.

É egoísmo pensar que vocês são os Srs. isso e aquilo e todo o mundo é diferente de vocês. Vocês acreditam que são diferentes de mim. Vocês não pensam em mim. Vocês vão para casa, jantam e dormem. Se eu morrer, vocês ainda comem, bebem e ficam alegres. Mas vocês não podem ser felizes quando o resto do mundo sofre. Nós somos todos um só. É a ilusão da separação que é a raiz de toda miséria. Nada existe além do *Self*. Nada mais.

A idéia de Buda era que não havia Deus, mas apenas homem. Ele repudiava a mentalidade que sustentava as idéias prevalecentes de Deus. Ele descobriu que elas fizeram os homens fracos e supersticiosos. Se Deus lhe dá tudo que você pede, pra que sair e trabalhar? Deus chega àqueles que trabalham. Deus ajuda quem se ajuda. Uma idéia oposta de Deus enfraquece nossos nervos, amolece nossos músculos, nos faz dependentes. Apenas os independentes são felizes e os dependentes são infelizes. O homem tem um poder infinito dentro de si e pode percebê-lo – ele pode perceber-se como o único *Self* supremo infinito. Isso pode ser feito, mas vocês não acreditam. Vocês oram a Deus e mantêm seu vigor seco o tempo todo.

Buda ensinou o oposto. Não deixem os homens chorarem. Não os deixe ter nada dessas rezas e tudo isso. Deus não tem um negócio. Você ora a Deus em cada respiração. Eu falo – isso é uma oração. Vocês ouvem – isso é uma oração. Há algum movimento de vocês, mental ou físico, nos quais vocês não usam a energia divina infinita? Tudo é uma oração constante. Se vocês chamam de oração apenas um grupo de palavras, vocês fazem a oração superficial. Essas orações não são muito boas, elas mal podem agüentar qualquer fruto real.

A oração é uma fórmula mágica com cuja repetição, mesmo que você não trabalhe tanto, consegue resultados milagrosos? Não. Todos devem trabalhar duro, todos devem alcançar as profundezas dessa energia infinita. Por trás dos pobres, por trás dos ricos, há a mesma energia infinita. Não é verdade que enquanto um homem trabalha duro, outro consegue os mesmos resultados ao repetir umas poucas palavras. Este Universo é uma oração constante. Se você considerar a oração nesse sentido, eu estou com vocês. Palavras não são necessárias. O melhor é a oração silenciosa.

A grande maioria das pessoas não entende o significado dessa doutrina. Na Índia, qualquer compromisso considerando o *Self* significa que nós demos o poder nas mãos dos sacerdotes e nos esquecemos dos grandes ensinamentos dos profetas. Buda sabia disso, então ele ignorou todas as doutrinas e práticas sacerdotais e fez os homens andarem com as próprias pernas. Foi necessário ir contra os modos usuais das pessoas, ele teve que causar mudanças revolucionárias. Como resultado, essa religião de sacrifício partiu da Índia para sempre e nunca reviveu.

O Budismo parecia ter partido da Índia, mas na verdade não foi assim. Havia um elemento de perigo no ensinamento de Buda: era uma religião reformadora. Para provocar a tremenda mudança espiritual que fez, ele teve que dar muitos ensinamentos negativos. Mas se uma religião enfatiza muito o lado negativo, está ameaçada de uma eventual destruição. Uma seita reformista nunca pode sobreviver se apenas reformar; apenas os elementos positivos –

o impulso verdadeiro, isto é, os princípios – podem continuar a viver. Depois que uma reforma foi feita, é o lado positivo que deve ser enfatizado, depois que o edifício é terminado, o andaime deve ser retirado.

Na Índia aconteceu que, com o tempo, os seguidores de Buda enfatizaram tanto o aspecto negativo de seus ensinamentos que isso causou a eventual queda de sua religião. Os aspectos positivos da verdade foram sufocados pelas forças da negação e, desse modo, a Índia repudiou as tendências destrutivas que floresceram em nome do Budismo. Esse foi o decreto do pensamento nacional indiano.

As idéias negativas do Budismo – não há Deus nem alma – morreram. Eu posso dizer que Deus é o único ser que existe, é uma afirmação muito positiva. Ele é a única realidade. Quando Buda diz que não há alma, eu digo, "Homem, tu és uno com o Universo, és todas as coisas." Como é positivo! O elemento reformista morreu, mas o elemento formativo sobreviveu o tempo todo. Buda ensinou a gentileza com os seres inferiores e desde então não houve uma seita na Índia que não tenha ensinado a caridade a todos os seres, até aos animais. Essa gentileza, essa misericórdia e essa caridade – maior do que qualquer doutrina – são o que o Budismo nos deixou.

A vida de Buda tem um apelo especial. Por toda a minha vida eu gostei muito de Buda, mas não de sua doutrina. Eu tenho mais veneração por esse caráter do que por outro – essa audácia, esse destemor e esse amor tremendo. Ele nasceu para o bem dos homens. Outros podem buscar Deus, outros podem buscar a verdade sozinhos, ele nem se importava em conhecer a verdade. Ele buscou a verdade porque as pessoas estavam na miséria. Como ajudá-las – essa era sua única preocupação. Durante sua vida ele nunca pensou em si mesmo. Como nós, seres humanos ignorantes, egoístas e tacanhos podemos entender a grandiosidade desse homem?

Considere seu cérebro maravilhoso. Nada de sentimentalismo. Esse cérebro gigante nunca foi supersticioso. "Creia não porque um velho manuscrito foi produzido, ou porque ele lhe foi entregue por seus antepassados, ou porque seus amigos querem – mas pense por si mesmo, busque a verdade para você, perceba-a você. Então, se você descobrir que ela é benéfica para todos, transmita-a às pessoas." Homens de miolo mole, mente fraca e coração mole não conseguem encontrar a verdade. Deve-se ser livre e tão vasto como o céu. Deve-se ter a mente clara como cristal e só então a verdade pode brilhar nela. Nós somos tão repletos de superstições! Até em seu país, onde vocês acham que são bem educados, como vocês são cheios de mesquinhez e preconceitos! Pensem, com todas as suas alegações de civilização em seu país, em uma ocasião recusaram-me uma cadeira para me sentar, porque eu era hindu!

Seiscentos anos antes do nascimento de Cristo, na época em que Buda vivia, as pessoas da Índia devem ter recebido uma educação maravilhosa. Elas devem ter tido uma mente bem aberta. Grandes massas seguiram-no.

Reis abdicaram de seus tronos, rainhas abdicaram de seus tronos. As pessoas foram capazes de apreciar e adotar seu ensinamento – tão revolucionário, tão diferente do que foi ensinado pelos sacerdotes ao longo das eras. Suas mentes deveriam ser livres e amplas.

Considerem sua morte. Se ele foi grande na vida, também foi grande na morte. Ele comeu a comida oferecida a ele por um membro de uma raça tribal. Os hindus não tocam nessas pessoas porque elas comem indiscriminadamente. Ele disse a seus discípulos: "Não comam dessa comida, mas eu não posso recusá-la. Vão até o homem e contem a ele que ele me fez um dos grandes favores da minha vida: libertou-me do corpo." Um velho veio e sentou-se perto dele – ele andara muitos quilômetros para ver o Mestre – e Buda ensinou a ele. Quando encontrou um discípulo chorando, ele o repreendeu, dizendo "O que é isso? Isso é o resultado de todo meu ensinamento? Que não haja uma falsa prisão, nenhum apego a mim, nenhuma glorificação falsa desta personalidade passageira. O Buda não é uma pessoa, ele é um estado da percepção. Realize sua própria salvação."

Mesmo quando morreu, ele não pediu qualquer distinção para si. Eu o cultuo por isso. O que vocês chamam de Budas e Cristos são apenas os nomes de certos estados de percepção. De todos os professores do mundo, ele foi aquele que mais nos ensinou a ser autoconfiante, que não nos libertou da prisão de nossos falsos *Selfs*, mas sim da dependência do ser ou seres invisíveis chamados Deus ou deuses. Ele convidou todos a entrar naquele estado de liberdade a que chamamos nirvana. Todos devem alcançá-lo um dia e essa conquista é a realização completa do homem.

Meu Mestre (Sri Ramakrishna)
(Proferido em Nova York e na Inglaterra)

"Sempre que a virtude diminui e o vício prevalece, eu desço para ajudar a humanidade", *Krishna* declara no *Bhagavad Gita*. Sempre que este nosso mundo, por causa do crescimento e circunstâncias adicionais, exige um novo ajuste, vem uma onda de poder; e como um homem age em dois planos, o espiritual e o material, a onda de ajuste vem nos dois planos. Por um lado, no plano material, a Europa tem sido a base do ajuste durante os tempos modernos e, por outro lado, no plano espiritual, a Ásia tem sido a base do ajuste ao longo da história do mundo. Hoje o homem requer mais um ajuste no plano espiritual. Hoje, quando as idéias materiais estão na altura de sua glória e poder. Hoje, quando o homem está prestes a esquecer sua natureza divina por sua crescente dependência da matéria e está prestes a ser reduzido a uma mera máquina fabricante de dinheiro, um ajuste é necessário. E a voz falou, o poder está chegando para afastar as nuvens do materialismo. Foi colocado em movimento o poder que, em uma data não muito distante, trará para a humanidade mais uma vez a memória de sua natureza real e de novo o lugar de onde esse poder começou é a Ásia. Esse

Sri Ramakrishna

nosso mundo está construído no plano da divisão de trabalho. É inútil dizer que uma nação possuirá tudo. Mesmo assim, como somos infantis! O bebê, em sua infantilidade, pensa que sua boneca é a única posse cobiçada em todo o Universo. Assim também uma grande nação com a posse de poder material pensa que isso é tudo a ser cobiçado, que isso é tudo que significa progresso, tudo que significa civilização e, se houver outras nações que não se importam em possuir e não possuem esse poder, elas não estão aptas a viver, toda sua existência é inútil. Por outro lado, uma outra nação pode pensar que a mera civilização material é totalmente inútil. Do Oriente veio a voz que uma vez contou ao mundo que se um homem possuísse tudo abaixo ou acima do Sol e não possuísse a espiritualidade, de nada valeria. Esse é o tipo oriental, o outro é o tipo ocidental.

Cada um desses tipos tem sua grandeza e sua glória. O presente ajuste será a harmonização, a mistura desses dois ideais. Para o oriental, o mundo do espírito é tão real quanto é o mundo dos sentidos para o ocidental. No espiritual, o oriental encontra tudo que ele quer ou espera; lá ele encontra tudo que torna a vida real para ele. Para o ocidental, ele é um sonhador. Para o oriental, o ocidental é um sonhador, brincando com bonecas que duram por apenas cinco minutos e ele ri ao pensar que homens e mulheres adultos se importariam tanto com um punhado de matéria que terão de deixar cedo ou tarde. Cada um chama o outro de sonhador. Mas o ideal oriental é tão necessário para o progresso da raça humana como o ocidental e eu penso que ele é mais necessário. As máquinas nunca fizeram a humanidade feliz e nunca farão. Aquele que tenta nos fazer acreditar nisso alega que a felicidade está na máquina, mas ela está sempre na mente. Apenas o homem que é senhor de sua mente pode ser feliz, ninguém mais.

Mas o que, afinal, é esse poder da máquina? Por que um homem que pode mandar uma corrente de eletricidade por um fio é chamado de muito importante e inteligente? A natureza não faz isso milhões de vezes, mais do que isso, a todo o momento? Por que então não nos ajoelhamos e cultuamos a natureza? O que importa se vocês têm poder sobre todo o mundo, se vocês controlaram todo átomo no Universo? Isso não os fará felizes a menos que vocês tenham o poder da felicidade dentro de si, até que você tenha se conquistado. O homem nasce para conquistar a natureza, é verdade, mas o ocidental considera a "natureza" apenas a natureza física ou externa. É verdade que a natureza externa é majestosa, com suas montanhas, oceanos e rios e com seu poder e variedade infinitos. Ainda há a mais majestosa natureza interna do homem, maior do que o Sol, a Lua e as estrelas, maior do que esta nossa Terra, maior do que o Universo físico, transcendendo essas nossas vidinhas, e isso fornece outro campo de estudo. Os orientais excedem-se nessa natureza, como os ocidentais excedem-se na outra. Portanto, é conveniente que, onde houver um ajuste espiritual, ele deve vir do Oriente. Também é adequado que, quando o oriental quiser aprender sobre fabricação de máquinas, ele deve sentar-se aos pés do ocidental e aprender com ele. Quando o Ocidente quiser aprender sobre o espírito, Deus, a alma, o significado e o mistério deste Universo, ele deve sentar-se aos pés do Oriente.

Eu vou apresentar-lhes a vida de um homem que colocou em movimento uma onda espiritual na Índia. Mas antes de entrar na vida desse homem, eu tentarei apresentar-lhes o segredo da Índia, o que ela pretende.

Se aqueles cujos olhos foram cegados pelo glamour das coisas materiais, aqueles cuja vida é dedicada a comer, beber e se divertir, aqueles cujo ideal de posse é terra e ouro, cujo ideal de prazer está nos sentidos, cujo Deus é o dinheiro e cujo objetivo é uma vida de facilidade e conforto nesse mundo e a morte depois disso, cujas mentes nunca olham adiante e que quase nunca pensam em nada mais elevado do que os objetos de sentido no meio dos quais eles vivem – se esses forem para a Índia, o que eles verão? Pobreza, miséria, superstição, escuridão, hediondez em todo lugar. Por quê? Porque em suas opiniões, a iluminação significa vestimenta, educação, polidez social. Enquanto as nações ocidentais usaram todo esforço para melhorar sua posição material, a Índia fez diferente. Lá vive a única raça no mundo que, em toda a história da humanidade, nunca foi além das suas fronteiras para conquistar alguém, que nunca cobiçou aquilo que pertencia a outra pessoa e cuja única falta era que suas terras eram tão férteis e sua habilidade tão aguçada que eles acumularam riqueza com o trabalho duro de suas mãos e desse modo tentaram outras nações a chegar lá e roubá-los. Eles ficam contentes em serem roubados e chamados de bárbaros, e em troca, eles querem mandar para esse mundo visões do Supremo, revelar ao mundo os segredos da natureza humana, rasgar o véu que esconde o homem real, porque eles sabem que tudo isso é um sonho, porque eles sabem que atrás da matéria vive a natureza real e divina do homem, que nenhum pecado pode manchar, nenhum crime pode estragar, nenhuma luxúria pode matar, que o fogo não pode queimar, nem a água molhar, que o calor não pode secar, nem a morte matar, e para eles essa natureza verdadeira do homem é tão real quanto qualquer objeto material para os sentidos de um ocidental.

Assim como vocês são corajosos o suficiente para pular na boca de um canhão com um *viva!* em nome do patriotismo, de se levantar e dar suas vidas por seu país, os indianos são corajosos em nome de Deus. Há o caso em que um homem declara que esse é um mundo das idéias, que é tudo um sonho, ele se livra de suas roupas e propriedades para demonstrar que o que ele acredita e pensa é verdade. Há aquele homem que senta na margem de um rio, quando ele sabe que a vida é eterna e está disposto a abdicar de seu corpo como se ele não fosse nada, assim como vocês descartariam um pedaço de palha. Nesse ponto reside seu heroísmo, ele está pronto para encarar a morte como um irmão porque está convencido de que não há morte para a alma. Nesse ponto reside a força que fez a Índia invencível por centenas de anos e opressão, invasão e tirania estrangeiras. A nação vive hoje e nessa nação, até nos dias do desastre mais terrível, gigantes espirituais nunca falharam em surgir. A Ásia produz gigantes na espiritualidade, assim como o Ocidente produz gigantes na política, gigantes na ciência.

No início do presente século, quando a influência ocidental começou a verter na Índia, quando os conquistadores ocidentais, empunhando espadas, vieram para demonstrar aos filhos dos sábios que eles eram meros bárbaros, uma raça de sonhadores, que sua religião era apenas mitologia e que Deus, a alma e tudo pelo qual lutavam eram meras palavras sem significado, que os milhares de anos de luta, os milhares de anos de renúncia sem fim, foram todos em vão – nessa época certas questões começaram a agitar os jovens nas universidades: se toda sua existência nacional até então foi um fracasso, se eles deveriam começar de novo no plano ocidental, destruir seus livros velhos, queimar suas filosofias, expulsar seus pregadores e quebrar seus templos. O conquistador ocidental, o homem que demonstrou sua religião com espadas e armas, não disse que os dias antigos foram todos de mera superstição e idolatria? Filhos criados e educados nas novas escolas começaram no plano ocidental a beber nessas idéias desde sua infância e não é de se admirar que essas dúvidas tenham atacado suas mentes. Mas em vez de jogar fora a superstição e empreender uma busca real pela verdade, eles perguntaram: "O que diz o Ocidente?" Isso, para eles, se tornou o teste da verdade. Os sacerdotes deveriam sair, o *Vedas* deveria ser queimado, porque assim pedia o Ocidente. Fora do sentimento de inquietação produzido, surgiu uma onda da chamada reforma na Índia.

Se você deseja ser um reformista verdadeiro, deve possuir três coisas. A primeira é sentir. Você realmente sente por seus irmãos? Você sente que há tanta miséria no mundo, tanta ignorância e superstição? Você sente que todos os homens são seus irmãos? Essa idéia permeia todo o ser? Ela corre em seu sangue? Ela formiga nas suas veias? Ela percorre cada nervo e filamento de seu corpo? Você está repleto dessa idéia de simpatia? Se estiver, esse é apenas o primeiro passo. Em seguida você deve se perguntar se encontrou algum remédio. Todas as idéias antigas podem ser superstições, mas ao redor dessas massas de superstição há pedaços de verdade. Você descobriu meios pelos quais manter apenas a verdade, sem nada da parte inútil? Se você fez isso, esse é apenas o segundo passo, mais uma coisa é necessária. Qual é seu motivo? Você tem certeza de que não agiu por ganância por ouro, pela sede por fama ou poder? Você tem mesmo certeza de que você defende seus ideais e trabalha, até se o mundo inteiro quiser esmagá-lo? Você tem certeza de que sabe o que quer e cumprirá sua tarefa, e apenas ela, mesmo se sua vida estiver em risco? Você tem certeza de que você vai perseverar tanto quando durar a vida, enquanto houver apenas uma pulsação no coração? Então você é um reformista real, um professor, um mestre, uma bênção para a humanidade. Mas o homem é tão impaciente, tão míope! Ele não tem a paciência para esperar, ele não tem o poder para ver. Ele quer governar, ele quer resultados de imediato. Por quê? Ele quer colher os frutos sozinho e não se importa com os outros. O dever pelo dever não é o que ele quer. "Ao trabalho você tem o direito, mas não aos frutos dele," diz *Krishna*. Por que apegar-se aos resultados? Os nossos são fazer nossos deveres. Deixe os frutos cuidarem de si mesmos. Mas o homem não tem paciência, ele adota qualquer esquema que produza resultados rápidos e a maioria dos reformistas por todo o mundo pode ser classificada sob esse título.

Como eu disse, um desejo intenso por reforma chegou à Índia e era como se uma onda de materialismo que invadiu suas costas lavasse os ensinamentos dos sábios. Mas a nação agüentou os choques de mil dessas ondas de mudança. Essa era fraca em comparação às outras. Onda atrás de onda alagou a Terra, quebrando e esmagando tudo por centenas de anos, mas essas enchentes cessaram, deixando os ideais nacionais inalterados.

A nação indiana não pode ser morta. Ela permanece imortal e ela agüentará enquanto esse espírito permanecer como o segundo plano, enquanto as pessoas não desistirem de sua espiritualidade. Eles podem permanecer mendigos, pobres e carentes, a sujeira e a esqualidez podem cercá-los talvez durante o tempo todo, mas não os deixe desistir de Deus, não os deixem esquecer que eles são filhos dos sábios. Assim como, no Ocidente, até o homem na rua quer traçar sua linhagem de algum barão espoliador da Idade Média, na Índia também, até um imperador do trono quer traçar sua linhagem de algum sábio-pedinte da floresta, de um homem que usava a casca de uma árvore, vivia das frutas da floresta e comungava com Deus. Isso é o tipo de hereditariedade que queremos, e enquanto a santidade for venerada de forma suprema assim, a Índia não pode morrer.

Muitos de vocês, talvez, leram o artigo escrito pelo prof. Max Müller em uma edição recente da *Nineteenth Century*, intitulado "Um *Mahatma* real." A vida de Sri Ramakrishna é bem interessante, pois é uma ilustração viva das idéias que ele pregava. Talvez pareça um pouco romântica se você vive no Ocidente, em uma atmosfera bem diferente daquela da Índia, pois os métodos e as maneiras na atarefada corrida da vida no Ocidente diferem bastante daqueles da Índia. Mesmo assim talvez seja mais interessante por isso, porque colocará sob uma nova luz coisas sobre as quais muitos de vocês ouviram.

Foi enquanto reformas de vários tipos eram inauguradas na Índia que uma criança nasceu, de pais brâmanes pobres, no dia 18 de fevereiro de 1836, em uma das vilas remotas de Bengali. O pai e a mãe eram pessoas muito ortodoxas. A vida de um brâmane ortodoxo é de constante renúncia. Ele pode fazer pouquíssimas coisas para ganhar a vida e, além dessas, o brâmane ortodoxo não pode se ocupar com negócios seculares. Ao mesmo tempo ele não deve receber presentes. Vocês podem imaginar como a vida fica rigorosa. Vocês ouviram falar dos brâmanes e seu sacerdócio muitas vezes, mas poucos de vocês pararam para perguntar o que faz desse maravilhoso grupo de homens governantes de seus companheiros. Essa é mais pobre de todas as classes no país e o segredo de seu poder está em sua renúncia. Eles nunca cobiçam a riqueza. O sacerdócio deles é o mais pobre no mundo e, portanto, o mais poderoso. Até nessa pobreza, a esposa de um brâmane nunca permitirá que um homem pobre passe pela vila sem dar a ele algo para comer. Isso é considerado o dever mais elevado da mãe na Índia e porque ela é a mãe é seu dever ser servida por último, ela deve ver que todos são servidos antes que chegue a vez dela. Essa é a razão pela qual a mãe é considerada Deus na Índia. Essa mulher, a mãe do filho sobre quem falávamos, era uma mãe hindu ideal.

Quanto mais elevada a casta, maiores as restrições. As pessoas da casta inferior podem comer e beber o que quiserem, mas à medida que os homens ascendem na escala social, cada vez mais restrições aparecem e, quando eles alcançam a casta mais elevada, o brâmane, o clero hereditário da Índia, suas vidas, como eu disse, são muito limitadas. A julgar pelos padrões ocidentais, suas vidas são de um contínuo asceticismo. Mas eles têm uma grande firmeza. Quando têm uma idéia, eles conduzem-na até sua conclusão e a mantêm geração após geração até que a compreendam. Uma vez que você lhes tenha dado uma idéia, não é fácil pegá-la de volta, mas é difícil fazê-los compreender uma nova idéia.

Os hindus ortodoxos, portanto, são muito exclusivos, vivendo dentro de seu horizonte de pensamento e sentimento. Suas vidas são descritas em nossos antigos livros em todos os detalhes e o último detalhe é compreendido por eles com uma firmeza quase diamantina. Eles prefeririam passar fome a comer uma refeição feita pelas mãos de um homem não pertencente à sua pequena subcasta. Mas, apesar disso, eles têm intensidade e uma tremenda seriedade. Essa força de fé intensa e vida religiosa são encontradas em geral entre os hindus ortodoxos, porque sua ortodoxia vem de uma convicção tremenda de que está certa. Vocês todos podem não pensar que o que eles defendem com tanta perseverança seja certo, mas para eles é.

Agora, como dizem nossos livros, um homem deve sempre ser caridoso, mesmo que isso signifique um sofrimento extremo. Se um homem morre de fome para ajudar outro, para salvar a vida desse homem, está tudo bem, é até mesmo defendido que um homem deva fazer isso. É esperado de um brâmane conduzir essa idéia ao extremo. Aqueles que estão familiarizados com a literatura da Índia se lembrarão de uma linda história antiga sobre essa caridade extrema, como foi relatado no *Mahabharata*: como uma família inteira que morria de fome deu sua última refeição a um mendigo. Isso não é exagero, essas coisas ainda acontecem.

O caráter do pai e da mãe de meu Mestre era assim. Eles eram muito pobres e, mesmo assim, muitas vezes a mãe passava fome um dia inteiro para ajudar um homem pobre. Deles nasceu essa criança, que era peculiar desde sua infância. Ele lembrou seu passado desde seu nascimento e sabia por que tinha vindo ao mundo, e todos os seus poderes eram dedicados a cumprir esse objetivo.

Quando ele era bem jovem, seu pai faleceu e o menino foi mandado para a escola. Um menino brâmane deveria ir para a escola, a casta o restringe a apenas uma profissão aprendida. O sistema de educação nativo da Índia, principalmente do tipo ortodoxo, ainda prevalece em muitas partes do país, e era muito diferente do sistema moderno. Os estudantes não tinham que pagar por sua educação. Pensava-se que o conhecimento é tão sagrado que homem algum podia vendê-lo. O conhecimento deveria ser dado de graça. Os professores costumavam aceitar os estudantes sem cobrar e não apenas isso, mas muitos deles davam comida e roupas aos estudantes. Para apoiar esses professores, as famílias ricas, em certas ocasiões, faziam doações a eles, tais como uma festa de casamento ou cerimônias para os mortos. Eles eram considerados os primeiros e principais requerentes dessas doações e em troca tinham que manter seus estudantes.

Esse menino sobre o qual falo tinha um irmão mais velho, um professor, que o levou para Calcutá para estudar com ele. Pouco tempo depois, o menino convenceu-se de que o objetivo de todo ensino secular era mero avanço material e resolveu desistir do estudo e dedicar-se apenas à busca de conhecimento espiritual. Com o pai falecido, a família estava muito pobre e esse menino teve que ganhar a vida. Ele foi para um lugar perto de Calcutá e tornou-se um sacerdote do templo. Eles consideram que se tornar um sacerdote do templo é muito degradante a um brâmane. Nossos templos não são igrejas no seu sentido da palavra, eles não são lugares para culto público, pois, para falar a verdade, não há culto público na Índia. Os templos eram erigidos em sua maioria por pessoas ricas como um ato religioso meritório.

Se um homem tem propriedades, ele quer construir um templo. Nesse templo ele coloca um símbolo de Deus ou uma imagem de uma encarnação e a dedica em nome de Deus. O culto é parecido com aquele que acontece nas igrejas católicas romanas, é muito parecido com a missa. O sacerdote lê certas frases dos livros sagrados, balançando uma luz diante da imagem e tratando-a com todo o respeito como tratamos um homem importante. Isso é tudo que é feito no templo. O homem que vai ao templo não é considerado, por isso, um homem melhor do que aquele que nunca vai. Pelo contrário, o último é considerado o mais religioso, pois na Índia a religião é um assunto privado de cada homem e todo seu culto é celebrado na privacidade de seu lar.

Acredita-se desde os tempos mais antigos em nosso país que ser um sacerdote do templo é degradante. A idéia é que os sacerdotes do templo, como professores de escola, mas em um sentido bem mais intenso, comercializam coisas sagradas cobrando taxas por seu trabalho. Então você pode imaginar os sentimentos desse menino quando foi forçado pela pobreza a adotar a única ocupação aberta a ele, ser um sacerdote do templo.

Houve vários poetas em Bengala cujas canções passaram para as pessoas e são cantadas nas ruas de Calcutá e em todas as vilas. Muitas dessas são canções religiosas e sua idéia central, que talvez seja peculiar às religiões da Índia, é a idéia da percepção. Não há um livro na Índia sobre religião que não respire essa idéia. O homem deve perceber Deus, sentir Deus, ver Deus e falar com Deus. Isso é religião. A atmosfera indiana é repleta de histórias de pessoas santas que tiveram visões de Deus. Tais idéias formam a base de sua religião e todas essas escrituras e livros antigos são as obras de pessoas que entraram em contato direto com fatos espirituais. Esses livros não foram escritos para apelar ao intelecto, nem a razão pode entendê-los; eles foram escritos por homens que viram as coisas sobre as quais escreveram e elas podem ser entendidas apenas por homens que se elevaram à mesma altura. Eles declaram que há algo como a percepção até nessa vida e ela é aberta a todos, e a religião começa com a abertura dessa aptidão – se é que eu posso chamá-la assim. Essa é a idéia central em todas as religiões. E isso é o motivo de, na Índia, nós encontrarmos um homem, com os poderes oratórios mais completos ou a lógica mais convincente, podendo pregar as doutrinas mais elevadas e ainda assim incapaz de conseguir que as pessoas o ouçam, enquanto outro, um pobre homem que mal consegue falar a sua língua materna, é mesmo assim cultuado como Deus por metade da nação durante sua vida. Quando a idéia de um jeito ou de outro circula de que um homem ascendeu a um estado elevado de percepção – de que a religião não é mais objeto de conjectura para ele, que ele não está mais tateando no escuro sobre essas questões momentâneas da religião, como a imortalidade da alma e de Deus – as pessoas vêm de todos os cantos para vê-lo e aos poucos começam a cultuá-lo.

No templo havia uma imagem da "Mãe Bem-aventurada". O menino devia conduzir o culto dia e noite, e logo essa idéia preencheu sua mente: "há uma realidade por trás dessa imagem? É verdade que existe uma Mãe Bem-aventurada no Universo? É verdade que ela vive e guia este Universo, ou isso é tudo um sonho? Há alguma realidade na religião?" Essa espécie de dúvida aparece para quase todo aspirante hindu – isso que estamos fazendo é real? E as teorias não nos satisfarão, embora já estejam disponíveis quase todas as teorias que foram elaboradas a respeito de Deus e da alma. Nem livros nem dogmas podem nos satisfazer, a única idéia que surge para milhares de pessoas é essa idéia da percepção. É verdade que existe um Deus? Se for verdade, eu posso vê-lo? Eu posso perceber a verdade? A mente ocidental pode pensar que tudo isso não é muito prático, mas para nós ela é bem prática. Por essa idéia, os homens abdicarão de suas vidas. Por essa idéia, milhares de hindus todo ano saem de seus lares e muitos deles morrem por causa das dificuldades pelas quais passam. Para a mente ocidental, isso parece ser muito visionário e eu posso ver a razão para esse ponto de vista. Mas após anos de residência no Ocidente, eu ainda acho essa idéia a coisa mais prática da vida.

A vida é passageira, seja você um trabalhador nas ruas ou um imperador governando milhões. A vida é passageira, quer você tenha a melhor saúde ou a pior. Há apenas uma solução na vida, diz o hindu, e essa solução é o que eles chamam Deus e religião. Se Deus e religião foram reais, então a vida fica explicada, a vida fica suportável, fica desfrutável. Caso contrário, a vida é apenas um fardo inútil. Essa é nossa idéia. Mas nenhuma razão pode demonstrar a religião, ela só pode torná-la provável e lá descansa. Os fatos são baseados apenas na experiência e nós temos que experimentar a religião para demonstrá-la. Nós temos que ver Deus para nos convencermos de que há um Deus. Nada além da nossa própria percepção pode tornar a religião real para nós. Essa é a concepção hindu.

Essa idéia de percepção tomou conta do menino e toda sua vida ficou concentrada nisso. Dia após dia, ele chorava e dizia: "Mãe, é verdade que tu existes, ou é tudo poesia? A Mãe Bem-aventurada é imaginação dos poetas e das pessoas enganadas ou existe essa realidade?" Nós já vimos que educação, no nosso sentido da palavra, ele não tinha, portanto, nada mais natural, nada mais saudável era sua mente, tão puros os seus pensamentos, não diluídos por beber nos pensamentos dos outros. Por ele nunca ter ido a uma universidade, era capaz de pensar por si mesmo. O prof. Max Müller bem disse, no artigo ao qual acabei de me referir, que ele era um homem puro e original e que o segredo de sua originalidade era que não fora criado nos arredores de uma universidade.

Agora esse pensamento – se Deus pode ser percebido – que era predominante em sua mente ganhava força todo dia, até que ele não conseguia pensar em mais nada. Ele não podia mais conduzir o culto, não podia mais prestar atenção aos vários detalhes em todas as suas minúcias. Em geral, ele esquecia de colocar a oferenda de comida diante da imagem, às vezes ele esquecia de balançar a luz, em outras horas ele balançava a luz por horas e esquecia de todo o resto.

Por fim, ficou impossível para o menino servir no templo. Ele desistiu do culto e passou a maior parte de seu tempo em meditação em uma selva próxima. Sobre essa parte de sua vida ele me contou muitas vezes que não conseguiu saber quando o Sol nascia ou se punha ou como ele vivia. Ele perdeu todo o pensamento em si mesmo e esqueceu de comer. Durante esse período, foi zelado com amor por um parente que colocava em sua boca a comida, que ele engolia de forma mecânica.

Dias e noites passaram-se assim com o menino. No fim do dia, perto da noite, quando o dobrar dos sinos e o canto nos templos alcançava a selva, ele ficava muito triste e chorava: "Outro dia se vai em vão, Mãe, e tu não vieste. Mais um dia dessa vida curta partiu e eu não soube a verdade." Na agonia de sua alma, às vezes ele esfregava seu rosto contra o chão e chorava.

Essa é a sede tremenda que domina o coração dos devotos. Mais tarde, esse homem disse para mim: "Meu filho, suponha que haja um saco de ouro em uma sala e um ladrão na outra. Você acha que o ladrão pode dormir? Ele não pode. Sua mente estará sempre pensando em como entrar naquela sala e tomar posse do ouro. Você acha, então, que um homem persuadido de que há uma realidade por trás de todas essas aparências, que há um Deus, que há aquele que nunca morre, alguém cuja natureza é a felicidade infinita, comparado a isso esses prazeres dos sentidos são simples brincadeiras – pode descansar satisfeito sem lutar para alcançá-lo? Ele pode cessar seus esforços por um momento? Não. Ele enlouquecerá com o desejo." Essa loucura divina atingiu o menino. Nessa época ele não tinha professor, ninguém para contar nada a ele e todos pensavam que estava fora de si. Essa é a condição ordinária das coisas: se um homem deixa de lado as vaidades do mundo, nós ouvimos chamarem-no de louco. Mas esses homens são o sal da terra. Dessa loucura vêm os poderes que moveram este nosso mundo e dessa loucura virão os poderes do futuro que moverão o mundo.

Então dias, semanas, meses passaram em uma luta contínua da sua alma para chegar à verdade. O menino começou a ter visões, a ver coisas maravilhosas; os segredos de sua natureza começavam a se abrir para ele. Véu atrás de véu, digamos, foi retirado. Sua mãe tornou-se a professora e iniciou o menino nas verdades que ele buscava. Nessa época veio ao local uma mulher linda de olhar, instruída sem comparação. Mais tarde esse santo costumava dizer que ela não era instruída, mas sim era a personificação da instrução, era a instrução na forma humana. Lá também você encontra a peculiaridade da nação indiana. No meio da ignorância na qual a mulher hindu comum vive, no meio do que é chamado nos países ocidentais de falta de liberdade, lá apareceria a mulher de espiritualidade suprema. Ela era uma *sannyasini*, pois as mulheres também abdicam do mundo, renunciam à propriedade, não se casam e dedicam-se ao culto do Senhor. Ela veio e quando ouviu falar do anseio do menino, ofereceu-se para ir vê-lo, e dela foi a primeira ajuda que ele recebeu. De imediato ela reconheceu qual era o problema e disse a ele: "Meu filho, bem-aventurado o homem sobre o qual incide a loucura. Todos os homens neste mundo são loucos: alguns são loucos por riqueza, alguns por prazer, alguns por fama, alguns por uma centena de outras coisas. Mas bem-aventurados sejam aqueles que são loucos por Deus. Esses homens são muito poucos." Essa mulher permaneceu perto do menino por anos, ensinou-lhe várias disciplinas religiosas e iniciou-o nas diferentes práticas do *yoga*.

Depois, veio ao mesmo templo um *sannyasin*, um dos frades pedintes da Índia, um homem instruído, um filósofo. Ele era um homem singular, era um idealista. Ele não acreditava que este mundo existia na realidade e, para demonstrar isso, ele nunca vivia debaixo de um teto, vivia sempre ao ar livre, fizesse chuva ou sol. Esse homem começou a ensinar ao menino a filosofia dos *Vedas* e ele descobriu muito cedo, para sua surpresa, que o pupilo era, em alguns aspectos, mais sábio do que o mestre. Ele passou vários meses com o menino, depois que o iniciou na ordem dos *sannyasins* e, por fim, partiu.

Antes, quando sua conduta extraordinária como um sacerdote do templo fez as pessoas acharem que ele estivesse louco, seus parentes levaram-no para casa e casaram-no com uma garota de cinco anos, pensando que isso devolveria o equilíbrio a sua mente. Mas ele voltou e só emergiu ainda mais em sua loucura. Às vezes, em nosso país, as crianças são casadas por seus pais sem ter voz alguma sobre o assunto. É claro que esse casamento é um pouco mais do que um noivado. Quando eles estão casados, ainda continuam a viver com seus pais e o casamento de fato acontece quando a esposa fica mais velha, quando é costume o marido levar a noiva para casa. Nesse caso, porém, o marido, absorto no culto, esqueceu por completo que tinha uma esposa. Em sua casa distante, a garota ouviu que seu marido se tornara um entusiasta religioso e que até era considerado insano por muitos. Ela resolveu saber a verdade, então saiu e andou até o lugar onde seu marido estava. Quando ela enfim se colocou na presença de seu marido, ele logo aceitou os direitos dela como sua esposa – embora na Índia qualquer pessoa, homem ou mulher, que abrace uma vida monástica seja desse modo liberto de todas as obrigações mundanas. O jovem disse a ela: "Quanto a mim, a Mãe mostrou-me que ela reside em toda mulher, então eu aprendi a olhar para toda mulher como Mãe. Mas se você desejar arrastar-me para o mundo, já que eu estou casado com você, estou à sua disposição."

A dama era uma alma pura e nobre e foi capaz de entender as aspirações de seu marido e simpatizar com elas. Ela logo contou a ele que não desejava arrastá-lo para uma vida mundana, mas tudo o que queria era permanecer perto dele, servi-lo e aprender com ele. Ela tornou-se uma de suas discípulas mais devotas, sempre o reverenciando como um ser divino. Desse modo, com o consentimento de sua esposa, a última barreira foi removida e ele ficou livre para liderar a vida que escolheu.

O próximo desejo que incidiu sobre a alma desse homem foi conhecer a verdade sobre as várias religiões. Até esse momento, ele não conhecia qualquer outra além da sua. Ele quis entender como elas eram. Então, procurou professores das outras religiões. Vocês devem sempre se lembrar do que queremos dizer por professor na Índia: não um rato de biblioteca, mas um homem de percepção, alguém que conhece a verdade em primeira-mão e não por um intermediário. Ele encontrou um santo muçulmano e foi submetido a disciplinas prescritas por ele. Para sua surpresa, descobriu que, quando realizados com fé, esses métodos devotos os conduziam ao mesmo objetivo que ele já alcançara. Ele conseguiu uma experiência parecida ao seguir a religião de Jesus Cristo. Foi a todas as seitas que podia encontrar e em tudo que começou a estudar, ele entrou com todo seu coração. Ele fazia tudo que lhe pediam e em cada exemplo chegou ao mesmo resultado. Desse modo, de uma experiência real, ele soube que o objetivo de toda religião é o mesmo, que cada um tenta ensinar a mesma coisa, a diferença está mais no método e ainda mais na língua. No âmago, todas as seitas e religiões têm o mesmo objetivo, elas brigam apenas por seus propósitos egoístas.

Ele, então, começou a aprender sobre humildade, porque descobriu que a idéia comum em todas as religiões é "Não eu, mas tu", e o Senhor preenche o coração daquele que diz "Não eu". Quanto menos desse pequeno "eu", mais de Deus haverá nele. Isso, ele descobriu, era ensinado por toda religião no mundo e ele começou a perceber. Como contei para vocês, sempre que ele queria fazer alguma coisa, nunca se restringia às teorias, mas entrava na prática de imediato. Havia uma família de párias vivendo perto do templo. Os párias totalizam vários milhões em toda a Índia e são tão inferiores na sociedade que alguns de nossos livros dizem que se um brâmane, ao sair de sua casa, vir o rosto de um pária, deve jejuar nesse dia e recitar certas orações antes de tornar-se santo de novo. Nas altas horas da noite, quando estavam todos dormindo, meu Mestre entrava na casa dos párias e limpava os lugares sujos, dizendo "Ó Mãe, faze-me o servo do pária, faze-me sentir que eu sou ainda mais inferior do que ele."

Havia várias outras disciplinas, que demorariam muito tempo para serem relatadas e eu quero dar a vocês apenas um resumo de sua vida.

Depois surgiu para ele a convicção de que, para ser perfeito, a idéia de sexo deveria ser abolida, porque a alma não tem sexo, a alma não é nem masculina nem feminina. O sexo existe apenas no corpo e o homem que deseja alcançar o espírito não pode ao mesmo tempo apegar-se a distinções sexuais. Tendo nascido em um corpo masculino, esse homem queria levar a idéia feminina para tudo. Ele começou a pensar que era uma mulher: ele vestia-se como uma mulher, falava como mulher, comportava-se como mulher e vivia como um membro da casa entre as mulheres de uma boa família, até que, meses após essa disciplina, sua mente mudou e ele esqueceu por completo a idéia de sexo. Desse modo, toda a sua visão da vida mudou.

Nós ouvimos falar no Ocidente sobre cultuar a mulher, mas isso é em geral por sua juventude e beleza. Por culto às mulheres, esse homem queria dizer que para ele o rosto de toda mulher era o da Mãe bem-aventurada e nada além disso. Eu mesmo o vi de pé, banhado em lágrimas, diante dessas mulheres que a sociedade não tocava, dizendo com a máxima humildade: "Mãe, tu estás em uma forma na rua, e em outra forma estás no Universo. Eu saúdo-te, Mãe, eu saúdo-te." Pense na bem-aventurança da vida da qual desapareceu toda a sensualidade, que pode olhar para toda mulher com esse amor e reverência, para quem o rosto de toda mulher fica transfigurado e em vez disso brilha apenas o rosto da Mãe Divina, a bem-aventurada, a protetora da raça humana! Isso é o que ele quer. Você quer dizer que a divindade da mulher pode ser imitada? Nunca foi e nunca será. A divindade da mulher sempre persevera. Ela detecta a fraude sem falhar, ela detecta a hipocrisia, sem erro ela sente o calor da verdade, a luz da espiritualidade, a santidade da pureza. Essa pureza é necessária se quisermos alcançar a espiritualidade real.

Essa pureza rigorosa e imaculada veio para a vida de meu Mestre, todas as lutas que temos nas nossas vidas eram passado para ele. As merecidas jóias da espiritualidade, pelas quais ele deu três quartos de sua vida, agora estavam prontas para serem dadas à humanidade e então começou seu trabalho. Seu ensinamento e pregação eram peculiares: ele nunca tomaria a posição de um professor. Em nosso país um professor é uma pessoa muito venerada, é considerado o próprio Deus. Nós não temos o mesmo respeito nem por nossos pais. Eles nos deram nosso corpo, mas o professor mostra-nos o caminho para a salvação. Nós somos seus filhos, nós nascemos na linha espiritual do professor. Todos os hindus vêm prestar respeito a um professor extraordinário, eles amontoam-se ao redor dele. E aqui estava um professor assim. Mas o professor não pensava se ele era respeitado ou não, ele não tinha a menor idéia de que era um grande professor, ele pensava que era a Mãe quem fazia tudo, e não ele. Ele sempre dizia: "Se algum bem vier de meus lábios, é a Mãe quem fala. O que eu tenho com isso?" Essa era sua única idéia sobre seu trabalho e, até o dia de sua morte, ele nunca desistiu dela. Esse homem nada buscava. Seu princípio era: primeiro forme o caráter, primeiro ganhe espiritualidade e os resultados virão sozinhos. Sua ilustração favorita era: "Quando a flor de lótus abre, as abelhas vêm por iniciativa própria buscar o mel. Então deixe a flor de lótus de seu caráter desabrochar e os resultados virão." Essa é uma grande lição para aprender. Meu Mestre ensinou-me essa lição centenas de vezes e ainda assim eu a esqueço com freqüência.

Poucos entendem o poder do pensamento. Se um homem entra em uma caverna, tranca-se lá dentro, tem um pensamento muito importante e morre, esse pensamento penetrará as paredes dessa caverna, vibrará pelo espaço e enfim, permeará toda a raça humana. Esse é o poder do pensamento.

Não se apresse, portanto, em transmitir seus pensamentos aos outros. Primeiro tenha algo para transmitir. Apenas aquele que tem algo para transmitir ensina. Pois ensinar não é falar, ensinar não é divulgar doutrinas, mas sim comunicar. A espiritualidade pode ser comunicada de forma tão direta como eu posso dar-lhes uma flor. Isso é verdade no sentido mais literal. Essa idéia é muito antiga na Índia e encontra uma ilustração no Ocidente na teoria da sucessão apostólica. Portanto, primeiro forme o caráter: esse é seu dever mais importante. Conheça a verdade por si mesmo e haverá muitos a quem você pode ensiná-la depois. Todos eles virão.

Essa era a atitude de meu Mestre. Ele não criticava ninguém. Eu vivi por anos com esse homem, mas eu nunca ouvi aqueles lábios pronunciarem uma palavra de condenação a qualquer seita. Ele tinha a mesma simpatia por todas elas, ele encontrou a harmonia interna das religiões. Um homem pode ser intelectual, devoto, místico ou ativo: as várias religiões representam um ou outro desses tipos. Ainda é possível combinar todos os quatro em um homem e isso é o que a humanidade futura fará. Essa era sua idéia. Ele não condenava ninguém, e via o bem em tudo.

As pessoas vinham aos milhares para ver e ouvir esse homem maravilhoso, que falava em um jargão com palavras fortes e impregnadas de luz. Pois não é o que é falado, muito menos a língua em que é falado, mas sim a personalidade do falante, que está em tudo que ele diz, que tem peso. Cada um de nós sente isso às vezes. Nós ouvimos as mais esplêndidas orações, os mais maravilhosos discursos proferidos e vamos para casa e esquecemos tudo. Em outras vezes, nós ouvimos umas poucas palavras na linguagem mais simples e elas permanecem conosco por todo o resto das nossas vidas, tornam-se uma parte de nós e produzem resultados duradouros. As palavras de um homem que pode colocar sua personalidade nelas tomam efeito, mas ele deve ter uma personalidade tremenda. Todo o ensino significa dar e receber: o professor dá e o aluno recebe, mas um deve ter algo para dar e o outro deve estar aberto para receber.

Esse homem vivia perto de Calcutá, a capital da Índia, a cidade universitária mais importante no nosso país, que formava céticos e materialistas às centenas todo ano; também grandes homens das faculdades – muitos deles céticos e agnósticos – costumam vir e ouvi-lo. Eu ouvi falar desse homem e fui vê-lo. Ele parecia um homem comum, nada tinha notável. Ele usava a linguagem mais simples e eu pensei: "Esse homem pode ser um ótimo professor?" Eu rastejei para perto dele e fiz-lhe a pergunta que fizera a outros por toda a minha vida: "Você acredita em Deus, senhor?" "Sim," ele respondeu. "Você pode provar isso, senhor?" "Sim." "Como?" "Porque eu o vejo assim como eu vejo você aqui, apenas de um modo muito mais intenso."

Isso me impressionou de imediato. Pela primeira vez eu encontrei um homem que ousava dizer que via Deus, a religião era uma realidade – para ser sentida, para ser percebida em um modo muito mais intenso do que nós percebemos o mundo. Eu comecei a ir até esse homem dia após dia e eu via de verdade que a religião podia ser transmitida. Um toque, um olhar pode mudar toda uma vida. Eu li sobre Buda, Cristo e Maomé, sobre todos os diferentes eruditos dos tempos antigos e como eles se levantavam e diziam, "Sejam completos", e todos se tornaram completos. Eu agora descubro que isso é verdade e quando eu vi esse homem, todo o ceticismo foi descartado. Podia ser feito. Como meu Mestre costumava dizer, "A religião pode ser dada e recebida de um jeito mais tangível, mais direto, do que qualquer outra coisa no mundo." Portanto, sejam espirituais primeiro, tenham alguma coisa para transmitir e então fique de pé diante do mundo e transmita.

A religião não é conversa, doutrinas ou teorias, nem é sectarismo. A religião não pode viver em seitas e sociedades. É a relação entre a alma e Deus. Como ela pode ser adaptada a uma sociedade? Ela então degeneraria em um negócio e onde há negócio e princípios comerciais na religião, a espiritualidade morre. A religião não consiste em erigir templos, construir igrejas ou freqüentar o culto público. Ela não é encontrada em livros, em palavras, palestras ou em organizações. Religião consiste em percepção. Nós todos sabemos que nada nos satisfará até que percebamos a verdade. Não importa quanto possamos argumentar, não importa quanto possamos ouvir, mas uma coisa nos satisfará e essa é nossa própria percepção e essa experiência é possível para todos nós, se tentarmos.

A primeira idéia nessa tentativa de perceber a religião é a renúncia. Tanto quanto pudermos, devemos renunciar. Trevas e luz, desfrute do mundo e desfrute de Deus, nunca andarão juntos. "Vós não podeis servir a Deus e a *Mammon*."

A segunda idéia que eu aprendi com meu Mestre, que é talvez a mais vital, é a verdade maravilhosa: que as religiões do mundo não são contraditórias ou antagonistas, elas são as várias fases de uma religião eterna. Nunca houve a minha religião ou a sua, a minha religião nacional ou a sua. Nunca existiram muitas religiões, existe apenas uma. Uma religião infinita existiu durante toda a eternidade e sempre existirá e essa religião se expressa em vários países de várias maneiras. Portanto, devemos respeitar todas as religiões e devemos tentar aceitá-las todas o quanto pudermos.

As religiões manifestam-se não apenas de acordo com a raça e a posição geográfica, mas de acordo com poderes individuais. Em um homem, a religião manifesta-se como uma atividade intensa, como trabalho; em outro, manifesta-se como uma devoção intensa; em mais outro, como misticismo; em outros, como filosofia e assim por diante. É errado quando dizemos aos outros, "Seus métodos não estão certos." Deve-se aprender esse segredo central que a verdade pode ser uma e muitas ao mesmo tempo, que nós podemos ter visões diferentes da mesma verdade de diferentes pontos de vista. Então, em vez de sentir antagonismo em relação a qualquer pessoa, devemos ter uma simpatia infinita por todos. Sabendo que há naturezas diferentes nascidas nesse mundo e que elas pedirão aplicações diferentes das mesmas verdades religiosas, nós entenderemos por que devemos nos tolerar. Assim como na natureza há unidade na variedade – uma variação infinita no fenomenal e atrás de todas essas variações, o Imutável, o Absoluto – assim é com todo ser humano. O microcosmo é apenas uma repetição em miniatura do macrocosmo. Apesar de todas essas variações, dentro e por meio de todos eles corre essa harmonia eterna e devemos reconhecer isso. Essa idéia, acima de todas as outras, eu acredito ser a necessidade notória do dia.

Nascido em um país que é berço de seitas religiosas – pela boa ou má fortuna, todos têm uma idéia religiosa de enviar uma guarda avançada lá – eu conheci desde a minha infância as várias seitas do mundo. Até os mórmons foram pregar na Índia. Boas-vindas a todos! Esse é o lugar para pregar a religião. Lá ela cria uma raiz mais profunda do que em qualquer outro país. Se você ensina política aos hindus eles não entenderão, mas se você pregar a religião, por mais curioso que isso possa ser, você terá centenas e milhares de seguidores em pouco tempo e terá a chance de tornar-se um Deus vivo. Fico feliz que seja assim, pois mostra que uma coisa que prezamos na Índia é Deus.

As seitas entre os hindus são várias, quase inúmeras, e algumas delas são contraditórias. Entretanto, os hindus dirão que são apenas manifestações diferentes de uma religião. "Como rios diferentes, nascendo de montanhas diferentes, correndo em curvas ou em linha reta, todas por fim misturam suas águas no oceano, assim também é com as seitas diferentes, com seus diferentes pontos de vista, no final todas chegam a Vós." Isso não é uma teoria. Isso deve ser reconhecido – mas não daquele jeito protetor que algumas pessoas têm, quando dizem: "Oh sim, há algumas coisas muito boas nelas." Alguns até têm a maravilhosa idéia liberal que enquanto outras religiões são remanescentes de uma evolução pré-histórica, "a nossa religião é a satisfação das coisas." Um homem diz que por sua religião ser a mais antiga ela é a melhor, outro faz a mesma afirmação porque sua religião é a mais nova.

Nós devemos reconhecer que cada uma delas tem o mesmo poder salvador que todas as outras. O mesmo Deus ajuda a todos e não é você, eu ou alguém o responsável pela segurança e salvação da menor parte da alma. Eu não entendo como as pessoas declaram acreditar em Deus e ao mesmo tempo pensam que Deus entregou a um grupo pequeno de homens toda a verdade e que eles são os guardiões do resto da humanidade.

Não tente perturbar a fé de nenhum homem. Se você puder dar-lhe algo melhor, se você puder encontrar um homem onde ele estiver e dar-lhe um empurrão para cima, faça isso; mas não destrua o que ele tem. O único professor verdadeiro é aquele que pode se converter, digamos, em mil pessoas a qualquer momento. O único professor verdadeiro é aquele que pode descer ao nível do estudante, transferir sua alma para a alma do estudante e ver pelos seus olhos, ouvir por seus ouvidos e entender com sua mente. Esse professor pode ensinar de verdade e ninguém mais. Todos esses professores negativos e destrutivos que estão no mundo não podem fazer bem.

Na presença de meu Mestre descobri que um homem poderia ser perfeito até em seu corpo. Aqueles lábios nunca amaldiçoaram alguém, nunca criticaram alguém. Aqueles olhos estavam além da possibilidade de ver o mal, aquela mente perdeu o poder de pensar o mal. Ele nada via além de bem. Essa pureza tremenda, essa renúncia tremenda é o segredo da espiritualidade. "Não é pela riqueza nem pelo resultado, mas apenas pela renúncia a imortalidade é alcançada", dizem os *Vedas*. "Vende tudo que tens, dá aos pobres e segue-me", diz Cristo. Assim todos os grandes santos e profetas expressaram a renúncia e levaram-na para suas vidas. Como a grande espiritualidade pode surgir sem essa renúncia? A renúncia é o pano de fundo de todo o pensamento religioso, onde quer que esteja e você sempre descobrirá que quanto mais essa idéia da renúncia diminuir, mais os sentidos rastejarão para o campo da religião e a espiritualidade diminuirá.

Esse homem era a personificação da renúncia. Em nosso país, para um homem que quer perceber Deus, é necessário abdicar de toda riqueza e posição e meu Mestre executou essa condição no sentido literal. Houve muitos que se sentiriam abençoados se ele tivesse aceitado um presente deles, que dariam a ele milhares de rúpias se ele as aceitasse, mas esses eram os únicos homens de quem ele desviava. Ele era um exemplo triunfante, uma realização viva da vitória completa sobre a luxúria e o desejo pelo dinheiro. Ele estava além de todas essas idéias. Esses homens são necessários para este século. Essa renúncia é necessária nestes dias quando os homens começaram a pensar que eles não podem viver um mês sem o que chamam de suas "necessidades", que aumentam fora de todas as proporções. É necessário, em uma época como esta, que alguém surja para demonstrar aos céticos do mundo que ainda respira um homem que não liga a mínima para todo o ouro e a fama que há no Universo. E esses homens existem.

A terceira idéia que aprendi com meu Mestre foi o amor intenso pelos outros. A primeira parte de sua vida foi dedicada a adquirir espiritualidade e os anos restantes, em distribuí-la.

Os homens vinham ouvi-lo em multidões e ele falava por 20 horas seguidas e isso não só por um dia, mas por meses e meses, até que no fim seu corpo sucumbiu sob a pressão desse esforço tremendo. Seu amor intenso pela humanidade não o deixaria recusar a ajuda até ao mais humilde dos milhares que buscavam seu auxílio. Aos poucos, ele desenvolveu uma doença fatal na garganta, e mesmo assim ele não podia ser persuadido a abster-se desses esforços. Tão logo ouvia que as pessoas pediam para vê-lo, ele insistia em acolhê-las e respondia a todas as suas questões. Quando era censurado, respondia: "Eu não ligo. Eu desistirei de 20 mil destes corpos para ajudar um homem. É glorioso ajudar até um homem." Não havia descanso para ele. Uma vez um homem perguntou-lhe, "Senhor, você é um grande yogue, por que você não coloca sua mente um pouco em seu corpo e cura sua doença?" A princípio ele não respondeu, mas quando a questão foi repetida, ele disse com calma: "Meu amigo, eu pensava que você era um sábio, mas você fala como outros homens do mundo. Essa mente foi dada ao Senhor; você quer dizer que eu devo tomá-la de volta e colocá-la no corpo, que apenas é uma mera jaula da alma?"

Assim ele seguiu pregando às pessoas. Quando as notícias de que seu corpo estava prestes a falecer se espalharam, as pessoas começaram a amontoar-se ao redor dele nas maiores multidões já vistas. Vocês não podem imaginar o modo como eles vêm a esses grandes professores religiosos na Índia, como eles se amontoam ao redor deles e os consideram deuses enquanto eles ainda vivem. Milhares esperam apenas para tocar a bainha de suas roupas. É pela apreciação da espiritualidade nos outros que a espiritualidade é produzida. Tudo o que o homem quiser e apreciar, ele conseguirá e é o mesmo com as nações. Se vocês forem para a Índia e fizerem uma palestra política, por mais grandiosa ela seja, vocês quase não encontrarão pessoas para ouvi-los, mas apenas vão e ensinem religião, *vivam*-na, não apenas falem sobre ela, e centenas se amontoarão apenas para olhar para vocês, tocar seus pés. Quando as pessoas ouviram que esse homem santo estava prestes a deixá-las, elas começaram a ir até ele mais do que nunca e meu Mestre continuou a ensiná-los sem a menor preocupação com sua saúde. Nós não pudemos prevenir isso. Muitas das pessoas vinham de longas distâncias e ele não descansaria até responder suas questões. "Enquanto eu posso falar, eu devo ensiná-los", dizia e ele era tão bom quanto sua palavra. Um dia, ele nos disse que iria deitar-se e repetindo a palavra mais sagrada dos *Vedas* ele entrou em samadhi e faleceu.

Seus pensamentos e sua mensagem eram conhecidos apenas por poucos capazes de transmiti-los. Entre os outros, ele deixou alguns jovens que renunciaram ao mundo e estavam prontos a continuar seu trabalho. Tentaram reprimi-los, mas eles ficaram firmes, com a inspiração daquela grande vida diante deles. Tendo tido contato com aquela vida abençoada por anos, eles não cederam. Esses jovens viviam como *sannyasins*, mendigavam pelas ruas da cidade onde nasceram, embora alguns deles tenham vindo de famílias conhecidas. A princípio, eles enfrentaram um grande antagonismo, mas perseveraram e seguiram em frente dia após dia, espalhando por toda a Índia a mensagem daquele grande homem, até que todo o país estava repleto das idéias que ele pregava. Esse homem, de uma vila remota de Bengali, sem educação, pela força absoluta de sua determinação, percebeu a verdade e transmitiu-a aos outros, deixando apenas poucos jovens para mantê-la viva.

Hoje, o nome de Sri Ramakrishna Paramahamsa é conhecido por toda a Índia, com seus milhões de pessoas. O poder desse homem se espalhou além da Índia e, se houve uma palavra de verdade, uma palavra de espiritualidade que eu tenha dito em qualquer lugar do mundo, eu a devo ao meu Mestre. Apenas os erros são meus.

Essa é a mensagem de Sri Ramakrishna para o mundo moderno: "Não se importe com doutrinas, não se importe com dogmas, seitas, igrejas ou templos. Eles contam muito pouco quando comparados à essência da existência em cada homem, que é a espiritualidade, e quanto mais um homem a desenvolve, mais poder ele tem para o bem. Mereça isso primeiro, adquira isso e não critique, pois todas as doutrinas e credos têm um bem neles. Mostre com sua vida que a religião não significa palavras, nomes ou seitas, mas sim percepção espiritual. Apenas aqueles que sentiram podem entender. Apenas aqueles que alcançaram a espiritualidade podem comunicá-la aos outros, podem ser professores da humanidade. Apenas eles são os poderes da luz."

Quando mais homens assim são produzidos em um país, mais esse país crescerá e aquele país onde tais homens não existem está apenas condenado, nada pode salvá-lo. Portanto, a mensagem de meu Mestre à humanidade é: "Seja espiritual e perceba a verdade sozinho." Ele mandaria vocês pararem de falar sobre amor por seus irmãos e começarem a provar suas palavras. Chegou o tempo da renúncia, da percepção e então vocês verão a harmonia em todas as religiões do mundo. Vocês saberão que não há necessidade de briga e só então estarão prontos para ajudar a humanidade. Proclamar e deixar claro a unidade fundamental por trás de todas as religiões era a missão de meu Mestre. Outros professores ensinaram religiões especiais que carregavam seus nomes, mas esse grande professor do século XIX não fazia reivindicação em seu nome. Ele deixou todas as religiões tranqüilas porque percebeu que, na realidade, todas elas faziam parte de uma única religião eterna.

Swami Vivekananda, Londres, 1896.

5

Vislumbres Íntimos de Vivekananda

Reportagens em Jornais
(Boston Evening Transcript, "Hindus na Feira",
30 de setembro, 1893)

A figura mais notável que alguém pode conhecer nesta ante-sala [na Feira do Parlamento das Religiões do Mundo] é Swami Vivekananda, o monge brâmane. Ele é um homem grande e bem desenvolvido, com uma soberba bagagem do hindustani, seu rosto barbeado, suas feições comuns moldadas de modo quadrado, dentes brancos e com lábios bem delineados separados em um sorriso benevolente enquanto conversa. Sua cabeça bem equilibrada é coroada com um turbante verde-limão ou vermelho e seu manto (não é o nome técnico para essa vestimenta), com um cinto na cintura e terminando abaixo de seus joelhos, alterna um laranja brilhante e um rico vermelho. Ele fala um inglês excelente e responde de pronto quaisquer questões perguntadas com sinceridade.

Junto com sua simplicidade de modos há um toque de reserva pessoal quando fala com as damas, que sugere sua vocação. Quando questionado sobre as leis de sua ordem, ele disse: "Eu posso fazer o que quiser, eu sou independente. Às vezes moro nas montanhas do Himalaia e, às vezes, nas ruas das cidades. Eu nunca sei onde conseguirei minha próxima refeição, eu nunca tenho dinheiro comigo, eu venho aqui por meio de contribuições." Então, olhando ao redor para um ou dois de seus compatriotas que por acaso estavam perto, ele adicionou: "Eles cuidarão de mim", dando a inferência de que suas despesas em Chicago seriam pagas por outros. Quando perguntado se estava usando seu hábito de monge costumeiro, disse: "Esta é uma boa roupa, quando estou em casa fico em trapos e ando descalço. Se eu acredito em casta? Casta é um costume social, a religião não tem nada a ver com isso, todas as castas se associarão a mim."

É bem evidente, em sua postura, a aparência geral de que o sr. Vivekananda nasceu entre castas elevadas – anos de pobreza voluntária e andanças sem teto não lhe roubaram seu direito nato de cavalheiro, até seu nome de família é desconhecido, ele adotou o Vivekananda ao abraçar uma carreira religiosa e "Swami" é apenas o título de reverendo de acordo com ele. Ele não pode ter muito mais do que 30 anos e parece feito para essa vida e sua fruição, assim como para a meditação na vida além. Não se pode deixar de perguntar qual deve ter sido o ponto decisivo para ele.

"Por que eu devo me casar", foi sua resposta abrupta a um comentário sobre tudo a que ele renunciou ao tornar-se um monge, "quando eu vejo em toda mulher apenas a mãe divina? Por que eu faço todos esses sacrifícios? Emancipar-me dos laços e das ligações mundanas de modo que não haverá renascimento para mim. Quando eu morrer, quero tornar-me absorvido no divino, uno com Deus. Eu seria um Buda."

Vivekananda não quer dizer com isso que ele é budista. Nenhum nome ou seita pode rotulá-lo. Ele é resultado do Bramanismo mais elevado, um produto do espírito hindu, que é vasto, sonhador, auto-aniquilado, um sannyasi ou homem santo...

O discurso de Vivekananda para o Parlamento foi amplo como o céu sobre nós, abrangendo o melhor em todas as religiões, como a religião universal suprema – caridade a toda a humanidade, bons trabalhos por amor a Deus, não por medo de punição ou esperança de recompensa. Ele é um grande favorito do Parlamento, tanto por sua grandeza de sentimentos como por sua aparência. Se ele apenas cruza a plataforma é aplaudido e sua marcante aprovação por milhares de pessoas é recebida um espírito infantil de gratificação, sem um traço de presunção...

No Parlamento das Religiões eles costumavam manter Vivekananda no fim do programa para fazer as pessoas ficarem até o fim da sessão... Os quatro mil admiradores no Hall of Columbus sentavam-se sorrindo e na expectativa, aguardando por uma hora ou duas para ouvir Vivekananda por 15 minutos. O presidente conhecia a velha regra de manter o melhor para o final.

New York Herald

Ele é sem dúvida a figura mais importante no Parlamento das Religiões. Após ouvi-lo, percebemos como é uma tolice mandar missionários a essa nação instruída.

The Critic, 7 de outubro de 1893

Um orador por direito divino e com rosto forte e inteligente nessa moldura pitoresca de amarelo e laranja não era menos interessante do que essas palavras sinceras e a expressão rica e rítmica que ele deu a elas.

Appeal-Avalanche, Tennessee, "O Monge Hindu", 16 de janeiro de 1894

Swami Vivekananda, o monge hindu, que fará uma palestra no Auditorium [Memphis] hoje à noite, é um dos homens mais eloqüentes já vistos na plataforma religiosa ou de conferência neste país. Sua oratória incomparável, a penetração profunda nas coisas ocultas, sua esperteza no debate e a grande sinceridade capturaram a atenção dos pensadores mundiais na Parlamento Mundial Igualitário da Religião e a admiração de milhares de pessoas que já o ouviram durante sua turnê de conferências por muitos estados da União.

Conversando ele é um cavalheiro muito agradável, suas palavras escolhidas são as gemas da língua inglesa e sua conduta geral coloca-o entre as pessoas mais cultas da etiqueta e do costume ocidentais. Como companhia, é um homem muito charmoso e como pessoa sociável ele talvez não seja superado nas salas de visitas de qualquer cidade do mundo ocidental. Fala inglês não apenas com distinção, mas também com fluência e suas idéias, tão novas quanto brilhantes, saem de sua língua em uma inundação desconcertante de linguagem ornamental...

Ele sempre foi um estudante atento das obras misteriosas e maravilhosas da natureza como planejada pela concepção elevada de Deus e adquiriu um conhecimento que deu a ele uma reputação mundial como um dos estudiosos mais atenciosos da era.

Seu maravilhoso primeiro discurso diante dos membros da Feira Mundial do Parlamento caracterizou-o como um líder nesse grande corpo de pensadores religiosos. Durante a sessão, ele era ouvido defendendo sua religião e algumas das gemas mais lindas e filosóficas que agraciam a língua inglesa rolaram de seus lábios ao retratar os deveres principais que o homem tem com a humanidade e com seu Criador. Ele é um artista no pensamento, um idealista na crença e um dramaturgo na plataforma.

Desde sua chegada em Memphis ele foi convidado do sr. Hu L. Brinkley, onde recebeu chamados dia e noite de muitos que desejavam lhe fazer uma visita.

Ada Record, Ohio, "Divindade do Homem", 28 de fevereiro de 1894

A palestra sobre a Divindade do Homem feita por Swami Vivekananda, o monge hindu, lotou o Ópera na última noite de sexta-feira [22 de fevereiro].

Ele afirmou que a base fundamental de todas as religiões é a crença na alma que é o homem real e em algo além da mente e da matéria e prosseguiu para demonstrar a proposição. O palestrante disse: "Eu sou um espírito e não matéria. A religião do Ocidente espera viver de novo com seu corpo. As nossas ensinam que não pode haver esse estado. Nós dizemos liberdade da alma em vez da salvação."

A palestra mesmo durou apenas 30 minutos, mas o presidente do comitê palestrante anunciou que, ao final, o palestrante responderia quaisquer questões propostas a ele. Ele deu essa oportunidade e foi feito um uso liberal desse privilégio. As perguntas vieram de pregadores e professores, médicos e filósofos, cidadãos e estudantes, de santos e pecadores, algumas eram escritas, mas dúzias levantaram-se de seus assentos e perguntaram de forma direta. O palestrante respondeu a todos – ouçam o que eu digo, por favor – de um modo afável e em vários casos voltava a pergunta a quem perguntou. Eles mantiveram essa chuva de perguntas por quase uma hora; quando o palestrante implorou para ser dispensado do trabalho ainda restava uma pilha grande de perguntas sem resposta. Ele era evasivo de uma forma ágil em muitas das questões. De suas respostas nós vislumbramos as seguintes afirmações adicionais a respeito da crença e dos ensinamentos hindus: (...) o culto é a percepção da santidade de Deus. Nossa religião não acredita em missões e ensina que o homem deve amar Deus pelo amor e seu próximo a despeito de si mesmo. As pessoas do Ocidente lutam muito; tranqüilidade é um fator da civilização. Nós não atribuímos nossas fraquezas a Deus. Há uma tendência para a união das religiões.

Northampton Daily Herald, "Uma Noite com nossos Primos Hindus", 16 de abril de 1894

Mas ver e ouvir Swami Vivekananda é uma oportunidade que nenhum americano inteligente e honesto deveria perder, se você se importar em ver uma luz brilhante do melhor produto da cultura espiritual, moral e mental de uma raça que conta sua idade em milhares enquanto nós contamos a nossa em centenas e é merecedora do estudo de toda mente. Na tarde de domingo [15 de abril], o distinto hindu falou aos estudantes da faculdade Smith no serviço vespertino, sendo seu tema a Paternidade de Deus e a Fraternidade do homem, e que o discurso causou uma profunda impressão foi evidenciado pelo relato de cada ouvinte, a mais ampla liberalidade do sentimento e preceitos religiosos verdadeiros caracterizam toda a tendência de pensamento.

Washington Post, "Todas as Religiões são Boas," 29 de outubro de 1894

Sr. Kananda discursou ontem na People's Church [Igreja do Povo] a convite do dr. Kent, pastor da igreja. Sua fala da manhã foi um sermão comum, lidando com o lado espiritual da religião e apresentando, para seitas ortodoxas, a proposição um tanto original de que há bem na fundação de toda religião, que todas as religiões, como as línguas, descendem de uma origem comum e que cada uma é boa em seus aspectos corporais e espirituais enquanto for mantida livre de dogma e fossilismo...

Depois da reunião, o sr. Kananda disse a um repórter do *Post*: "eu afirmo não ser afiliado a nenhuma seita religiosa, mas sim ocupo a posição de um observador e, enquanto eu puder, de um professor da humanidade. Toda a religião para mim é boa."

Westminster Gazette, "Um Yogue Indiano em Londres," 23 de outubro de 1895

A filosofia indiana exerceu em anos recentes uma fascinação crescente para muitas mentes, embora até os dias atuais seus expoentes neste país tenham sido ocidentais em seu pensamento e treinamento, com o resultado de que muito pouco se conhece dos mistérios mais profundos da sabedoria Vedanta e esse pouco apenas por alguns selecionados. Não muitos têm a coragem ou a intuição de buscar em traduções pesadas, feitas na maioria pelo interesse dos filólogos, por esse conhecimento sublime que elas revelam a um expoente apto criado em todas as tradições do Oriente.

Foi portanto com interesse não sem alguma curiosidade, escreve um correspondente, que eu fui entrevistar um expoente totalmente novo ao povo ocidental na pessoa de Swami Vivekananda, um verdadeiro yogue indiano, que se comprometeu com ousadia a visitar o mundo ocidental para expor o ensinamento tradicional transmitido pelos ascéticos e pelos yogues durante muitas eras e que, na busca desse objeto, proferiu uma palestra na noite passada no Princes' Hall.

Swami Vivekananda é uma figura notável com seu turbante (ou capelo de tecido preto em forma de mitra) e suas calmas, mas ternas feições.

À minha pergunta sobre o significado, se houver, de seu nome, o Swami disse: "Sobre o nome pelo qual sou conhecido agora (Swami Vivekananda), a primeira palavra é descritiva de um sannyasin, ou alguém que renunciou ao mundo e o segundo é o título que eu assumi – como é costume entre todos os sannyasins – quando da minha renúncia ao mundo, significa, no sentido literal, 'a felicidade da discriminação.'"

"E o que o induziu a renunciar ao curso ordinário do mundo, Swami?", eu perguntei.

"Eu tenho um interesse profundo em religião e filosofia desde a minha infância", ele respondeu, "e nossos livros ensinam a renúncia como o ideal mais elevado ao qual o homem pode aspirar. Só precisou da reunião com um grande professor – Ramakrishna Paramahamsa – para incitar em mim a determinação final para seguir o caminho que ele mesmo trilhou, pois nele eu encontrei o meu ideal mais elevado realizado."

"Então ele fundou uma seita, que você representa agora?"

"Não"; logo respondeu o Swami. "Não, ele passou toda sua vida quebrando as barreiras do sectarismo e do dogma. Ele não formou uma seita. Muito pelo contrário. Ele defendeu e lutou para estabelecer a liberdade absoluta de pensamento. Ele era um grande yogue."

"Então você não está ligado a uma sociedade ou seita nesse país? Nem Teosófica, nem Cientista cristã, ou outras?"

"Não, de jeito algum!", disse o Swami em tons claros e comoventes. (Seu rosto ilumina-se como o de uma criança; é muito simples, franco e honesto.) "Meu ensino é minha própria interpretação de nossos livros antigos, na luz que meu Mestre emitiu sobre eles. Eu não reivindico uma autoridade sobrenatural. Tudo o que no meu ensinamento puder interessar à inteligência superior e ser aceita por homens pensadores, a adoção disso será minha recompensa." "Todas as religiões", continuou ele, "têm por seu objeto o ensino da devoção, do conhecimento, ou do yoga, em uma forma concreta. Agora, a filosofia do Vedanta é a ciência abstrata que abarca todos esses métodos e isso é o que eu ensino, deixando cada um aplicá-la à sua forma concreta. Eu atribuo a todos os indivíduos suas experiências e onde é feita referência a livros, eles são acessíveis e podem ser estudados por cada um. Acima de tudo, eu não ensino autoridade provindo de seres ocultos falando por intermédio de agentes visíveis, assim como eu não afirmo aprender de livros ocultos ou manuscritos. Eu não sou expoente de qualquer sociedade oculta nem acredito que o bem deve vir de tais corpos. A verdade sustenta-se em sua própria autoridade e a verdade pode carregar a luz do dia."

"Então você não propõe formar qualquer sociedade?", eu sugeri.

"Não, nenhuma sociedade. Eu ensino apenas o *Self* oculto no coração de todo indivíduo e comum a todos. Vários homens fortes conhecendo esse *Self* e vivendo em Sua luz revolucionariam o mundo, até hoje, como foi o caso de um único homem forte diante de cada em sua época."

"Você acabou de chegar da Índia?", eu perguntei – pois o Swami lembra o Sol Oriental.

"Não", ele respondeu, "eu representei a religião hindu no Parlamento das Religiões reunido em Chicago, em 1893. Desde então viajei e palestrei nos Estados Unidos. O povo americano provou-se uma audiência muito interessada e amigos simpáticos e meu trabalho lá criou tantas raízes que eu devo retornar em breve àquele país."

"E qual é sua atitude para com as religiões ocidentais, Swami?"

"Eu proponho uma filosofia que pode servir como uma base a todo sistema religioso possível no mundo e minha atitude em relação a todas elas é de simpatia extrema – meu ensinamento não é antagônico a qualquer outro. Eu direciono a minha atenção ao indivíduo, para fortalecê-lo, para ensinar-lhe que ele é divino e eu apelo aos homens para ficarem conscientes de sua divindade interior. Isso é o ideal – consciente ou inconsciente – de toda religião."

"E que formas suas atividades terão neste país?"

"Minha esperança é inspirar nos indivíduos os ensinamentos aos quais me referi e encorajá-los a expressá-los aos outros de sua maneira; deixe-os modificá-los como quiserem; eu não os ensino como dogmas; a verdade, enfim, deve prevalecer. O maquinário real com o que trabalho está nas mãos de um ou dois amigos. No dia 22 de outubro, eles arranjaram para mim um discurso para uma audiência britânica no Prince's Hall, Piccadilly, às 20h30. O evento está sendo anunciado. O assunto será a chave de minha filosofia – 'Autoconhecimento.' Depois disso, estou preparado para seguir qualquer curso que se abre – comparecer às salas de visitas das pessoas ou em outro lugar, responder cartas ou discutir em pessoa. Em uma era mercenária, eu posso me aventurar a observar que nenhuma das minhas atividades é empreendida por uma recompensa pecuniária."

Então eu deixei um dos homens mais originais que tive a honra de conhecer.

Apreciações por Grandes Pensadores

Romain Rolland, Ganhador do Nobel

Ele era a energia personificada e a ação era sua mensagem aos homens. Para ele, assim como para Beethoven, essa era a raiz de todas as virtudes. Quando esse desconhecido jovem de trinta anos apareceu em Chicago na reunião inaugural do Parlamento das Religiões, inaugurado em setembro de 1893 pelo cardeal Gibbons, todos seus colegas membros foram esquecidos em sua presença dominante. Sua força e beleza, a graça e a dignidade de sua conduta, a luz escura de seus olhos, sua aparência imponente e, desde o momento que ele começou a falar, a esplêndida música de sua rica e profunda voz encantaram a vasta audiência dos anglo-saxões americanos, que tiveram preconceito contra ele de novo por causa de sua cor. O pensamento desse profeta guerreiro da Índia deixou uma marca profunda sobre os Estados Unidos. Todos reconheceram nele, à primeira vista, o líder, o escolhido de Deus, o homem marcado com o selo do poder de comando.

Suas palavras são uma grande melodia, frases no estilo de Beethoven, ritmos inspirados como os refrões da marcha de Handel. Eu não posso tocar nessas declarações dele, espalhadas pelas páginas de livros a uma distância de 30 anos, sem receber uma palpitação pelo meu corpo como um choque elétrico. E o que choca, o que transporta deve ter sido produzido quando em palavras incandescentes elas saíram dos lábios do herói!

William James, filósofo americano

O modelo de todos os sistemas monísticos é a filosofia Vedanta de Hindostan e o modelo dos Vedantistas é Swami Vivekananda, que visitou nossa terra alguns anos atrás. Eu acabei de ler alguns de seus discursos na Inglaterra, que eu não vi. Esse homem é simplesmente uma maravilha por seu poder oratório... O Swami é uma honra para a humanidade em qualquer caso.

Leon Tolstoi

O mais eminente dos pensadores indianos modernos é Vivekananda.

S. Radhakrishnan, filósofo indiano e ex-presidente da Índia

E se houver algum chamado que Vivekanada nos fez é para confiarmos em nossas próprias fontes espirituais... Ele nos deu bravura para o sofrimento, esperança para quando estivermos em agonia, coragem para quando estivermos em desespero.

Mahatma Gandhi

Eu passei por suas obras completas e, tendo feito isso, o amor que eu tinha por meu país aumentou mil vezes mais.

Rabindranath Tagore, ganhador do Nobel

Vivekananda disse que havia o poder do *Brahma* [Realidade Suprema] em todo homem, que *Narayana* [o Deus pessoal] queria ter nosso serviço pelos pobres. Isso é o que chamo de evangelho verdadeiro. Esse evangelho mostrou o caminho da liberdade infinita do pequeno eu egocêntrico do homem para além dos limites de todo egoísmo. Esse não era um sermão relativo a um ritual em particular, nem era uma determinação estreita para ser imposta sobre a vida externa da pessoa... O evangelho de Vivekananda marcou o despertar do homem em sua plenitude e essa é a razão pela qual ele inspirou nossa juventude nos cursos diversos da liberação pelo trabalho e pelo sacrifício.

Merwin-Marie Snell, presidente da seção científica do Parlamento das Religiões de 1893

Swami Vivekananda ... era sem dúvida o homem mais popular e influente no Parlamento. Ele falava muitas vezes tanto no chão do Parlamento como na reunião da seção científica à qual eu tive a honra de presidir, e em todas as ocasiões ele era recebido com um entusiasmo maior do que outros palestrantes, cristão ou "pagãos". As pessoas amontoavam-se ao redor dele onde quer que ele fosse e aguardavam com ansiedade cada palavra sua. Desde o Parlamento, ele tem discursado diante de grandes audiências nas principais cidades dos Estados Unidos e recebe uma ovação onde for. Ele tem sido convidado para pregar em púlpitos cristãos e é sempre descrito em termos da maior admiração por todos aqueles que o ouviram em toda ocasião e ainda mais por aqueles que o conheceram pessoalmente. Os cristãos mais ortodoxos dizem sobre ele: "Ele é, de fato, um príncipe entre os homens." A América agradece à Índia por mandá-lo e apela para ela mandar mais como ele, se existirem, para ensinar por seus exemplos àqueles seus filhos que ainda não aprenderam a lição da fraternidade universal, da abertura da mente e do coração e por seus preceitos ensinar àqueles que ainda não conseguiram ver a divindade em todas as coisas e uma unicidade transcendendo tudo.

C.C. Everett, reitor da Harvard Divinity School

Há, de fato, poucos departamentos de estudo mais atraentes do que o do pensamento hindu. É um raro prazer ver uma forma de crença que parece a muitos tão distante e irreal como o sistema Vedanta, representado por um crente vivo e muito inteligente. Esse sistema não é para ser considerado apenas como uma curiosidade, como um capricho especulativo. Hegel disse que o Espinozismo é o começo necessário de todo o filosofismo. Isso pode ser dito de modo ainda mais enfático sobre o sistema Vedanta. Nós, ocidentais, ocupamo-nos com o múltiplo. Porém, nós não podemos ter entendimento do múltiplo se não tivermos qualquer sentido do Uno no qual o múltiplo existe. A realidade do Uno é a verdade que o Oriente pode muito bem nos ensinar e nós temos uma dívida de gratidão com Vivekananda por ter nos ensinado essa lição com tanta eficiência.

Sri Ramakrishna, Homem-Deus do século XIX, profeta da harmonia das religiões e Mestre espiritual de Swami Vivekananda

Narendra[11] pertence a um plano muito elevado – o domínio do Absoluto. Ele tem uma natureza viril. Tantos devotos vêm aqui, mas não há nenhum como ele.

De vez em quando eu avalio os devotos. Eu descubro que alguns são como flores de lótus com dez pétalas, alguns são como flores de lótus com dezesseis pétalas e outros como flores de lótus com cem pétalas. Mas dentre essas flores de lótus, Narendra é uma com mil pétalas.

Narendra e pessoas de seu tipo pertencem à classe dos sempre-livres. Eles nunca são confundidos no mundo. Quando crescem um pouco, eles sentem o despertar da consciência interior e vão direto para Deus. Eles vêm ao mundo apenas para ensinar aos outros.

Um dia eu vi que, pelo samadhi, minha mente ia por um caminho luminoso. Indo além do mundo bruto enfeitado com o Sol, a Lua e as estrelas, ela entrou antes de tudo no mundo sutil das idéias. Quanto mais ela começou a ascender para camadas cada vez mais sutis da área, mais eu via lindas formas ideais de divindades existindo em ambos os lados do caminho. Aos poucos ela chegou à extremidade final daquela região. Eu vi uma barreira de luz lá separando a área da forma divisível daquela da forma indivisível. Saltando sobre ela, a mente entrou aos poucos na área do indivisível. Eu vi que não havia lá mais qualquer pessoa ou coisa com uma forma. Como se, com medo de entrar lá, até os deuses e deusas possuindo corpos celestes exercitavam sua autoridade apenas sobre áreas muito abaixo. Mas, no momento seguinte, eu vi sete sábios rishis com corpos consistindo apenas de luz divina, sentados em samadhi. Eu senti que, em virtude e conhecimento, amor e renúncia eles eram melhores até do que os deuses e deusas, para não falar de seres humanos. Surpreso, eu refletia sobre sua grandeza quando vi diante de mim que uma parte da massa homogênea de luz da "Morada do Indivisível", desprovido do menor traço de diferença, solidificou-se e converteu-se na forma de uma criança divina. Descendo a um desses rishis e lançando seus braços leves e delicados ao redor de seu pescoço, a criança divina abraçou-o e, depois, chamando-o com suas palavras ambrosíacas, mais doces do que a música de uma vina, fez grandes esforços para acordá-lo de seu samadhi. O rishi acordou com o toque amoroso e delicado e olhou para aquela criança maravilhosa com olhos semicerrados, sem piscar. Vendo seu rosto brilhante, cheio de en-

---

[11] Narendra ou Naren, o nome pré-monástico de Swami Vivekananda.

canto com a visão da criança, eu pensei que a criança era o tesouro de seu coração e que a familiaridade deles era uma questão de eternidade. A extraordinária criança divina, então, expressou uma alegria infinita e disse a ele, "Eu vou, você deve vir comigo." O rishi nada disse, mas seus olhos amorosos expressaram seu consentimento. Depois, olhando para a criança com olhos ternos, ele entrou de novo em samadhi. Surpreso, eu vi então que uma parte da mente e do corpo desse rishi se converteram na forma de uma luz brilhante, e desceu à terra pelo caminho inverso. Assim que vi Narendra pela primeira vez, soube que ele era aquele rishi.

Narendra abdicará de seu corpo por vontade própria. Quando perceber sua natureza verdadeira, ele se recusará a ficar na Terra. Muito em breve ele estremecerá este mundo com seus poderes espirituais e intelectuais. Eu rezei para a Mãe Divina manter longe dele o conhecimento do Absoluto e cobrir seus olhos com um véu de maya. Há muito trabalho a ser feito por ele.

Santa Mãe Sri Sarada Devi, esposa e companheira espiritual de Sri Ramakrishna

[Swami Vivekananda escreveu uma vez uma carta da América incitando os monges da Ordem Ramakrishna a renunciar a tudo no serviço de Deus. Quando a Santa Mãe ouviu isso, ela disse,] Naren é um instrumento do Mestre. É o Mestre que escreve por meio de Naren sobre os deveres futuros de seus filhos e devotos pelo bem do mundo. Tudo o que ele escreveu está correto. Você o verá dando fruto com o tempo.

[Para Swami Vivekananda:] O que você faz agora e o que fará no futuro será permanente. Você nasceu apenas para concluir esse trabalho. Milhares de pessoas o saudarão como um professor mundial, um concessor de conhecimento divino.

Estudantes, amigos e admiradores, Londres

Os estudantes da filosofia Vedanta em Londres sob sua instrução competente sentem que faltariam em seu dever e privilégio se deixassem de relatar sua apreciação cordial e sincera do trabalho nobre e altruísta que você se propôs a fazer e a grande ajuda que tem dado a eles em seu estudo da religião.

Nós sentimos o mais profundo pesar por você deixar a Inglaterra tão cedo, mas nós não seríamos estudantes verdadeiros da linda filosofia que nos ensinou a considerar tanto se não reconhecêssemos que os irmãos e as irmãs da Índia têm direitos sobre seu trabalho. Que você possa prosperar muito nesse trabalho é a oração unificada de todos que ficaram sob a influência sublime de seu ensinamento e nada menos do que seus atributos pessoais, que, como um exemplo vivo do Vedanta, nós reconhecemos como o encorajamento mais útil para nós todos nos tornarmos adoradores reais de Deus, tanto na prática como na teoria.

Nós aguardamos com grande interesse e ávida antecipação seu retorno rápido a este país, mas, ao mesmo tempo, sentimos um prazer verdadeiro pela Índia, que você nos ensinou a estimar em uma nova luz e gostaríamos de acrescentar, amar é compartilhar conosco o serviço generoso que você dá ao mundo.

Concluindo, nós rogamos que você transmita nossa simpatia afetuosa ao povo indiano e aceite de nós a promessa de que consideramos sua causa como a nossa, como percebemos com você que nós todos somos Um em Deus.

Reminiscências de Swami Vivekananda

Das reminiscências de Cornelia Conger

Antes do Congresso (ou Parlamento) das Religiões reunido em Chicago na época da Exposição Colombiana em 1893, membros de várias igrejas ofereceram-se para abrigar representantes convidados em suas casas. Minha avó, sra. John B. Lyon era uma, solicitando que, se possível, um representante tolerante fosse enviado para nós, pois meu avô estava muito interessado em Filosofia, mas detestava intolerantes de todo coração.

Nossa casa era na Michigan Avenue, nº 262, uma agradável casa de madeira um pouco antiquada, pintada de verde oliva com vasos de gerânios vermelhos em toda frente. Ela estava cheia de convidados por todo o verão por meus avós serem hospitaleiros por natureza e essa Feira Mundial ser um assunto muito animador e fascinante. Então, todos os nossos parentes e amigos de fora da cidade estavam ansiosos por chegar a Chicago para vê-la. Quando se soube que nosso representante estava para chegar em certa noite, a casa estava tão cheia que minha avó teve que mandar seu filho mais velho à casa de um amigo para ter espaço para nosso convidado.

Não nos deram qualquer idéia de quem ele seria, nem ao menos que religião representava. Chegou uma mensagem de que um membro de nossa Igreja – a Primeira Presbiteriana – o traria depois da meia-noite. Todos foram dormir com exceção da minha avó, que esperou acordada para recebê-lo. Quando ela respondeu à campainha, lá estava Swami Vivekananda em um longo manto amarelo, um cinturão e um turbante vermelhos – uma visão muito surpreendente para ela, que nunca havia visto um indiano oriental antes. Ela deu-lhe calorosas boas-vindas e mostrou-lhe seu quarto. Quando foi dormir, ela estava um tanto perturbada...

Quando meu avô acordou, ela lhe contou sobre o problema e disse que ele deveria decidir se não seria desconfortável para Swami e nossos amigos do sul ficarem juntos. Se sim, ela disse que ele poderia hospedar Swami como nosso convidado no novo Auditorium Hotel perto de nós. Meu avô vestiu-se meia hora antes do café da manhã e foi até a biblioteca ler seu jornal. Lá encontrou Swami e, antes que o café fosse servido, foi até minha avó e disse: "Eu não me importo nem um pouco, Emily, se todos os nossos convidados partirem! Esse indiano é o homem mais brilhante e interessante que já esteve em nossa casa e ele deve ficar o quanto quiser." Começou então uma amizade afetuosa entre eles que foi resumida mais tarde – para embaraço de meu avô – por uma observação a um grupo de amigos do meu avô um dia no Chicago Club: "Eu acredito que o sr. Lyon é o homem mais semelhante a Cristo que eu conheci."

Ele pareceu sentir-se próximo da minha avó, que lhe recordava sua mãe. Ela era baixa e muito ereta, com uma serena dignidade e segurança, excelente bom senso e um humor sarcástico de que ele gostava. Minha mãe, que era uma linda e charmosa viúva, e eu – que tinha apenas seis anos de idade – morávamos com eles. Minha avó e minha mãe estiveram presente em muitas das reuniões do Congresso das Religiões e ouviram Swamiji[12] falar lá e depois em palestras que ele dava. Eu sei que ele ajudou minha triste jovem mãe que sentia muita falta de seu jovem marido. Minha mãe, depois, leu e estudou os livros de Swamiji e tentou seguir seus ensinamentos.

Minhas memórias são apenas dele como um convidado na nossa casa – de uma grande personalidade que ainda é nítida para mim. Seus olhos brilhantes, sua voz charmosa com o ritmo de um leve e polido dialeto irlandês, seu sorriso cordial. Ele contou-me histórias encantadoras da Índia, sobre macacos e pavões, vôos de brilhantes papagaios verdes, figueiras de bengala, sobre as várias flores, e sobre os mercados abarrotados com todas as cores de frutas e vegetais. Para mim elas soavam como contos de fada, mas agora que eu dirigi muitas centenas de quilômetros nas estradas indianas, eu percebo que ele estava apenas descrevendo cenas das memórias de sua própria infância.

Eu costumava correr para ele quando ele chegava em casa e gritava: "Conte-me outra história, Swami", e pulava em seu colo. Talvez, tão distante de casa e em um país tão estranho, tenha encontrado conforto no amor e entusiasmo de uma criança. Ele sempre foi maravilhoso comigo! E ainda – por causa da sensibilidade de uma criança – eu lembro das vezes em que eu corria para seu quarto e de

---

[12] Swami Vivekananda.

repente percebia que ele não queria ser perturbado – quando ele estava em meditação. Ele perguntava-me muitas questões sobre o que eu aprendia na escola e fazia-me mostrar para ele meus livros escolares e apontava a Índia para mim no mapa – era rosa, eu me lembro – e contava-me sobre seu país. Ele parecia triste com o fato de que garotinhas indianas não tinham, em geral, a chance de ter uma educação tão boa quando a das crianças americanas. Imagine como eu estava interessada quando Swami Shankarananda,[13] presidente, *Belur Math*, contou-me que fundou uma escola de garotas em Calcutá!

Minha avó era a presidente do *Women's Hospital* [Hospital das Mulheres] em casa e ele o visitava com grande interesse e perguntava por todas as estatísticas da mortalidade infantil, etc. Então, de novo mostrava o quanto ele aprendia em nosso país para ser usado na ajuda ao seu povo, porque eu soube que uma maternidade também foi fundada depois. Como isso deve ter feito minha avó feliz!

Eu estava fascinado por seu turbante que me impressionou como um tipo muito engraçado de chapéu, mais ainda porque tinha de ser amarrado de novo sempre que ele colocava! Eu o persuadi a deixar-me amarrá-lo ao redor de sua cabeça.

Como nossa comida americana é um pouco menos temperada do que a indiana, minha avó temia que ele a achasse insípida. Ele contou-nos, na chegada, que lhe pediram para se conformar com todos os costumes e a comida de seus anfitriãos, então ele comia como nós. Minha avó costumava realizar uma pequena cerimônia de preparar o molho da salada na mesa e um dos condimentos que ela usava era molho tabasco, oferecido por alguns amigos dela, os McIlhennys, de Louisiana. Ela entregou-lhe o vidro e disse: "Você pode gostar de uma gota ou duas disto em sua carne, Swami." Ele espalhou o molho com uma quantidade tão generosa que nós todos suspiramos e dissemos: "Mas você não pode fazer isso! É muito apimentado!" Ele riu e comeu com tanta vontade que um vidro especial do molho ficava sempre em seu lugar depois disso...

Quando ele começou a dar palestras, as pessoas ofereciam-lhe dinheiro para o trabalho que ele esperava fazer na Índia. Ele não tinha carteira, então costumava amarrá-lo em um lenço, trazer para casa e – como um garotinho orgulhoso! – jogava-o no colo da minha avó para ela guardar para ele. Ela o fez aprender as moedas diferentes e juntá-las direito para contar. Ela o fazia anotar a quantia toda vez e ela depositava no banco para ele. Ele ficou impressionado pela

---

[13] Swami Shankarananda, o sétimo presidente da Ordem Ramakrishna, de 1951 a 1962.

generosidade de sua audiência que parecia tão feliz em dar ajuda para pessoas tão distantes e que eles nunca viram.

Uma vez ele disse a minha avó que tivera a maior tentação de sua vida na América. Ela gostava de provocá-lo um pouco e disse, "Quem é ela, Swami?" Ele começou a rir e disse, "Oh, não é uma mulher, é uma organização!" Ele explicou como os seguidores de Ramakrishna andavam todos sozinhos e quando eles chegavam a uma vila, sentavam-se quietos embaixo de uma árvore e esperavam que aqueles com problemas chegassem e se consultarem com eles. Mas nos Estados Unidos ele viu o quanto conseguiria com trabalho organizado. Entretanto, ele estava em dúvida sobre que tipo de organização seria aceitável ao caráter indiano e ele pensou e estudou muito sobre como adaptar o que parecia bom para ele ao nosso mundo ocidental para o bem de seu povo. Eu posso ver que Belur Math e suas muitas caridades são o resultado desse período em sua vida.

Quando Swamiji retornou a Chicago mais ou menos um ano depois para dar palestras, ficou conosco por pouco tempo. Ele sabia que podia ensinar melhor se vivesse em seu próprio regime de comida e de muitas horas de meditação. Isso o deixou livre também para receber muitos que iam até ele pedindo ajuda. Então minha avó ajudou-o a encontrar um simples, porém confortável e pequeno apartamento, mas eu não me lembro de tê-lo visto.

Swamiji era uma personalidade tão dinâmica e atraente que muitas mulheres ficaram atraídas por ele e faziam todos os esforços de bajulá-lo para ganhar seu interesse. Ele ainda era jovem e, apesar de sua grande espiritualidade e do brilho de sua mente, parecia ser muito abnegado. Isso costumava perturbar minha avó que temia que ele fosse posto em uma posição falsa ou desconfortável e ela tentava preveni-lo um pouco. Sua preocupação tocava-o e alegrava-o e ele afagava sua mão e dizia: "Cara sra. Lyon, você minha querida mãe americana, não tema por mim! É verdade que eu durmo embaixo de uma figueira com uma tigela de arroz dada por um gentil camponês, mas também é verdade que às vezes eu também sou convidado no palácio de um grande marajá e uma escrava é escolhida para abanar um leque de pena de pavão sobre mim a noite toda! Eu estou acostumado com a tentação, você não precisa temer por mim!"

Depois de conversar com Swami Shankarananda e ser encorajado por ele, eu queria ter conversado com a irmã mais nova de minha mãe, Katharine (sra. Robert W. Hamill), sobre suas lembranças de Swamiji. Então eu cheguei em casa e perguntei a ela o que poderia adicionar às minhas memórias dispersas. Ela era noiva e tinha sua própria casa. Ela não ficava muito na casa da mãe e do pai dela. Ela se lembrava de Swamiji tanto quanto eu, mas nunca o ouviu discursar. Porém, ela e seu marido eram "jovens intelectuais" e tinham um grupo de jovens professores de nossa universidade, jovens jornalistas, etc., ao redor deles. Em uma noite de domingo, ela contava a eles como Swamiji era extraordinário e eles diziam que cientistas e psicólogos modernos poderiam "desmascarar" suas crenças religiosas em um piscar de olhos. Ela disse: "Se eu puder persuadi-lo a vir aqui na próxima noite de domingo, vocês todos voltarão e se reunirão com ele?" Eles concordaram, e Swamiji encontrou-os todos em um jantar informal. Minha tia não se lembra que assuntos foram abordados, mas que toda a noite foi um debate interessante e animado sobre todos os tipos de idéias – tia Katharine disse que o grande conhecimento de Swamiji sobre a Bíblia e o Alcorão bem como sobre as várias religiões orientais, sua compreensão da Ciência e da Psicologia eram espantosos. Antes do fim da noite, os "Tomés céticos" renderam-se e admitiram que Swamiji agüentou firme em todos os pontos e deixaram-no com a admiração e o afeto mais cordiais.

Aqui está minha muito pequena "faceta" [da vida de Swami Vivekananda] oferecida em memória de alguém que eu amei por todos esses 62 anos – não como um professor, nem um grande líder religioso – mas como um amigo maravilhoso e brilhante que morou em nossa casa.

Das reminiscências de Martha Brown Fincke

No início de novembro de 1935, eu aterrissei em Calcutá e pus os pés pela primeira vez no solo da Índia. Após deixar minha casa nos Estados Unidos, viajando em direção oeste para circular o globo, eu pensei em mim mesma como uma turista nos diferentes países pelos quais passei. Apenas quando cheguei à Índia que em pensamento eu me tornei uma peregrina. E como tal, eu fui no dia seguinte à minha chegada para Belur Math, na margem mais distante do Ganges, para inclinar minha cabeça em reverência diante do túmulo do grande Swami Vivekananda. Na sala superior da casa de hóspedes eu encontrei a srta. Josephine MacLeod, sua amiga dedicada. Eu também encontrei vários dos swamis residentes. Quando eu dizia para cada um deles que eu conhecera Swami Vivekananda, sua ânsia em ouvir sobre esse encontro distante me surpreendeu. Foi de fato para mim uma das influências mais vitais da minha vida, mas poderia significar algo para os outros? Desde que eles me garantiram que sim, estou registrando minhas lembranças daqueles dois dias, faz agora 42 anos, quando fiquei sob a influência daquele grande homem.

Em setembro de 1893, na Feira Mundial organizada em Chicago para comemorar o 400º aniversário da descoberta da América por Colombo, um Parlamento das Religiões era uma parte do programa. Para isso viajou o então desconhecido jovem monge hindu, Swami

Vivekananda. Seu poder sobre as audiências que o ouviam apresentar seu evangelho universal e a magia de sua personalidade eram de conhecimento comum.

No encerramento do Parlamento, para ser independente das boas-ações de seus admiradores, o swami juntou-se a um *Lecture Bureau* [Agência de Palestras] para excursionar pelos Estados Unidos começando no leste e, no início de novembro, ele chegou à cidade de Northampton, em Massachusetts. Essa charmosa cidade antiga, no meio do caminho entre Nova York e Boston, e desde então proeminente como lar de Calvin Coolidge, está situada nas colinas baixas no vale Connecticut logo antes do rio cair em uma brecha entre os montes Tom e Holyoke. Nas estações de cheia, as campinas de terra baixa na cidade brilham com as águas encobrindo-as e o contorno violeta do monte Holyoke estende-se do horizonte ao sul. Olmos imponentes margeiam as ruas e o lugar tinha, então, um aspecto pacífico, exceto quando uma erupção de estudantes o despertava com seu entusiasmo. Pois uma faculdade para mulheres formava o centro de sua vida intelectual, a Smith College, fundada em 1875 por Sophia Smith para a educação superior de mulheres.

Eu entrei nessa faculdade como caloura no outono de 1893, uma garota imatura de 18 anos, indisciplinada, mas buscando com avidez as coisas da mente e do espírito. Criada em uma atmosfera protetora, na rígida ortodoxia do protestantismo cristão, foi com algum receio que meus pais me viram sair de casa e ser exposta aos perigos do chamado pensamento livre. Uma das minhas amigas foi um ano antes para a Vassar College e não disseram que ela havia "perdido sua fé"?

Os dormitórios da faculdade não eram grandes o suficiente para abrigar todos da turma recém-chegada, então eu, com três outras calouras, nos alojamos em uma casa quadrada e marrom perto do campus. Essa pensão era mantida por uma mulher cujo espírito independente e pontos de vista humorísticos a tornaram querida para nós, apesar de sua lei despótica. Palestras para todo o corpo de alunos com presença compulsória eram freqüentes e muitos famosos líderes de pensamento nos visitavam.

No boletim de novembro estava o nome de Swami Vivekananda, que ia dar duas palestras à noite. Nós sabíamos que ele era um monge hindu – nada mais; pois a fama que ele ganhara no recente Parlamento das Religiões não chegara a nossos ouvidos. Então uma novidade empolgante vazou: ele ia morar em nossa casa, comer conosco e nós poderíamos fazer-lhe perguntas sobre a Índia. O tamanho da tolerância de nossa anfitriã pôde ser visto ao admitir em sua casa um homem de pele escura, que o hotel sem dúvida se recusou a receber. Em pleno ano de 1912, o grande poeta Tagore e seu companheiro vagaram pelas ruas de Nova York procurando em vão por abrigo!

O nome da Índia era familiar para mim desde a infância. Minha mãe quase não decidiu casar com um jovem que foi como missionário para a Índia e uma caixa da nossa *Church Missionary Association* [Associação da Igreja Missionária] não ia todo ano para as zenanas? A Índia era uma terra quente onde havia muitas cobras e "o pagão em sua cegueira reverencia madeira e pedra." É impressionante o pouco que uma leitora ávida como eu sabia da história ou literatura do grande país. Eu li a vida de William Carey, ouvi falar de São Francisco Xavier de Goa, mas isso era tudo do ponto de vista missionário. Você deve lembrar-se que *Kim* ainda não aparecera. Conversar com um indiano verdadeiro seria uma chance de fato.

Chegou o dia, o pequeno quarto de hóspedes estava pronto e uma presença imponente entrou em nossa casa. A roupa do swami era um casaco preto Prince Albert, calças escuras e um turbante amarelo amarrado em dobras intrincadas sobre uma cabeça bem moldada. Mas o rosto com sua expressão impenetrável, os olhos tão cheios de luz flamejante e toda a emanação de poder estão além de descrição. Nós estávamos intimidados e em silêncio. Nossa anfitriã, no entanto, não era alguém para ser intimidada e ela conduziu uma conversa animada. Eu sentei perto do swami e, com minha reverência supérflua, não encontrei uma palavra para falar.

Da palestra daquela noite eu nada me lembro. A figura imponente na plataforma em um manto vermelho, faixa laranja e turbante amarelo, isso eu lembro, e o domínio maravilhoso da língua inglesa com seus ricos tons sonoros, mas as idéias não criaram raízes em minha mente, ou melhor, os muitos anos desde então as apagaram. Mas, do que eu me lembro, foi o simpósio que se seguiu.

Vieram para nossa casa o presidente da faculdade, o chefe do departamento de Filosofia, vários outros professores, os ministros das igrejas de Northampton e um famoso autor. Em um canto da sala de estar, nós garotas nos sentamos quietas e ouvimos a discussão. Dar um relato detalhado dessa conversa está além de mim, embora eu tenha uma forte impressão de que ela se tratava do Cristianismo e por que ela era a única religião verdadeira. Não que o assunto tenha sido escolha do swami. Como sua presença imponente estava de frente da fileira de cavalheiros vestidos de casacos pretos e austeros, sentia-se que ele era desafiado. Com certeza esses líderes do pensamento em nosso mundo tinham uma vantagem injusta. Eles conheciam suas Bíblias por completo e os sistemas europeus de filosofia, bem como os poetas e comentaristas. Como alguém pode esperar que um hindu da distante Índia agüente isso, embora possa dominar seu ensinamento? A reação ao resultado surpreendente que se seguiu é apenas a minha subjetiva, mas eu não posso exagerar em sua intensidade.

Aos textos da Bíblia, o swami respondeu com outros e mais apropriados textos do mesmo livro. Ao defender seu lado do argumento, ele citava filósofos ingleses e escritores de assuntos religiosos. Até os poetas ele parecia conhecer por completo, citando Wordsworth e Thomas Gray (e não do famoso *Elegy* [Elegia]). Por que minha simpatia não estava com aqueles de meu mundo? Por que eu exultava com o ar de liberdade que soprava na sala quando o swami ampliava o campo da religião até ele abranger toda a humanidade? Era porque suas palavras encontraram um eco em meus próprios anseios ou era apenas a magia de sua personalidade? Eu não sei dizer; eu apenas sei que me sentia triunfante com ele.

Ao falar com um swami em Belur Math, ele disse que para ele Swami Vivekananda personificava o amor. Para mim, naquela noite ele personificou o poder. Eu acho que posso explicar isso por meu conhecimento posterior. Sem dúvida, esses homens importantes de nosso mundo acadêmico tinham a mente estreita, com convicções estreitas, "sábios em suas próprias opiniões". Como eles poderiam aceitar a afirmação "quem quiser que venha a mim por qualquer forma, eu o alcançarei"?[14] Em Chicago, o swami sentiu o rancor dos missionários cristãos e sem dúvida seu tom de voz assumiu uma austeridade por ter sentido o mesmo espírito nesses representantes do ensino ocidental. Para eles, o amor não causava simpatia, mas o poder pode intimidar mesmo quando não força a concordância de opinião. A discussão, começando com a máxima cortesia, tornou-se menos cordial, então a amargura apareceu, um ressentimento da parte dos campeões do Cristianismo assim que sentiram que havia "polegares para baixo" para eles. O que era verdade. A repercussão do triunfo que me preencheu então está comigo até hoje.

Na manhã seguinte, bem cedo, respingos altos vieram do banheiro e, misturados a eles, uma voz profunda, entoada em uma língua desconhecida. Eu creio que um grupo de nos acotovelamos perto da porta para escutar. No café da manhã, perguntamos para ele o significado do canto. Ele respondeu: "Eu ponho primeiro a água em minha testa, então em meu peito e a cada vez eu canto uma oração para abençoar todas as criaturas." Isso me impressionou muito. Eu costumava fazer uma oração pela manhã, mas era por mim mesma primeiro que eu rezava e depois pela minha família. Nunca me ocorreu incluir toda a humanidade na minha família e colocá-los antes de mim.

---

[14] *Bhagavad Gita*.

Depois do café da manhã, o Swami sugeriu uma caminhada e nós, quatro estudantes, duas de cada lado, escoltamos orgulhosas a figura majestosa pelas ruas. Enquanto isso, tentávamos com timidez começar uma conversa. Ele respondia de imediato e sorria mostrando seus lindos dentes. Lembro-me apenas de uma coisa que ele disse. Falando das doutrinas cristãs, ele comentou o quanto o aborrecia o uso constante do termo "o *sangue* de Cristo". Isso me fez pensar. Eu sempre odiei o hino "Há uma fonte cheia de sangue, retirado das veias de Emanuel", mas que ousadia seria criticar uma doutrina aceita da Igreja! Meu "pensamento livre" com certeza data do despertar oferecido a mim por essa alma amante da liberdade. Eu conduzi a conversa aos *Vedas*, aqueles livros sagrados da Índia que ele mencionara em sua palestra. Ele aconselhou-me a lê-los sozinha, de preferência no original. Eu, então, resolvi aprender sânscrito, um objetivo que, sinto muito dizer, nunca atingi. Na verdade, em relação a resultado externo, eu sou um caso da boa semente esmagada pelos espinhos.

Um resultado engraçado desse conselho sobre os *Vedas* não deve ser omitido. No verão seguinte, um lindo bezerrinho guernsey foi adicionado ao rebanho da família e quando meu pai o deu para mim, eu chamei-o de "Veda". Infelizmente, o pequeno viveu apenas poucos meses e meu pai disse que seu nome o matou.

Sobre a palestra seguinte eu nada posso dizer. O grande Swami deixou-nos e eu nunca mais o vi. Eu até perdi de vista suas viagens por nosso país e não soube que ele fez outra visita dois anos depois. E mesmo assim, dois dias de sua presença poderosa coloriram todo o resto da minha vida. Eu escrevi para a minha família um relato detalhado de sua visita, expressando-me de um jeito tão forte que meu pai dedicado, mas cuidadoso ao extremo ficou alarmado. Ele imaginou-me deixando sua fé e tornando-me uma discípula do swami. Ele usou argumento e escárnio e para poupá-lo de mais ansiedade – pois eu adorava meu pai – eu parei de falar de meus novos pensamentos e os mantive para mim.

Eu penso com freqüência do tempo que eu perdi, do caminho indireto que peguei, tateando meu caminho, quando se estivesse sob esse guia eu teria alcançado o objetivo de modo direto. Mas para uma alma imortal é mais sábio não perder tempo com arrependimentos, já que estar no caminho é o importante.

As pessoas lêem sobre as sementes encontradas nos sarcófagos egípcios, enterradas milhares de anos antes e ainda assim retendo vitalidade o suficiente para brotarem quando plantadas. Jazendo aparentemente sem vida em minha mente e em meu coração, a memória distante daquele grande apóstolo da Índia começou a mandar imagens. Por fim, ela trouxe-me a este país. Durante os anos intermediários – anos de sofrimento, responsabilidade e luta mesclados com alegria – meu eu interior tentou essa e aquela doutrina para ver se era aquela pela qual eu queria viver. O resultado era sempre alguma insatisfação. Dogmas e rituais, considerados tão importantes por crentes ortodoxos, pareciam para mim tão sem importância, controlando aquela liberdade do espírito que eu ansiava.

Eu encontrei no Evangelho universal que Swamiji pregava a satisfação dos meus anseios. Acreditar que o Divino está dentro de nós, que nós somos desde o início uma parte de Deus e que isso é verdade para todo homem, o que mais alguém pode pedir? Ao receber isso, por estar no solo da Índia, eu sinto que eu cheguei em Casa.

Das reminiscências de Ida Ansell

Todos os superlativos do idioma não poderiam transmitir as impressões que se tem de Swami Vivekananda quando ele nos apresentou, no início de 1900, a um conceito novo de vida e religião. Pediram-me para dar minhas impressões dele, como aquela que tomava notas de suas palestras para seu próprio uso, sem qualquer pretensão de publicá-las. Como posso fazer isso? Ele parecia um ser radiante de um plano superior e, mesmo assim, tão compreensivo de cada fase da humanidade. Ele agradava a todo grau de inteligência com sua oratória, seu humor, suas imitações, sua denúncia com desprezo de qualquer forma de mesquinhez ou intolerância e por sua compaixão por toda necessidade humana.

Surpresos com a superioridade de sua concepção comparada às nossas idéias pequenas, nós sabíamos, assim que deixamos o salão com o canto vibrante do Swami de um *shloka* [verso] sânscrito ainda soando dentro de nós, que ele nos introduzia, no início do século XX, em uma concepção nova e maior do significado da vida. Ele era, com certeza, um *Mahatma* ou um ser divino, mais do que humano. Ninguém jamais foi eloqüente de forma tão sublime ou engraçado de forma tão deliciosa, um contador de histórias tão arrebatador, ou um mímico tão perfeito...

Além de suas palestras públicas, Swamiji tinha algumas aulas matinais para alunos determinados. Primeiro havia uma meditação e depois um período de instrução, seguido por questões e respostas e sugestões práticas de como se exercitar, descansar e sobre dietas. Muitas questões eram respondidas nessas classes. Também, para aqueles que chegaram antes da hora da aula, havia uma pequena oportunidade de conhecer pessoalmente o Swami. Nós éramos convidados para a sala de jantar, onde desfrutávamos de algumas conversas informais. Ele ridicularizava nosso hábito de correr para cá e para lá. Ele nunca corria. Aquela calma majestosa nunca o deixava. Divertia-o ver alguém correr atrás de um táxi. "Não há um outro?", ele perguntava. Não o perturbava de jeito algum se estava atrasado para começar uma aula ou uma palestra e elas não tinham hora certa para terminar. Ele continuava até terminar seu assunto, mesmo se isso demorasse mais do que o dobro do tempo. Essas visitas matinais antes da aula eram bem informais. Swamiji usava um manto cinza de flanela, sentava-se com as pernas cruzadas em uma poltrona, fumava, respondia questões e contava piadas. Quando estava na hora da aula, ele aparecia dois minutos depois na sala de estar, vestido em seu manto ocre, seu cabelo liso e sem o cachimbo. Mas as piadas continuavam a ser intercaladas com os assuntos sérios.

O mesmo era verdade em suas palestras públicas. Ele ridicularizava, brincando, a questão: o que acontece com a individualidade da pessoa quando esta percebe sua unicidade com Deus? "Vocês, pessoas deste país têm tanto medo de perder sua in-di-vi-du-a-li-da-de!", ele exclamava. "Por que, se vocês não são indivíduos ainda? Quando vocês perceberem toda sua natureza, alcançarão sua verdadeira individualidade, não antes. Conhecendo Deus vocês nada podem perder..."

Ele encorajava questões no fim de cada palestra, e uma vez quando alguém sugeriu que o estavam cansando com tantas perguntas, ele disse, "Pergunte tudo o que quiserem, quanto mais questões melhor. Estou aqui para isso e não sairei daqui até que vocês entendam. Na Índia, eles me dizem que eu não deveria ensinar Vedanta Advaita (monística) para todas as pessoas, mas eu digo que posso fazer até uma criança entendê-la. Nunca é cedo demais para começar a ensinar as verdades espirituais superiores."

Das reminiscências de Mary C. Funke, que escreve sobre sua experiência no Thousand Island Park, N.Y., 1895

Então aqui estamos nós – em casa com Vivekananda, ouvindo-o desde as 8 da manhã até de noite. Até nos meus sonhos mais loucos eu nunca podia imaginar algo tão maravilhoso, tão perfeito... Oh, o ensinamento sublime de Vivekananda! Sem absurdos, sem falar sobre "astrais", "duendes", etc., mas Deus, Jesus, Buda. Eu sinto que nunca mais serei a mesma pois tive um vislumbre do Real.

Apenas pense o que significa ouvir Vivekananda em toda refeição, lições toda manhã e à noite na varanda, as estrelas eternas brilhando como "pátinas de ouro brilhante"! De tarde, nós fazemos longas caminhadas e o Swami literalmente, e de forma tão simples, encontra "livros nos riachos, sermões nas pedras e bondade em todas as coisas". E esse mesmo Swami é tão alegre e divertido. Nós apenas ficamos *loucos* às vezes...

Swami Vivekananda no Thousand Island Park, Nova York, 1875.

Swami pede-nos para esquecer que há alguma Detroit[15] no presente, isto é, não permitir que pensamentos pessoais ocupem nossas mentes enquanto recebemos essa instrução. Nós aprendemos a ver Deus em *tudo* desde a folha da grama até o homem – "até no homem diabólico...".

Nós tentamos tomar notas de tudo o que ele diz, mas eu fico perdida em ouvir e esqueço as notas. Sua *voz* é linda. As pessoas podem se perder em sua música divina... Às vezes eu lhe pergunto questões ousadas, pois anseio saber apenas como ele reagiria sob certas condições. Ele agüenta de modo tão gentil quando eu, com meu modo impulsivo, às vezes "corro por onde anjos temem andar". Uma vez ele disse a alguém: "a sra. Funke tranqüiliza-me, ela é tão ingênua." Isso não foi gentil?

Uma noite, quando chovia e nós estávamos todos sentados na sala de estar, o Swami falava sobre o caráter feminino puro e contou-nos a história de Sita. Como ele contava uma história! Você a *vê* e todos os personagens se tornam reais. Eu me vi pensando como algumas das lindas rainhas de sociedade do Ocidente pareceriam para ele – em especial aquelas versadas na arte da sedução – e antes que eu tivesse tempo para pensar, saiu a questão e eu de imediato fiquei coberta de vergonha. O Swami, porém, olhou para mim com calma com seus olhos grandes e sérios e respondeu: "Se a mulher mais linda no mundo fosse olhar para mim de um modo indecente e indigno, ela viraria na hora um horrendo sapo verde e ninguém, é claro, admira sapos!" ...

E ele estava tão doce, tão gentil e bondoso por toda aquela noite, como um pai tolerante que deu lindos presentes a seus filhos, embora muitos de nós fôssemos muito mais velhos do que ele.

O Swami aceitou Christine como alguém apta para seu trabalho na Índia. Ela está muito feliz. Eu fiquei muito desapontada, porque ele não me encorajou a ir para a Índia. Eu tinha uma vaga idéia de que viver em uma caverna e usar um manto amarelo seria a coisa certa a fazer se eu quisesse desenvolver a espiritualidade. Como fui tola e como Swamiji foi sábio! Ele disse: "Você é uma dona de casa. Volte para Detroit, encontre Deus em seu marido e família. *Esse* é seu caminho no presente."

Nessa manhã, nós fomos ao village e Swami tinha ferrotipias tiradas por ele a nosso pedido. Ele estava tão engraçado, tão alegre. Eu estou tentando escrever para você na aula por não ter tempo nenhum. Eu estou sentada perto de Swami e ele está dizendo essas palavras: "O guru é como um cristal. Ele reflete a consciência de

---

[15] Mary C. Funke era de Detroit.

todos que vão até ele. Desse modo ele entende como e de que jeito ajudar." Ele quer dizer com isso que um guru deve ser capaz de ver o que cada pessoa precisa e deve atendê-las em seu próprio plano de consciência.

Agora ele terminou a aula da manhã e virou-se para mim: "Sra. Funke, conte-me uma história engraçada. Nós vamos nos separar logo e devemos falar de coisas engraçadas, não é?" ...

Nós fazemos longas caminhadas toda tarde e nossa caminhada favorita é de volta do chalé morro abaixo e depois por um caminho rústico até o rio. Um dia, havia uma evidência olfativa de um gambá na vizinhança e, desde então, Swami diz "vamos descer a Skunk Avenue [Avenida Gambá]?"

Às vezes nós paramos várias vezes e nos sentamos na grama ao redor de Swami e ouvimos seus discursos maravilhosos. Um pássaro, uma flor, uma borboleta, fazem-no rir e ele nos conta histórias do *Vedas* ou recita uma poesia indiana...

O último dia foi maravilhoso e precioso. Nesta manhã não houve aula. Ele pediu a Christine e eu que caminhássemos com ele, pois ele desejava estar a sós conosco. (Os outros estiveram com ele o verão todo e ele sentiu que deveríamos ter uma última conversa.) Nós subimos um morro por mais ou menos um quilômetro. Tudo eram árvores e solidão. Por fim, ele selecionou uma árvore de galhos baixos e nós sentamos embaixo dela. Em vez da conversa esperada, ele disse de repente: "Agora vamos meditar. Nós devemos ser como Buda embaixo da figueira." Ele pareceu ficar da cor do bronze, tão parado ele estava. Então começou um temporal e chovia muito. Ele nem percebeu. Eu levantei meu guarda chuva e o protegi tanto quanto foi possível. Absorto em sua meditação, ele estava distraído de tudo. Logo depois nós ouvimos gritos à distância. Os outros saíram à nossa procura com capas e guarda-chuvas. Swamiji olhou ao redor com pesar, pois nós *tínhamos* que ir, e disse: "Mais uma vez eu estou em Calcutá na chuva."

Ele esteve muito terno e doce durante todo o último dia. Assim que o navio a vapor circulou a curva do rio, ele, com alegria e como um menino, agitava seu chapéu para nós dizendo adeus, e partiu enfim!...

Ah, aqueles dias pacíficos e abençoados no *Thousand Island Park!* As noites todas brilhando com o suave mistério do luar ou das luzes douradas das estrelas. E, entretanto, a chegada de Swami entre nós não tinha mistério. Ele veio com uma aparência simples.

Nós descobrimos depois que qualquer coisa que resvala no negociante de mistérios era repugnante para ele. Ele veio para tornar manifesta a Glória e o Esplendor do *Self*. As limitações do homem são obras dele mesmo. "Tua apenas é a mão que segura a corda que te arrasta." Esse era o motivo que permeava os ensinamentos de Swami.

Com dores infinitas, ele tentou mostrar-nos o caminho que ele próprio percorreu. Após 30 anos, Swamiji permanece em minha consciência como uma figura colossal – abrindo o caminho da bondade, sabendo quando e onde não se privar. Com sua brilhante espada de dois gumes veio esse Homem "direto do Oriente" – esse Homem de Fogo e Ardor e alguns foram aqueles que o receberam e a esses ele deu Poder.

Das reminiscências da Irmã Christine, que escreve sobre seus dias no Thousand Island Park

Sobre as semanas maravilhosas que vieram depois, é difícil de escrever. Se as mentes das pessoas fossem elevadas àquele estado superior de consciência no qual nós vivemos naquela época, elas poderiam ter a esperança de retomar a experiência. Nós estávamos cheios de alegria. Nós não sabíamos então que estávamos vivendo em seu esplendor. Nas asas da inspiração, ele carregou-nos à altura que era sua residência natural. Ele mesmo, falando disso depois, disse que estava em seu melhor no Thousand Islands. Então ele sentiu que encontrara o canal pelo qual sua mensagem podia se espalhar, a maneira para completar sua missão, pois o guru encontrara seus discípulos. Seu primeiro desejo irresistível era mostrar-nos o caminho para *mukti* (liberdade), para libertar-nos. "Ah", disse ele com uma ternura tocante, "se eu pudesse libertar vocês com um toque!" Seu segundo objetivo, e talvez não tão aparente, mas sempre na subcorrente, era treinar esse grupo para continuar o trabalho na América. "Essa mensagem deve ser pregada pelos indianos na Índia e pelos americanos na América", disse ele. Em sua pequena varanda, olhando para os topos das árvores e o lindo São Lourenço, ele nos chamava para fazer discursos. Seu objetivo era, como ele dizia, ensinar-nos a pensar sozinhos. Ele sabia que se conquistássemos nossa autoconsciência em sua presença, pudéssemos falar diante dele, que era considerado um dos grandes oradores do mundo, audiência alguma em nenhum lugar nos desanimaria. Era uma provação árdua. Cada um por sua vez era chamado para fazer uma tentativa. Não havia escapatória. Talvez esse seja o motivo pelo qual certas pessoas do nosso grupo falhavam em aparecer nessas reuniões noturnas íntimas, embora soubessem que ele elevava a voz às maiores alturas enquanto avançava a noite. E daí se era duas da manhã? E daí se observávamos a Lua nascer e se pôr? Tempo e espaço desapareciam para nós.

Nada havia estabelecido ou formado sobre essas noites na varanda de cima. Ele sentava-se em sua grande cadeira no fim, perto de sua porta. Às vezes entrava em uma meditação profunda. Nessas horas também meditávamos ou nos sentávamos em profundo silêncio.

Em geral, isso durava por horas e um depois do outro saía em silêncio. Pois nós sabíamos que depois disso ele não gostava de falar. Ou de novo a meditação seria curta e ele nos encorajaria a fazer questões depois, muitas vezes chamando um de nós para responder. Não importava se as respostas estavam erradas, ele deixava-nos tropeçar até que estivéssemos perto da verdade e, então, com poucas palavras esclarecia a dificuldade. Esse era seu método invariável de ensino. Ele sabia como estimular a mente do aluno e fazendo isso ela pensava por si própria. Nós íamos até ele pela confirmação de uma idéia nova ou um ponto de vista e começávamos, "eu vejo que é assim", seu "Sim?" com uma inflexão ascendente sempre nos mandava de volta para pensar mais. De novo nós chegaríamos com um entendimento mais claro e de novo o "Sim?" estimulava-nos a pensar mais. Talvez depois da terceira vez, quando a capacidade para pensar mais sobre essa linha de pensamento particular foi atingida, ele apontaria o erro – um erro, em geral, devido a algo em nosso modo de pensar ocidental.

E assim ele nos treinou com tanta paciência, tanta bondade. Era como uma bênção. Depois, após seu retorno para a Índia, ele esperava ter um lugar no Himalaia para mais treinamento sobre as disciplinas oriental e ocidental juntas...

Na primeira manhã, nós aprendemos que há um estado de consciência mais elevado do que a consciência de superfície – que é chamada *samadhi*. Em vez das duas divisões a que estamos acostumados, o consciente e o inconsciente – seria mais preciso fazer a classificação em subconsciente, consciente e superconsciente. Nesse ponto é que surge a confusão no modo de pensar ocidental, que divide a consciência em subconsciente ou inconsciente e o consciente. Eles conhecem apenas o estado normal da mente, esquecendo que há um estado além da consciência – um estado superconsciente, inspiração. Como podemos saber que esse é um estado superior? Para citar Swami: "No outro caso ele entra como um homem e sai como um Deus." E ele sempre disse: "Lembre que o superconsciente nunca contradiz a razão. Ele a transcende, mas nunca a contradiz. A fé não é crença, é o vislumbre do Sublime, uma iluminação."

A verdade é para todos, para o bem de todos. Não é secreta, mas sim sagrada. Os passos são: ouvir, depois pensar sobre isso, "deixem que a maré da razão flua sobre ela, então medite sobre isso, concentre sua mente sobre isso, torne-se um com ela." Acumule poder em silêncio e torne-se um dínamo da espiritualidade. O que um mendigo pode dar? Apenas um rei pode dar e ele faz isso apenas quando nada quer para si.

"Guarda seu dinheiro apenas como um administrador daquilo que é de Deus. Não tenha apego a ele. Deixe nome, fama e dinheiro para lá, eles são grilhões terríveis. Sinta a atmosfera maravilhosa da liberdade. Vocês são livres, livres, livres! Oh, como sou abençoado! Como tenho liberdade! Eu sou o Infinito! Em minha alma eu não posso encontrar início nem fim. Tudo é meu *Self*. Diga isso sem parar."

Ele nos contou que Deus era real, uma realidade que podia ser experimentada de maneira tão tangível quanto qualquer outra, que havia métodos pelos quais essas experiências podiam ser feitas que eram como métodos de experimentos de laboratório. A mente é o instrumento. Sábios, *yogues* e santos de épocas pré-históricas fizeram descobertas nessa ciência do *Self*. Eles deixaram seu conhecimento como um legado precioso não apenas para seus discípulos imediatos, mas para buscadores da Verdade em tempos futuros...

Pela primeira vez nós entendemos porque todas as religiões começam com a ética. Pois sem a verdade, não-agressão, continência, não roubar, limpeza, austeridade, não pode haver espiritualidade... Além de umas poucas direções na meditação houve muito pouca instrução de grupo, ainda assim, ao longo desses poucos dias, nossas idéias foram revolucionadas, nosso panorama aumentou muito, nossos valores mudaram. Foi uma reeducação. Nós aprendemos a pensar de forma clara e sem medo. Nossa concepção de espiritualidade não foi apenas esclarecida, mas transcendida. A espiritualidade traz vida, poder, alegria, fogo, brilho, entusiasmo – todas as coisas lindas e positivas e nunca inércia, enfado, fraqueza. Então por que as pessoas ficam tão surpresas em encontrar um homem de Deus com um poder em um nível fora do comum. Por que nós no Ocidente sempre associamos emagrecimento e fraqueza anêmica com a espiritualidade? Pensando nisso agora se pode perguntar como alguém pode ter sido tão ilógico. Espírito é vida, *shakti*, a energia divina.

É desnecessário repetir o ensinamento formal, a grande idéia central. Isso as pessoas podem ler. Mas havia algo mais, uma influência, uma atmosfera cheia do desejo de escapar da prisão – chame-a como quiser – que nunca pode ser colocada em palavras e, entretanto, era mais poderosa do que as palavras. Foi isso que nos fez perceber que éramos abençoados além das palavras. Ouvi-lo dizer "esse apego indecente à vida" abriu-nos a cortina para a região além da vida e da morte e plantou em nossos corações o desejo por essa liberdade gloriosa. Nós vimos uma alma lutando para escapar das armadilhas de *maya* [ignorância, ilusão], alguém para o qual o corpo era uma prisão intolerável, não apenas uma limitação, mas uma humilhação degradante. "*Azad, Azad,* o Liberto", ele gritava, andando de um lado para o outro como um leão enjaulado. Sim, como o leão na jaula que descobriu que as barras não eram de ferro, mas de bambu. "Não vamos ser pegos desta vez" seria seu estribilho no outro dia. "Por tantas vezes *maya* nos pegou, por tantas vezes nós trocamos nossa liberdade por bonecos de açúcar, que derretem quando a água as toca. Não vamos ser pegos desta vez." Então, foi plantado em nós o grande desejo pela liberdade. Dois dentre os três requisitos nós já tínhamos – um corpo humano e um guru e agora ele nos dava o terceiro, o desejo de sermos livres.

"Não sejam enganados. *Maya* é uma grande trapaceira. Saiam. Não deixe que ela os pegue desta vez", e assim por diante. "Não vendam sua herança sem preço por essas ilusões. Levantem-se, acordem, não parem até que o objetivo seja alcançado." Então ele movia-se em direção a um de nós e exclamava: "Lembre-se, Deus é a única Realidade." Como um louco, mas ele estava louco em Deus. Pois foi nessa época que ele escreveu "The Song of the Sannyasin" [A Canção do Sannyasin]. Nós não apenas perdemos nossa divindade, nós esquecemos que nós a tínhamos. "Levantem-se, acordem, Vós Filhos da Felicidade Imortal." De um lado para o outro, de novo e de novo. "Não se deixem ser tentados por bonecos. Eles são bonecos de açúcar, ou bonecos de sal e eles derreterão e se tornarão nada. Sejam um rei e saibam que vocês possuem o mundo. Isso nunca aparece até que vocês desistam e parem de se prender. Desistam, desistam."

A luta pela existência, o esforço para adquirir riqueza e poder, ou a busca do prazer, toma o pensamento, a energia e o tempo dos seres humanos. Nós parecemos estar em um mundo diferente. O fim a ser alcançado era a Liberdade – liberdade da prisão na qual maya nos colocou, na qual maya enredou toda a humanidade. Mais cedo ou mais tarde a oportunidade de escapar virá para todos. A nossa chegou. Pois, nesses dias toda a aspiração, todo desejo, toda luta era direcionada para esse propósito – de forma consciente por nosso Professor, de forma cega, inconsciente por nós, seguindo a influência que ele criou.

Com ele havia uma paixão. A liberdade não apenas para ele, mas para todos – embora ele pudesse ajudar apenas aqueles em quem ele podia acender o fogo para auxiliá-los a sair das correntes de maya:

"Rompe teus grilhões! Laços que vos atam,
De ouro reluzente, ou minério fosco, mais ordinário; ...
Dize – *Om Tat Sat, Om*."

Das reminiscências de Josephine MacLeod

No dia 29 de janeiro de 1895, eu fui com minha irmã na 54 West 33rd Street, Nova York, e ouvi Swami Vivekananda em sua sala de estar onde estavam reunidas 15 ou 20 senhoras e dois ou três senhores. A sala estava cheia. Todas as poltronas estavam ocupadas, então eu sentei no chão na fileira da frente. Swami estava de pé no canto. Ele disse algo cujas palavras exatas eu não me lembro, mas de imediato para mim aquilo era verdade e a segunda frase que ele falou era verdade e a terceira frase era verdade. E eu o ouvi por sete anos e sempre que ele afirmava algo, era verdade para mim. Desde esse momento, a vida teve uma importância diferente. Era como se ele fizesse você perceber que estava na eternidade. Ela nunca mudava. Nunca crescia. Era como o Sol que você nunca esquecerá assim que o viu.

Eu o ouvi por todo aquele inverno, três dias por semana, às 11 horas da manhã. Eu nunca falei com ele, mas como tínhamos uma presença regular, dois assentos na frente eram sempre guardados para nós nessa sala de estar do Swamiji. Um dia ele virou-se e disse, "Vocês são irmãs?" "Sim", nós respondemos. Então ele disse, "Vocês vêm de muito longe?" Nós dissemos: "Não, não de muito longe – por volta de 48 quilômetros acima do rio Hudson." "Assim tão longe? Isso é maravilhoso." Essas foram as primeiras palavras que eu troquei com ele.

Eu sempre senti que depois de Vivekananda, a sra. Roethlisberger era a pessoa mais espiritual que eu conheci. Foi ela que nos levou a ele. Swamiji tinha um lugar para ela também. Um dia ela e nós fomos até Swami e dissemos: "Swami, você nos diz como meditar?" Ele disse: "Meditem sobre a palavra 'OM' por uma semana, depois voltem e me contem." Então, após uma semana nós voltamos e a sra. Roethlisberger disse: "Eu vejo uma luz." Ele disse: "Bom, continue." "Ah não, é mais como um brilho no coração." E ele disse para mim: "Bom, continue." Isso é tudo que ele me ensinou. Mas nós estávamos meditando antes que o encontrássemos e nós sabíamos o *Gita* de cor. Eu acho que isso nos preparou para reconhecer essa força de vida tremenda que ele era. Seu poder reside, talvez, na coragem que ele deu aos outros. Ele não parecia sequer estar consciente de si mesmo. Era o outro homem que o interessava. "Quando o livro da vida começa a se abrir, então começa a diversão", ele dizia. Ele costumava nos fazer perceber que não havia nada secular na vida, tudo era santo. "Lembrem-se sempre, vocês são americanas e mulher por incidente, mas são sempre um filho de Deus. Digam para si mesmas dia e noite quem são. Nunca se esqueçam disso." Isso é o que ele costumava nos dizer. Sua presença, como você pode ver, era dinâmica. Você não pode passar esse poder adiante apenas se tiver, assim como não pode doar dinheiro apenas se você tiver. Você pode imaginar, mas não pode fazer...

Em junho daquele ano Swami foi até Camp Percy, Christine Lake, N.H., como convidado do sr. Leggett em seu pesqueiro. Nós também fomos. Lá o noivado da minha irmã com o sr. Leggett foi anunciado e Swami convidado a viajar para o exterior e ser testemunha do casamento. Enquanto estava no pesqueiro, Swami ficava embaixo dessas lindas bétulas brancas e meditava por horas. Sem contar para qualquer um de nós, ele fez dois lindos livros de casca de bétula, escritos em sânscrito e inglês, que deu para mim e minha irmã.

Então quando eu e minha irmã fomos para Paris comprar seu enxoval, Swami foi para o Thousand Island Park e por seis semanas deu aquelas palestras maravilhosas chamadas *Inspired Talks* [Conversas Inspiradas], que para mim são as palavras mais lindas já escritas, porque elas foram transmitidas a um grupo de discípulos íntimos. *Eles* eram discípulos, enquanto eu fui nada além de uma amiga. Mas que qualidade ele lhes transmitiu! Eu acho que nada mais revelou seu coração como naqueles dias.

Ele foi para Paris com o sr. Leggett em agosto. Lá, eu e minha irmã ficávamos na Holland House e Swami com o sr. Leggett ficaram em um hotel diferente, mas nós os víamos todos os dias. Naquele tempo, o sr. Leggett tinha um mensageiro que sempre chamava Swami de *Mon Prince!* E Swami dizia-lhe: "Mas eu não sou um príncipe. Eu sou um monge hindu." O mensageiro respondia: "Você pode chamar-se assim, mas eu estou acostumado a lidar com príncipes e eu conheço um quando o vejo." Sua dignidade impressionava a todos. Entretanto, quando alguém lhe dizia: "Você é tão nobre, Swami", ele respondia: "Não sou eu, é meu andar." ...

O conhecimento de Swamiji era prodigioso. Uma vez, quando minha sobrinha, Alberta Sturges, depois senhora Sandwich, estava com ele em Roma, mostrando-lhe os pontos turísticos, ela ficou maravilhada com seu conhecimento da localização dos grandes monumentos. E quando ela foi até São Pedro com ele, ficou ainda mais maravilhada por vê-lo tão reverente com os símbolos da Igreja Romana – com todas as jóias, todos os lindos tecidos, colocados sobre os santos. Ela disse: "Swami, você não acredita em um Deus em pessoa, por que você honra isso tanto?" Ele respondeu: "Mas Alberta, se você acredita mesmo em um Deus pessoal, com certeza você dá seu melhor."

Naquele outono, ele foi da Suíça para a Índia com o sr. e a sra. Sevier e o sr. J.J. Goodwin, onde uma grande ovação pela nação inteira o aguardava. Isso pode ser lido nos discursos chamados *Lectures from Colombo to Almora* [Palestras de Colombo a Almora]. O sr. Goodwin era o estenógrafo que foi encarregado de anotar as palestras de Swami Vivekananda na 54 West 33rd Street. O sr. Goodwin era estenógrafo da corte, o que significava 200 palavras por minuto e ele era muito caro, mas como não queríamos perder qualquer das palavras de Vivekananda, nós o contratamos. Depois da primeira semana, o sr. Goodwin recusou-se a receber; quando perguntaram a ele "O que você quer dizer?", ele disse: "Se

Vivekananda doa sua vida, o mínimo que posso fazer é doar meu serviço." Ele seguiu Swami ao redor do mundo e nós temos sete volumes recém-saídos de seus lábios que o sr. Goodwin anotou.

Eu nunca escrevi para Swami depois que ele foi para a Índia, esperando ouvir notícias dele. Por fim, eu recebi uma carta: "Por que você não escreve?" Então eu respondi: "Eu devo ir a Índia?" E sua resposta foi: "Sim, venha, se você quiser sujeira, degradação, pobreza e muitas tangas falando sobre religião. Não venha se você quiser outra coisa. Nós não podemos agüentar mais críticas." Claro que eu peguei o primeiro navio, eu embarquei no dia 12 de janeiro com a sra. Ole Bull e Swami Saradananda. Nós paramos em Londres. Depois fomos a Roma. Nós chegamos em Bombaim no dia 12 de fevereiro e o sr. Alasinga encontrou-nos lá, usando os sinais vermelhos verticais da seita Vaishnavite. Depois, uma vez quando eu estava sentada com Swami em nosso caminho para Kadhmir, eu fiz por acaso a observação "Que pena que Sr. Alasinga usa aquelas marcas Vaishnavite em sua testa!" Na mesma hora Swami virou-se e disse com grande rispidez: "Não ponha as mãos! O que você fez?" Eu não sabia o que eu fizera. É claro que eu nunca respondi. Lágrimas vieram aos meus olhos e esperei. Eu soube depois que o sr. Alasinga Perumal era um jovem brâmane que ensinava Filosofia em uma faculdade em Madras e ganhava 100 rúpias por mês, sustentando seu pai, mãe, esposa e quatro filhos e que fora de porta em porta pedir dinheiro para mandar Vivekananda para o Ocidente. Talvez se não fosse por ele nós nunca conheceríamos Vivekananda. Então, dá para entender a raiva com a qual Swamiji respondia ao menor ataque ao sr. Alasinga...

Em um dia ou dois nós fomos ver Swami em seu monastério temporário em Belur, na casa de verão de Nilambar Mukherjee. Durante a tarde, Swami disse: "Eu devo levar você para o novo monastério que estamos comprando." Eu disse: "Oh, mas Swami, ele já não é grande o suficiente?" Era uma agradável e pequena vila que ele tinha, com talvez um acre ou dois de terra, um lago pequeno e muitas flores. Eu achava que ela era grande o suficiente para qualquer um. Mas ele via as coisas em uma escala diferente. Então, ele levou-nos por pequenos canais ao lugar onde é o atual monastério. Eu e a sra. Ole Bull, encontrando essa velha casa vazia na beira do rio, dissemos: "Swami, nós podemos usar essa casa?" "Ela não está em ordem", respondeu ele. "Mas nós a colocaremos em ordem", dissemos para ele. Com isso ele nos deu permissão. Então, nós caiamos a casa toda e fomos para bazares, compramos mobília antiga de mogno e fizemos uma sala de visitas, na qual metade estava em estilo indiano e metade em estilo ocidental. Nós tínhamos uma sala de jantar fora, nosso quarto tinha uma cama extra para a irmã Nivedita que era nossa convidada até irmos para Kashmir. Nós ficamos lá quase dois meses. Foi talvez a época mais linda que já tivemos com Swamiji. Ele vinha toda manhã para o chá matinal que costumava tomar debaixo da mangueira. Aquela árvore ainda existe. Nós não os deixamos cortá-la, embora quisessem. Ele amava nossa moradia naquele chalé à beira do rio e levava todos aqueles que iam visitá-lo, para ver em que habitação charmosa nós transformamos essa casa que ele achava inabitável. Nas tardes nós costumávamos dar chás onde sempre podiam ser vistos vários barcos subindo o rio, nós recebíamos como se estivéssemos em nossas salas de estar. Swamiji amava todo aquele uso íntimo que fazíamos das coisas que ele considerava uma coisa esperada. Uma noite começou um desses dilúvios, como se fossem folhas de água. Ele andava para todos os lados em nossa sala de jantar na varanda, falando de Krishna, do amor de Krishna e do poder que esse amor tinha no mundo. Ele tinha a qualidade curiosa de quando ele era um bhakta, um amante, ele desconsiderava os yogas karma, raja e jnana como se não tivessem importância. E quando ele era um karma-yogue, fazia disso o grande tema. Ou da mesma forma com a jnana. Às vezes, por semanas, ele cairia em uma disposição específica, indiferente daquela que ele tivera, apenas anterior a essa. Ele parecia repleto de um poder incrível de concentração, de abrir-se para as grandes qualidades cósmicas que estão todas em volta de nós. Era provavelmente esse poder de concentração que o mantinha tão jovem e fresco. Ele nunca parecia se repetir. Houve um incidente de pouca conseqüência que iluminou toda uma nova passagem para ele. E ele tinha um lugar para nós ocidentais, que chamava de "Vedantistas ativos." Ele dizia: "Quando você acredita que uma coisa é verdade, você faz, não sonha sobre ela. Esse é seu poder."

Em julho de 1899, Swami veio para a Inglaterra de novo com irmã Nivedita, onde a irmã Christine e a sra. Funke o encontraram. De lá ele veio para a América e veio até nós no Ridgely Manor em setembro daquele ano, onde nós demos para ele seu chalé próprio com dois de seus monges, Turiyananda e Abhedananda. De noite, sentado ao redor da grande lareira no salão de Ridgely Manor, ele falaria e uma vez que ele apareceu com alguns de seus pensamentos uma senhora disse: "Swami, eu não concordo com você aqui." "Não? Então isso não é para você", ele respondeu. Outra pessoa disse: "Oh, mas é onde eu acho você verdadeiro." "Ah, então era para você", ele disse, mostrando aquele respeito absoluto pelas opiniões dos outros...

Swami palestrou várias vezes na Home of Truth [Casa da Verdade] (Los Angeles) e em vários salões, mas talvez a palestra mais extraordinária já vista foi seu discurso sobre "Jesus de Nazaré", quando ele pareceu radiar uma luz branca da cabeça até o pé, tão perdido ele estava na maravilha e no poder de Cristo. Eu fiquei tão impressionada com esse óbvio halo que eu não falei com ele no caminho de volta com medo de interromper, como eu achava, os grandes pensamentos que ainda estavam em sua mente. De repente, ele disse para mim "Eu sei como é feito". Eu disse "Como é feito o quê?" "Como eles fazem a sopa *mulligatawny*! Eles colocam uma folha de louro", ele me contou. A completa falta de autoconsciência, de auto-importância era talvez uma de suas características extraordinárias. Ele parecia ver a força, a glória e o poder do outro homem que sentiu a coragem entrar nele, até que todos que chegam perto dele saíam reanimados, revigorados e sustentados. Então, quando as pessoas diziam para mim "Qual é seu teste de espiritualidade?", eu sempre dizia: "É a coragem dada pela presença de um homem santo". Swamiji costumava dizer: "Os salvadores deveriam assumir os pecados e sofrimentos de seus discípulos e deixá-los seguir seu caminho alegres e livres. Há uma diferença! Os salvadores deveriam carregar os fardos."...

Um dia, em Belur Math, enquanto a irmã Nivedita distribuía prêmios para alguns atletas, eu estava no quarto de Swamiji em Math ao lado da janela, observando e ele disse para mim: "Eu nunca terei 40". Eu, sabendo que ele tinha 39 anos, disse-lhe: "Mas Swami, Buda não fez sua grande obra até estar entre 48 anos." Mas ele disse: "Eu entreguei minha mensagem e devo ir." Eu perguntei "Por que ir?" e ele disse: "A sombra de uma grande árvore não deixará as árvores menores crescerem. Eu devo partir para abrir espaço."

No dia 2 de julho [1902], a irmã Nivedita o viu pela última vez. Ela foi perguntar se deveria ensinar certa ciência em sua escola. Swami respondeu: "Talvez você esteja certa, mas minha mente está entregue a outras coisas. Eu estou me preparando para a morte." Ela pensou que ele estava indiferente. Então ele disse: "Mas você deve se alimentar." A irmã Nivedita sempre comia com seus dedos, à moda hindu, e depois que ela comeu, Swami jogou água sobre suas mãos. Ela disse, como discípula, "eu não posso permitir que você faça isso." Ele respondeu: "Jesus Cristo lavou os pés de seus discípulos". A irmã Nivedita estava com a seguinte frase na ponta da língua para dizer "Mas foi na última vez que eles se encontraram". Foi a última vez que ela o viu. Nesse último dia, ele falou para ela de mim e de muitas pessoas, mas quando ele falou de mim disse: "Ela é pura como a pureza, amorosa como o amor." Eu sempre considerei essa como a última mensagem de Swamiji para mim. Em dois dias ele morreu dizendo: "O impacto espiritual que virá aqui para Belur durará 1.500 anos – e isso será uma grande universidade. Não pense que eu a imagino, eu a vejo."

Cartas de Swami Vivekananda
Breezy Meadows, Metcalf, Massachusetts, 20 de agosto de 1893

Caro Alasinga [Alasinga Perumal, um discípulo de Swami Vivekananda],
...Cindam seus rins, meninos! Eu sou chamado pelo Senhor para isso. A esperança está em vocês – nos mansos, humildes, mas fiéis. Sinta pelo miserável e procure ajuda – ela virá. Eu viajei por 12 anos com esse peso em meu coração e essa idéia na minha cabeça. Eu fui de porta em porta dos assim chamados ricos e importantes. Com o coração sangrando eu cruzei metade do mundo para essa terra estranha, procurando ajuda. O Senhor é ótimo. Eu sei que ele me ajudará. Eu posso perecer de frio e fome nesta terra, mas eu transmiti para vocês, jovens, essa simpatia, essa luta pelos pobres, ignorantes, oprimidos... Prostrem-se diante dele e façam um grande sacrifício, o sacrifício da vida toda para eles – os pobres, humildes e oprimidos. Jurem, então, devotar todas suas vidas à causa desses 300 milhões, deteriorando-se cada vez mais todo dia...

Glória ao Senhor! Nós conseguiremos. Centenas cairão na luta – centenas estarão prontos para começá-la. Fé – simpatia, fé ardorosa e simpatia ardorosa! A vida é nada, a morte é nada – fome é nada, frio é nada. Glória ao Senhor! Marchem, o Senhor é nosso general! Não olhem para trás para aqueles que caem – adiante – avante!...

Atenciosamente,
Vivekananda

541 Dearborn Avenue, Chicago, 1894

Caro Alasinga

...O que a Índia quer é um poder novo e elétrico para injetar um vigor fresco nas veias nacionais. Isso sempre foi, sempre será, um trabalho lento. Contente-se em trabalhar e, acima de tudo, ser verdadeiro consigo. Seja puro, leal e sincero até a medula e tudo ficará bem. Se você notou algo nos discípulos de Sri Ramakrishna é isso – eles são muito sinceros. Minha tarefa será concluída e eu me contentarei em morrer se puder educar e encaminhar cem desses homens pela Índia. Ele, o Senhor, é quem sabe. Deixe os homens ignorantes falarem absurdos. Nós não procuramos ajuda nem a evitamos – nós somos servos do Mais Elevado. As tentativas insignificantes devem ficar abaixo de nossa atenção. Avante! Pela luta das eras o caráter é construído. Não se sintam desencorajados. Uma palavra de verdade nunca pode ser perdida, por eras ela pode ficar oculta sob tolices, mas ela se mostrará cedo ou tarde. A verdade é indestrutível, a virtude é indestrutível, a pureza é indestrutível. Dê-me um homem genuíno, eu não quero massas de convertidos. Meu filho, agüente firme! Não peça a ninguém para ajudá-lo. O Senhor não é muito maior do que toda ajuda humana? Seja santo – confie no Senhor, dependa dele sempre e você está no caminho certo, nada pode prevalecer contra você...

Rezemos, "Lead, Kindly Light" – um raio de luz surgirá no escuro e uma mão estará esticada para nos liderar. Eu sempre rezo para você: você deve rezar por mim. Que cada um de nós reze dia e noite pelos milhões oprimidos na Índia, que são oprimidos pela pobreza, pelo sacerdócio e pela tirania – reze dia e noite para eles. Eu me importo mais em pregar religião para eles do que para os superiores e ricos. Eu não sou um metafísico, não sou filósofo, nem sou santo. Mas eu sou pobre, eu amo os pobres. Eu vejo o que eles chamam de pobre neste país e quantos são aqueles que sentem por eles. Que diferença imensa na Índia! Quem sente lá pelos 200 milhões de homens e mulheres afundados para sempre na pobreza e ignorância? Onde está a saída? Quem sente por eles? Eles não podem encontrar a luz ou a educação. Quem levará a luz para eles – quem viajará de porta em porta levando educação para eles? Deixe essas pessoas serem seu Deus – pense nelas, trabalhe para elas, reze por elas sem parar – o Senhor lhe mostrará o caminho. Aquele cujo coração sangra pelos pobres eu chamo de *mahatma*, caso contrário ele é um *duratma*. Vamos unir nossas vontades em oração contínua por seu bem. Nós podemos morrer desconhecidos, desamparados, não lamentados, sem conquistar nada – mas nenhum pensamento será perdido. Ele terá efeito, cedo ou tarde. Meu coração está cheio demais para exprimir meu sentimento, você o conhece, você pode imaginá-lo. Enquanto milhões vivem com fome e na ignorância, eu considero traidor todo homem que, educado à custa deles, não dá a mínima atenção para eles. Eu chamo esses homens – que se empertigam em sua elegância, tendo conseguido todo seu dinheiro oprimindo os pobres – miseráveis, visto que eles não fazem nada por aqueles 200 milhões que agora não estão melhores do que selvagens famintos. Nós somos pobres, meus irmãos, nós não somos ninguém, mas esses foram os instrumentos do Mais Elevado. O Senhor abençoe-os todos!

Com amor,
Vivekananda

Washington, D.C., 27 de outubro de 1894

Caro Alasinga,
...Você me pediu com freqüência para lhe enviar tudo sobre meus movimentos neste país e todos os relatos de minhas palestras. Eu faço aqui o que costumava fazer na Índia – sempre confiando no Senhor e não fazendo planos. Além disso, você deve lembrar-se que eu devo trabalhar sem

cessar neste país e eu não tenho tempo para reunir meus pensamentos na forma de um livro – tanto que essa pressa constante esgotou meus nervos e eu sinto isso. Eu não posso expressar minha obrigação a você e a todos os meus amigos em Madras, pelo trabalho mais altruísta e heróico que você fez por mim. Eu não sou um organizador, minha natureza tende para o academicismo e a meditação. Eu acho que trabalhei o suficiente. Agora eu quero descansar e ensinar um pouco àqueles que vierem a mim de meu Gurudeva. Você sabe agora o que pode fazer, pois foram na verdade vocês, jovens de Madras, que fizeram tudo. Eu sou apenas o representante. Eu sou um *tyagi*;[16] eu quero apenas uma coisa. Eu não acredito em uma religião ou Deus que não pode secar as lágrimas das viúvas ou levar um pedaço de pão à boca do órfão. Porém, por mais sublimes que sejam as teorias, por melhor engendrada que seja a Filosofia, eu não a chamo de religião já que ela está confinada a livros e dogmas. O olho está na testa e não atrás. Mova-se para frente e coloque em prática aquilo que você tem orgulho em chamar de sua religião, e Deus o abençoe!

Não olhem para mim, olhem para vocês mesmos. Eu estou feliz em ter tido ocasião de estimular um entusiasmo. Tire vantagem disso, flutue com isso e tudo dará certo. O amor nunca falha, meu filho. Hoje, amanhã ou eras mais tarde, a verdade vencerá. O amor conquistará a vitória. Você ama seus companheiros? Onde você deve procurar por Deus? Todos os pobres, os miseráveis, os fracos não são Deus? Por que não cultuá-los primeiro? Por que cavar um poço na margem do Ganges? Acredite no poder onipotente do amor. Quem se importa com esses elogios sem valor da fama? Eu nunca acompanho o que os jornais dizem. Você tem amor? Se tiver, você é onipotente. Você é altruísta? Se for, você é irresistível. É o caráter que compensa em todo lugar. É o Senhor que protege seus filhos nas profundezas do mar. Seu país exige heróis – sejam heróis!

Todos querem que eu vá para a Índia. Eles acham que eu seria capaz de fazer mais se eu voltasse. Eles estão enganados, meu amigo. O entusiasmo presente é apenas um pouco de patriotismo, não significa nada. Se for verdadeiro e genuíno, você encontrará em pouco tempo centenas de heróis aparecendo e continuando com o trabalho. Portanto, saiba que você fez tudo e continue. Não procure por mim. Aqui é um grande campo. O que eu tenho a ver com esse "ismo" ou aquele "ismo"? Eu sou o servo do Senhor, e onde na Terra há um campo melhor do que esse para propagar todas as idéias elevadas? – aqui, onde se um homem estiver contra mim, centenas de mãos estarão prontas para me ajudar – aqui, onde o homem sente pelo homem e as mulheres são deusas! Até idiotas podem levantar-se para se ouvirem louvados e covardes assumem a atitude de corajosos quando

---

[16] Alguém que renunciou ao mundo.

tudo está certo para terminar bem, mas o verdadeiro herói trabalha em silêncio. Quantos Budas morrem antes que alguém encontre expressão! Meu filho, eu creio em Deus e no homem. Eu creio em ajudar o miserável, eu creio em ir até ao inferno para salvar os outros. Falar dos ocidentais – eles deram-me comida, abrigo, amizade, proteção – até os cristãos mais ortodoxos! O que nosso povo faz quando qualquer um de seus sacerdotes vão para a Índia? Vocês nem os tocam, eles são *mlechchas*! Nenhum homem, nenhuma nação, meu filho, pode odiar os outros e viver. A ruína da Índia foi selada no mesmo dia em que inventaram a palavra *mlechcha* e pararam de se comunicar com os outros. Tome cuidado como você fomenta essa idéia. É bom conversar com loquacidade sobre o Vedanta, mas como é difícil realizar até seus menores preceitos!

Com carinho e bênçãos,
Vivekananda

P.S. Tome cuidado com essas duas coisas – amor pelo poder e pela inveja. Cultive sempre a "fé em si mesmo."

1894

Caros Irmãos [Irmãos Discípulos],

... Se você quiser algum bem, apenas jogue fora seus cerimoniais e cultue o Deus vivo, o Deus homem, todo ser que usar uma forma humana, Deus em seu aspecto universal e individual. O aspecto universal de Deus significa esse mundo e cultuá-lo significa servi-lo – isso é trabalho na realidade, não se perder em cerimoniais. Nem é trabalhar para cogitar se o prato de arroz deve ser colocado em frente de Deus por dez minutos ou por meia hora – isso se chama demência. Milhões de rúpias foram gastas apenas para que as portas dos templos em Varanasi ou Vrindavan possam tocar ao abrir e fechar o dia inteiro! E tudo isso enquanto o Deus vivo está morrendo por necessidade de comida, necessidade de educação! Os banianos erigem hospitais para insetos – ao mesmo tempo em que não fazem nada pelos homens mesmo se eles morrerem!... Que alguns de vocês se espalhem como fogo e preguem esse culto do aspecto universal da Divindade – algo que nunca foi tentado em nosso país. Sem brigar com as pessoas, nós devemos ser amigos de todos...

Com carinho,
Vivekananda

17 de fevereiro, 1896

Caro Alasinga,

... O trabalho é bastante difícil e, quanto mais aumenta, mais difícil fica. Eu preciso demais de um longo descanso. Entretanto, um grande trabalho me aguarda na Inglaterra. Tenha paciência, meu filho – ele vai au-

Swami Vivekananda, Madras, Índia, 1897.

mentar além de todas as suas expectativas... Todo trabalho deve passar por centenas de dificuldades antes de ser bem-sucedido. Aqueles que perseverarem verão a luz cedo ou tarde.

Eu fui bem-sucedido em despertar o coração da civilização americana, Nova York. Mas foi uma luta espantosa... Eu gastei quase tudo que tinha nesse trabalho em Nova York e na Inglaterra. Agora as coisas estão em uma forma tal que elas continuarão.

Traduzir as idéias hindus para o inglês e depois criar a partir de uma filosofia árida, uma mitologia intrincada e de uma psicologia fantástica e surpreendente, uma religião que deveria ser fácil, simples, popular e ao mesmo tempo atender às exigências das mentes mais elevadas – é uma tarefa que apenas aqueles que a tentaram entendem. O abstrato Advaita precisa tornar-se vivo – poético – na vida cotidiana; da mitologia intrincada deve vir formas morais concretas; e de um yoguismo confuso deve vir a psicologia mais científica e prática – e tudo isso deve ser colocado de uma forma que uma criança possa compreender. Esse é o trabalho da minha vida. Só o Senhor sabe o quanto eu prosperei. Ao trabalho nós temos o direito, não aos seus frutos.

É um trabalho duro, meu menino, trabalho duro! Manter-se firme no meio desse turbilhão de *kama-kanchana* [luxúria e ganância] e continuar com seus ideais até que os discípulos sejam moldados para conceber as idéias de percepção e perfeita renúncia é na realidade um trabalho difícil. Graças a Deus, já existe um grande sucesso. Eu não posso culpar os missionários e outros por não me entender – eles quase nunca viram um homem que não se importasse com mulheres e dinheiro. A princípio eles não podiam acreditar – como poderiam? Você não deve achar que as nações ocidentais tenham as mesmas idéias de castidade e pureza que os indianos. Seus equivalentes são honestidade e coragem. As pessoas agora estão reunindo-se a meu redor. Centenas ficaram convencidos de que há homens que podem controlar seus desejos corporais e a reverência e o respeito por esses princípios estão crescendo. Todas as coisas chegam àquele que espera.

Que vós sejais abençoados para todo o sempre!
Atenciosamente,
Vivekananda

63 St. George's Road, Londres, 7 de junho, 1896

Cara Senhorita Noble [Irmã Nivedita],

Meu ideal pode ser colocado em poucas palavras que são: pregar para a humanidade sua divindade e como fazê-la manifesta em todo momento da vida.

Esse mundo está nas correntes da superstição. Eu tenho pena do oprimido, seja homem ou mulher e eu tenho ainda mais pena dos opressores.

Uma idéia que eu vejo clara como a luz do dia é que a miséria é causada pela *ignorância* e nada mais. Quem dará luz ao mundo? O sacrifício no passado foi a lei – e será, quiçá, ainda por muitas eras. Os melhores e mais corajosos terão que se sacrificar pelo bem de muitos, pelo bem-estar de todos. São necessários Budas às centenas com amor e piedade eternos.

As religiões do mundo tornaram-se arremedos sem vida. O que o mundo quer é caráter. O mundo necessita daqueles cuja vida é um amor ardente – abnegado. Esse amor fará toda palavra cair como um raio.

Não é superstição com você, tenho certeza. Você tem o potencial de mover o mundo e outros também virão. Palavras corajosas e ações mais corajosas são o que queremos. Desperte, desperte, grande mulher! O mundo arde com miséria. Como você pode dormir? Vamos chamar e chamar até que os deuses dormindo acordem, até que o Deus interior responda ao chamado. O que mais há na vida? Que trabalho mais importante? Os detalhes chegam a mim enquanto eu prossigo. Eu nunca faço planos. Os planos crescem e executam-se sozinhos. Eu apenas digo, desperte, desperte!

Que todas as bênçãos estejam consigo para sempre!
Com carinho,
Vivekananda

Almora, 9 de julho de 1897

Cara Irmã [Senhorita Mary Hale],

... Faria seu coração feliz ver como meus meninos trabalham no meio da fome, da doença e da miséria – cuidando ao lado da cama dos párias com cólera, alimentando o chandala faminto e o Senhor envia ajuda a mim, a eles, a todos...

Eu sinto que minha tarefa terminou – no máximo três ou quatro anos mais de vida me restam. Eu perdi todo meu desejo de salvação. Eu nunca quis alegrias mundanas. Devo ver minha máquina trabalhando de modo perfeito e forte e então, sabendo com certeza que eu coloquei uma alavanca pelo bem da humanidade, na Índia pelo menos, que poder nenhum pode retirar, eu dormirei – sem me importar com o que vem a seguir.

E que eu possa nascer de novo e de novo e sofrer milhares de penúrias, para que possa cultuar o único Deus existente, o único Deus em que acredito, a soma total de todas as almas. E acima de tudo, meu Deus, o perverso, meu Deus, o miserável, meu Deus, o desprovido de todas as raças, de todas as espécies, é o objeto especial do meu culto.

Aquele que está dentro e fora de você, que trabalha por toda mão, que anda com todo pé – cujo corpo você é – cultue-o e quebre todos os outros ídolos.

Aquele que está no superior e no inferior, o santo e o pecador, o Deus e o verme – cultue-o, o visível, o conhecido, o real, o onipresente. Quebre todos os outros ídolos.

Nele não há vida passada nem crescimento futuro, nem morte, nem ir e vir, nele nós sempre fomos e seremos um – cultue-o. Quebre todos os outros ídolos.

Ah, tolos, que negligenciam o Deus vivo e seus reflexos infinitos, dos quais o mundo está cheio e perseguindo sombras imaginárias, conduzindo a disputas e lutas – cultue-o, o único visível. Quebre todos os outros ídolos...

Com todo meu carinho,
Vivekananda

Poemas de Swami Vivekananda

The Song of the Free
(Composed February 15, 1895, in New York)

The wounded snake its hood unfurls,
The flame stirred up doth blaze,
The desert air resounds the calls
Of heart-struck lion's rage.

The cloud puts forth its deluge strength
When lightning cleaves its breast;
When the soul is stirred to its inmost depth
Great ones unfold their best.

Let eyes grow dim and heart grow faint
And friendship fail and love betray;
Let Fate its hundred horrors send
And clotted darkness block the way—

All nature wear one angry frown
To crush you out—still know, my soul,
You are divine. March on and on,
Nor right nor left, but to the goal.

Nor angel I, nor man nor brute,
Nor body, mind, nor he nor she;
The books do stop in wonder mute
To tell my nature: I am He.

Before the sun, the moon, the earth,
Before the stars or comets free,
Before e'en time had had its birth,
I was, I am, and I will be.

The beauteous earth, the glorious sun,
The calm, sweet moon, the spangled sky,
Causation's laws do make them run;
They live in bonds, in bonds they die.

And mind its mantle, dreamy net,
Casts o'er them all and holds them fast:
In warp and woof of thought are set
Earth, hells, and heavens, or worse or best.

Know these are but the outer crust—
All space and time, effect and cause;
I am beyond all sense, all thought,
The Witness of the universe.

Not two or many, 'tis but One;
And thus in me all me's I have.
I cannot hate, I cannot shun
Myself from me—I can but love.

From dreams awake, from bonds be free.
Be not afraid! This mystery,
My shadow, cannot frighten me.
Know once for all that I am He.

O Canto do Liberto

(Composto em 15 de fevereiro de 1895, em Nova York)

A serpente ferida desfralda sua pele,
A chama incitada arde,
O ar desértico ecoa os chamados
Da ira do leão comovido.

A nuvem estende sua força diluvial
Quando o raio se apega a seu seio;
Quando a alma é estimulada em sua profundeza
Os grandes revelam seu melhor.

Deixa os olhos turvarem-se e o coração desfalecer
E a amizade falhar e o amor trair;
Deixa o Destino seus cem horrores mandar
E as trevas o caminho bloquear –

Toda a natureza usa um franzido furioso
Para te espremer – ainda sabe, minha alma,

Tu és divina. Marcha adiante,
Não para a direita nem esquerda, mas para a meta.

Anjo não sou, nem homem ou bruto,
Nem corpo, mente, nem ele ou ela;
Os livros param em uma mudez de admiração
Para contar a minha natureza: eu sou Ele.

Antes do Sol, da Lua, da Terra,
Antes das estrelas ou cometas libertos,
Antes até do tempo ter seu nascimento,
Eu fui, eu sou e eu serei.

A Terra bela, o Sol glorioso,
A doce e calma Lua, o reluzente céu,
As leis da causalidade colocam-nos para correr;
Eles vivem em grilhões, em grilhões morrem.
E cuida de seu manto, rede sonhadora,
Gatos sobre eles todos se agarram:
Em urdidura e textura de pensamento estão colocados
Terra, infernos e céus, pior ou melhor.
Sabe que essas são apenas as crostas exteriores –
Tudo tempo e espaço, causa e efeito;
Eu estou além de todos os sentidos, todos os pensamentos,
A testemunha do universo.
Não dois ou muitos, mas apenas Um;
E desse modo em mim todos os eus que tenho.
Não posso odiar, não posso afastar
Eu mesmo de mim – eu posso apenas amar.
Dos sonhos desperto, dos grilhões liberto.
Não tenha medo! Esse mistério,
Minha sombra, não pode me assustar.
Sabe de uma vez por todas que eu sou Ele.

Peace
(Composed September 21, 1899, at Ridgely Manor,
Stone Ridge, New York)

Behold, it comes in might,
The power that is not power,

The light that is in darkness,
The shade in dazzling light.

It is joy that never spoke,
And grief unfelt, profound,
Immortal life unlived,
Eternal death unmourned.

It is not joy nor sorrow,
But that which is between,
It is not night nor morrow,
But that which joins them in.

It is sweet rest in music
And pause in sacred art,
The silence between speaking;
Between the fits of passion
It is the calm of heart.

It is beauty never lovèd
And love that stands alone;
It is song that lives unsung
And knowledge never known.

It is death between two lives
And lull between two storms,
The void whence rose creation
And that where it returns.

To it the tear-drop goes
To spread the smiling form.
It is the goal of life,
And peace, its only home.

Paz

(Composto em 21 de setembro de 1899, em Ridgely Manor, Stone Ridge, Nova York)

Veja, ela vem com força,
O poder que não é poder,

A luz que está nas trevas,
A sombra na ofuscante luz.

É alegria que nunca falou,
E pesar não sentido, profundo,
Vida imortal não vivida,
Morte eterna não lamentada.
Não é alegria nem sofrimento,
Mas o que está no meio,
Não é noite nem dia,
Mas aquilo que os une.

É o doce descanso na música
E pausa na arte sagrada,
O silêncio entre a fala;
Entre os ataques da paixão
É a calma do coração.

É a beleza nunca amada
E amor que permanece só;
É a canção que vive não cantada
E conhecimento nunca conhecido.

É morte entre duas vidas
E calmaria entre duas tempestades,
O vazio de onde surgiu a criação
E para onde ela retorna.

Para ela a lágrima vai
Para espalhar a forma sorridente.
Ela é a meta da vida,
E paz, seu único lar.

To a Friend
(Translated from the original Bengali)

Where darkness is beheld as light,
And sorrow understood as joy;
Where sickness masquerades as health,
And but the new-born infant's cry
Tells one it lives—O wise one, say,

Seekest thou satisfaction here?
Where strife and battle never cease,
And even the father, pitiless,
Turns out his son, and the sole note
Is self and ever self alone,
How dost thou hope, O sage, to find
The mine of everlasting peace?

Who can escape this wretched world,
A very heaven and hell in one?
Say, where can the poor slave, constrained
With karma's fetters round his neck,
Find out at length his freedom here?
Practice of yoga, sense-delight,
Householder's and monastic life,
Prayer, hoarded wealth, austerity,
Dispassion, vows, asceticism—
These I have fathomed through and through,
And so at last have come to know
That not a grain of joy is here;
Embodied life is mockery;
The nobler grows thy heart, be sure,
The more thy share of pain must be.

O selfless lover, great of heart,
Know thou, within this sordid world
There is no room at all for thee:
Could a frail marble bust endure
The blow an anvil's mass will bear?
Be as one slothful, mean, and vile,
With honeyed tongue but poisoned heart,
Empty of truth and self-enslaved—
Then thou wilt find thy place on earth.

For knowledge staking even my life,
I have devoted half my days;
For love, like one insane have I
Clutched often at mere lifeless shades;
And, for religion, countless creeds

And, for religion, countless creeds
Have sought; along the Ganges' banks,
In burning-grounds, by sacred streams,
Or deep in mountain caves have dwelt;
And many a day have passed on alms,
Friendless and clad in common rags,
Begging for food from door to door
To fill my belly, and with frame
Broken by harsh austerities.
But what the treasure I have earned?

Friend, let me speak my heart to thee.
One lesson I have learnt in life:
This dreadful world is tossed with waves,
And one boat only fares across.
Study of scripture, sacred words,
Restraint of breath, conflicting schools,
Dispassion, science, philosophy,
Sense-pleasure, are but freaks of mind.
Love! Love!—that is the only jewel!
In soul and Brahman, man and God,
In ghosts and spirits without shape,
In angels, beasts, birds, insects, worms,
Dwells Love, deep in the hearts of all.

Say, who else is the God of gods?
Say, who else moves this universe?
The mother dies to save her young;
The robber steals; yet are these twain
By the same power of Love impelled.
Beyond both speech and mind concealed,
In grief and happiness Love dwells;
The slightest treasure fit to share:
Look not behind for recompense!
Ay, to the Infinite born heir
Art thou: within thy bosom swells
The ocean of unbound Love.
Give! Give! Whoever asks return—

His ocean dwindles to a drop.
From highest Brahman to the worm,
Even to the atom's inmost core,
All things with Love are interfused.
Friend, offer body, mind, and soul
In constant service at their feet.
Thy God is here before thee now,
Revealed in all these myriad forms:
Rejecting them, where seekest thou
His presence? He who freely shares
His love with every living thing
Proffers true service unto God.

A um amigo

(Traduzido do original em Bengali)

Onde a escuridão é vista como luz,
E sofrimento entendido como alegria;
Onde a doença se mascara como saúde,
E apenas o choro do recém-nascido
Anuncia que vive – Ó sábio, dize,
Procuraste tua satisfação aqui?
Onde discórdia e batalha nunca cessam,
E até o pai, impiedoso,
Expulsa seu filho, e a única nota
É o eu supremo e apenas o eu supremo sempre,
Como podes esperar, Ó sábio, encontrar
A fonte da paz eterna?

Quem escapa desse mundo vil,
Céu e inferno em um só?
Diz, onde pode o pobre escravo, preso
Com os grilhões do karma em seu pescoço,
Encontrar enfim sua liberdade aqui?
Prática do yoga, deleite dos sentidos,
Vida monástica e de dono de casa,
Oração, saúde acumulada, austeridade,
Sossego, votos, asceticismo –
Isso eu compreendi,
E então enfim soube

Que nem um grão de alegria está aqui;
A vida corpórea é arremedo;
Quanto mais nobre for teu coração, está certo,
Maior tua parcela de dor será.
Ó amante abnegado, grande de coração,
Conhece-te, dentro deste sórdido mundo
Não há espaço algum para ti:

Pode um busto de mármore suportar
O sopro que uma massa de bigorna agüentará?
Sê como um indolente, mau e vil,
Com uma língua adocicada, mas coração envenenado,
Vazio de verdade e auto-escravizado –
Então encontrarás teu lugar na terra.
Pelo conhecimento fixando até minha vida,
Eu dediquei metade de meus dias;
Pelo amor, como um insano eu
Agarrei até em meras sombras sem vida;
E, pela religião, incontáveis credos
Busquei; ao longo das margens do Ganges,
Em solos ardentes, por rios sagrados,
Ou nas profundezas das cavernas residiu;
E muitos dias passaram nas almas,
Desamparado e vestido em trapos comuns,
Pedindo comida de porta em porta
Para encher minha barriga, e com a disposição
Quebrada pelas ásperas austeridades.
Mas que tesouro mereci?

Amigo, deixa-me expor meu coração a ti.
Uma lição aprendi na vida:
Esse mundo terrível é agitado com ondas,
E um barco apenas passa através.
Estudo da escritura, palavras sagradas,
Imparcialidade, ciência, filosofia,
Prazer-sensorial, são apenas excentricidades da mente.
Amor! Amor! – essa é a única jóia!
Na alma e Brahma, homem e Deus,
Nos fantasmas e espíritos sem forma,
Nos anjos, nas bestas, nos pássaros, insetos, vermes,
Reside o Amor, profundo nos corações de todos.
Dize, quem mais é o Deus dos deuses?
Dize, que mais move este universo?
A mãe morre para salvar seu filho;

O ladrão rouba; no entanto, esses são pares
Pelo menos poder do Amor impelidos.
Além de fala e mente ocultos,
No pesar e na felicidade o Amor reside;
É aquele Amor Divino que chega
Como Kali, personificação da morte,
Cultuada como Mãe por todos nós.

Revés, doença, pobreza dolorosa,
Vício, virtude, frutos de façanhas
Boas e más, o culto do Amor tudo está
Em formas variáveis. Dize, o que é homem?
E o que pode ser conseguido aqui?
Tolo é aquele que busca sozinho
Seu próprio deleite; louco igualmente
Quem tortura sua carne com dor.
Insano aquele que anseia pela morte;
Vida eterna – uma busca sem esperança!
Por mais distante você corre,
Montado na carruagem da mente,
O idêntico oceano do mundo
Espalha-se, suas ondas de amargura
E prazer sempre arrebentando.
Ouve, pássaro privado de asas!
Nesse caminho não há escapatória para ti.
Tempo sem número soando,
Por que buscar tarefas sem frutos de novo?
Confie não mais em sabedoria, oração,
Oferendas a Deus, ou força de vontade;
Pois a única jóia é o abnegado Amor.
Vê, os insetos nos ensinam
Como eles abraçam a chama brilhante:
A pequena traça é cega,
Enfeitiçada com a beleza de teus raios;
Assim, também, teu coração é louco pelo Amor.
Ó amante, lance sobre o fogo
A escória de todo teu egoísmo!

Dize, pode um mendigo viver contente?
Que bem é respigado do luzir da piedade?
Dá, se dentro de teu coração reside
O mais débil tesouro apto a compartilhar:
Não busque atrás a recompensa!
Ah, ao Infinito herdeiro nascido

És tu: dentro de teu seio expande-se
O oceano do Amor ilimitado.
Dá! Dá! Quem pedir retorno –
Seu oceano mingua a uma gota.
Do mais elevado Brahma ao verme,
Até o núcleo do átomo,
Todas as coisas com Amor são fundidas.
Amigo, oferece corpo, mente e alma
Em constante serviço a seus pés.
Teu Deus está aqui diante de ti agora,
Revelado em todas essas formas miríades:
Rejeitando-as, onde buscaste tu
Sua presença? Aquele que livremente partilha
Seu amor com todo ser vivo
Profere verdadeiro serviço a Deus.

The Song of the Sannyasin
(Composed July 1895, at Thousand Island Park, New York)

Wake up the note! the song that had its birth
Far off, where worldly taint could never reach;
In mountain caves and glades of forest deep,
Whose calm no sigh for lust or wealth or fame
Could ever dare to break; where rolled the stream
Of knowledge, truth, and bliss that follows both.
Sing high that note, sannyasin bold! Say,
          "Om Tat Sat, Om!"

Strike off thy fetters! bonds that bind thee down,
Of shining gold or darker, baser ore—
Love, hate; good, bad; and all the dual throng.
Know slave is slave, caressed or whipped, not free;
For fetters, though of gold, are not less strong to bind.
Then off with them, sannyasin bold! Say,
          "Om Tat Sat, Om!"

Let darkness go, the will-o'-the-wisp that leads
With blinking light to pile more gloom on gloom.
This thirst for life, for ever quench; it drags

From birth to death, and death to birth, the soul.
He conquers all who conquers self. Know this
And never yield, sannyasin bold! Say,
    "Om Tat Sat, Om!"

"Who sows must reap," they say, "and cause must bring
The sure effect: good, good; bad, bad; and none
Escape the law—but whoso wears a form
Must wear the chain." Too true; but far beyond
Both name and form is Atman, ever free.
Know thou art That, sannyasin bold! Say,
    "Om Tat Sat, Om!"

They know not truth who dream such vacant dreams
As father, mother, children, wife, and friend.
The sexless Self—whose father He? whose child?
Whose friend, whose foe, is He who is but One?
The Self is all in all—none else exists;
And thou art That, sannyasin bold! Say,
    "Om Tat Sat, Om!"

There is but One: the Free, the Knower, Self,
Without a name, without a form or stain.
In Him is maya, dreaming all this dream.
The Witness, He appears as nature, soul.
Know thou art That, sannyasin bold! Say,
    "Om Tat Sat, Om!"

Where seekest thou? That freedom, friend, this world
Nor that can give. In books and temples, vain
Thy search. Thine only is the hand that holds
The rope that drags thee on. Then cease lament.
Let go thy hold, sannyasin bold! Say,
    "Om Tat Sat, Om!"

Say: "Peace to all! From me no danger be
To aught that lives. In those that dwell on high,
In those that lowly creep—I am the Self in all.
All life, both here and there, do I renounce,

All heavens and earths and hells, all hopes and fears."
Thus cut thy bonds, sannyasin bold! Say,
    "Om Tat Sat, Om!"

Heed then no more how body lives or goes.
Its task is done: let karma float it down.
Let one put garlands on, another kick
This frame: say naught. No praise or blame can be
Where praiser, praised, and blamer, blamed are one.
Thus be thou calm, sannyasin bold! Say,
    "Om Tat Sat, Om!"

Truth never comes where lust and fame and greed
Of gain reside. No man who thinks of woman
As his wife can ever perfect be;
Nor he who owns the least of things, nor he
Whom anger chains, can ever pass through maya's gates.
So give these up, sannyasin bold! Say,
    "Om Tat Sat, Om!"

Have thou no home. What home can hold thee, friend?
The sky thy roof, the grass thy bed, and food
What chance may bring—well cooked or ill, judge not.
No food or drink can taint that noble Self
Which knows Itself. Like rolling river free
Thou ever be, sannyasin bold! Say,
    "Om Tat Sat, Om!"

Few only know the truth. The rest will hate

Go thou, the free, from place to place, and help
Them out of darkness, maya's veil. Without
The fear of pain or search for pleasure, go
Beyond them both, sannyasin bold! Say,
    "Om Tat Sat, Om!"

Thus, day by day, till karma's powers, spent,
Release the soul for ever. No more is birth,
Nor I, nor thou, nor God, nor man. The "I"

Has All become, the All is "I" and Bliss.
Know thou art That, sannyasin bold! Say,
    "Om Tat Sat, Om!"

A Canção do Sannyasin

(Composta em julho de 1895, em Thousand Island Park, Nova York)

Desperta a nota! a canção que nasceu
Longe, onde a mácula mundana nunca chegou;
Nas cavernas das montanhas e nas clareiras da densa floresta,
Cuja calma nenhum suspiro por luxúria, fortuna ou fama
Ousou romper; onde fluía o rio
Do conhecimento, verdade e bem-aventurança que as acompanha.
Cante alto esse mantra, bravo sannyasin! Dize
"Om Tat Sat, Om!"[17]

Rompe teus grilhões! Laços que te atam,
De ouro reluzente, ou minério fosco mais ordinário –
Amor, ódio; bem, mal; e todas as várias dualidades.
Sabe escravo é escravo, acariciado ou açoitado, não liberto;
Pois grilhões, embora de ouro, não são menos fortes ao prender.
Então fora com eles, bravo sannyasin! Dize
"Om Tat Sat, Om!"

Dissipa as trevas, fogo fátuo que conduz
Com luz cintilante para assentar sombra sobre sombra.
Essa sede por vida, extingue para sempre; ela arrasta
Do nascer à morte, e da morte ao nascer, a alma
Conquista todo aquele que conquista a si. Sabe isso
E nunca te rendas, bravo sannyasin! Dize
"Om Tat Sat, Om!"

"Quem semeia colhe," dizem eles "e causa trará
O efeito certo: bem, bem; mal, mal; e ninguém
Escapa à lei – mas quem toma a forma
Deve aceitar a algema." Verdade; contudo, além disso
Nome e forma são Atman, sempre liberto.
Sabe tu és Aquele, bravo sannyasin! Dize

---

[17] "Om essa Realidade Suprema!"

"Om Tat Sat, Om!"
Ignoram a verdade aqueles que sonham sonhos vazios
Como pai, mãe, filho, esposa e amigo.
O Self assexuado – de quem Ele é pai? De quem é filho?
De quem é amigo, de quem é inimigo, é Ele que é apenas Um?
O Self é o todo em tudo – nada mais existe;
E tu és Aquele, bravo sannyasin! Dize
"Om Tat Sat, Om!"

Há apenas Um: o Liberto, o Conhecedor, o Self,
Sem um nome, sem uma forma ou nódoa.
Nele está maya, sonhando todo esse sonho.
A Testemunha, Ele aparece como natureza, alma.
Sabe tu és Aquele, bravo sannyasin! Dize
"Om Tat Sat, Om!"

Onde buscas tu? Aquela liberdade, amigo, esse mundo
Nem o outro podem dar. Em livros e templos, é vã
Tua procura. É apenas tua mão que agarra
A corda que te arrasta. Então cessa teu lamento.
Solta tua amarra, bravo sannyasin! Dize
"Om Tat Sat, Om!"

Dize: "Paz a todos! De mim não há perigo
Para aquele que vive. Naqueles que habitam as alturas,
Naqueles que rastejam pelo chão – eu sou o Self em tudo.
A toda vida, aqui e além, eu renuncio,
Todos os céus, terras e infernos, todas as esperanças e medos."
Rompe assim teus laços, bravo sannyasin! Dize
"Om Tat Sat, Om!"

Não te importes mais como o corpo vive ou parte.
Sua tarefa está feita: deixa o carma o conduzir.
Que alguém ponha guirlandas, que outro maltrate
Esta carcaça: dize nada. Não pode haver elogio ou censura
Onde o elogiador, o elogiado, o censor, o censurado são um.
Assim fica calmo, bravo sannyasin! Dize
"Om Tat Sat, Om!"

A verdade nunca chega onde luxúria e fama e ganância
De lucro residem. Homem nenhum que pensa em mulher
Como sua esposa pode ser perfeito;
Nem aquele que possui o mais ínfimo dos bens, nem aquele
Que a raiva algema, pode passar pelos portões de maya.

Portanto, abandona tudo isso, bravo sannyasin! Dize
"Om Tat Sat, Om"

Tu não tens lar. Que lar pode te conter, amigo?
O céu teu telhado, a relva teu leito, e alimento
Aquele que o acaso pode trazer – bem ou mal cozido, não o julgues
Nem alimento ou bebida podem macular esse nobre Eu
Que conhece a Si Mesmo. Como um rio caudaloso e livre
Sê sempre, bravo sannyasin! Dize
"Om Tat Sat, Om!"

Apenas poucos conhecem a verdade. Os demais te odiarão

E rir-se-ão de ti, grande; mas não te importes.
Vá, liberto, de lugar em lugar, e ajuda-os
A sair das trevas, do véu de maya. Sem
O medo da dor ou a busca por prazer, vá
Além de ambos, bravo sannyasin! Dize
"Om Tat Sat, Om!"

Assim, dia pós dia, até que os poderes do carma, exauridos,
Libera tua alma para sempre. Não há mais nascimento,
Nem eu, nem tu, nem Deus, nem homem. O "Eu"
Tornou-se o Todo, bravo sannyasin! Dize
"Om Tat Sat, Om!"

Cronologia da Vida de Swami Vivekananda

1863 12 de janeiro, nasce Narendranath Datta, na cidade de Calcutá, Índia.

1879 Ingressa na Presidency College, Calcutá.

1880 Ingressa na Scottish Church College, Calcutá; estuda Lógica Ocidental, Filosofia e História; primeira vez em que ouve falar de Sri Ramakrishna com o professor William Hastie, diretor da faculdade.

Começa a procurar por alguém que tenha experimentado Deus de forma direta.

1881 Primeiro encontro com Sri Ramakrishna (1836-1886), o profeta da harmonia das religiões; por seis anos, sua vida espiritual é moldada por seu Mestre, Sri Ramakrishna.

1885 Sri Ramakrishna fica doente e é levado a *Cossipore Garden House*, onde Vivekananda e seus discípulos irmãos ficam com seu Mestre e se dedicam a seu serviço.

Sri Ramakrishna designa Vivekananda como seu herdeiro espiritual e o instrui a liderar seus discípulos e levar adiante sua missão espiritual.

1886 16 de agosto, falece Sri Ramakrishna.

Sob a liderança de Vivekananda, os discípulos de Sri Ramakrishna estabelecem um monastério em Baranagore; na véspera do Natal, eles fazem os votos monásticos de caridade e pobreza, dedicando-se à percepção de Deus e ao serviço de Deus em tudo.

1890 Parte em peregrinação – sem um acompanhante, sem um nome, com apenas o básico e uma tigela de esmolas – viajando por todo o subcontinente indiano e visitando lugares de peregrinação, cidades, cidadelas e vilas.

1892 Alcança o ponto mais ao sul da Índia no Cabo Comorin; lembra-se de tudo que viu com seus próprios olhos – a condição deplorável das massas indianas – e percebe sua missão espiritual: dedicar-se ao serviço de Deus revelado pela humanidade.

Decide partir para a América para participar do Parlamento Mundial das Religiões, em Chicago, para apresentar à América a sabedoria espiritual indiana e levar de volta para a Índia o conhecimento da ciência e da tecnologia para a melhoria do povo indiano.

1893 Primeira vista ao Ocidente. Setembro 11-27, Delegado na Exposição Colombiana Mundial, no Parlamento das Religiões, em Chicago; apresenta os ensinamentos do Vedanta ao Ocidente; aclamado pelos jornais como "sem dúvida a maior figura no Parlamento das Religiões".

Ingressa em uma agência de palestras e excursiona pela América para ajudar com seu trabalho filantrópico e religioso na Índia; viaja para Iowa City, Des Moines, St. Louis, Indianapolis, Minneapolis, Detroit, Buffalo, Hartford, Boston, Cambridge, Nova York, Baltimore, Washington D.C. e outras cidades grandes.

Encontra, entre outros notáveis, o famoso orador e agnóstico Robert Ingersoll, o cientista Nikola Tesla, representantes importantes da ciência ocidental como William Thomson (mais tarde lorde Kelvin) e professor Helmholtz, a atriz Sarah Bernhardt e a cantora de ópera madame Emma Calvé.

1894 Encontra a Sociedade Vedanta de Nova York.

1895 Completa *Raja-Yoga*, sua tradução e exposição dos *Aforismos do Yoga* de Patanjali.

Junho-Agosto, estada de sete semanas no Thousand Island Park, N.Y., com vários pesquisadores espirituais sinceros; aulas diárias anotadas e publicadas mais tarde como *Inspired Talks* [Conversas Inspiradas].

Viaja para a Europa; viaja para Londres e Paris; retorna à América.

Dá palestras sobre *Karma-Yoga* em Nova York.

1896 Dá palestras em Nova York no Hardman Hall, na People's Church [Igreja do Povo], e palestras sobre *Bhakti-Yoga* no Madison Square Garden; palestras na Harvard University e na Columbia University; oferecem-lhe a Chefia do Departamento de Filosofia Oriental em Harvard e uma posição similar em Columbia, ambas recusadas.

Retorna à Europa; viaja para Londres, Oxford, Genebra, Berlim, Amsterdã, Nápoles, Milão, Florença, Roma e outras cidades.

Dá palestras sobre *Jnana-Yoga*.

Encontra os famosos orientalistas Max Müller, Paul Deussen e outros notáveis.

Funda a revista mensal em língua inglesa *Prabuddha Bharata: Awakened India.*

1897 Retorna para a Índia, recebendo aclamação pública e honra sem precedentes em cidades e cidadelas por todo o país.

Em uma série de palestras em Madras, esboça seu plano para o renascimento espiritual e material da Índia.

1º. de maio, em Calcutá, convoca uma reunião dos devotos monásticos e seculares de Sri Ramakrishna, na qual é criada a *Ramakrishna Mission Association* [Associação da Missão Ramakrishna].

Progresso do trabalho Vedanta na América apreciado em uma carta assinada por Lewis G. Janes, presidente da *Brooklyn Ethical Association* [Associação para a Ética do Brooklyn]; C.C. Everett, reitor da Harvard Divinity School; William James e Josiah Royce, professores de Filosofia na Harvard University; Sra. Sara C. Bull e outros.

1898 Dedica-se ao treinamento de seus discípulos, indianos e ocidentais, e à consolidação de seu trabalho já em desenvolvimento.

1899 Funda a *Belur Math*, atual sede da Ordem Ramakrishna.

Funda a *Advaita Ashrama* em Mayavati, no Himalaia.

1900 Segunda visita à América. Palestras em Los Angeles, Pasadena, Oakland, San Francisco, Nova York e outras cidades.

1900 Funda a Sociedade Vedanta em San Francisco.

Terceira visita à Europa. Participa do Congresso de História das Religiões na Feira Mundial (Exposition Universelle), Paris.

Retorna para a Índia.

1901 Fica em Belur Math e visita cidades e locais sagrados na Índia.

Até o fim, guia os detalhes da vida diária do monastério de Belur.

1902 4 de julho, em Belur Math, entra em profunda meditação e falece antes de seu aniversário de 40 anos.

Créditos

Agradeço a permissão para usar material das seguintes fontes:
Do *Complete Works of Swami Vivekananda* [Obras Completas de Swami Vivekananda], vols. 1-3, 5-6, 2003, 2002, 2001, 2001 e 2003; *Reminiscences of Swami Vivekananda* [Reminiscências de Swami Vivekananda], por seus admiradores orientais e ocidentais, 2004, utilizado com a permissão de sua editora, Advaita Ashrama, Calcutá, Bengala Ocidental, Índia.

De *Vivekananda: The Yogas and Other Works* [Vivekananda: Os Yogas e Outros Trabalhos], editado por Swami Nikhilananda, © 1953, utilizado com a permissão da editora, Ramakrishna-Vivekananda Center de Nova York.

Este livro foi composto em Times New Roman, corpo 11/12.
Papel Offset 75g – Bahia Sul
Impressão e Acabamento
Gráfica Palas Athena – Rua Serra de Paracaina, 240 – Cambuci – São Paulo/SP
CEP: 01522-020 – Tel.: (11) 3209-6288 – e-mail: editora@palasathena.org